차이나테크의 역습

일러두기

- 이 책에 나오는 중국어 고유명사는 원칙적으로 '국립국어원 외래어 표기법'을 따랐으나, 국내에서 널리 사용되어 관용적으로 굳어진 명칭은 독자의 이해를 돕기 위해 일반적으로 쓰이는 표기를 사용했습니다.
- 독자의 이해를 돕고, 실제 맥락 속 비교가 가능하도록 위안(元), 무(畝) 등 중국식 표기를 그대로 사용했습니다.

중국은 어떻게
기술 강대국이 되었나

차이나테크의 역습

이철 지음

프롤로그

과학기술로 추월한 중국, 우리는 기회를 놓쳤을까?

세계적인 국제 과학전문지 〈피직스 월드 Physics World〉는 2024년 12월 12일 '올해의 10대 과학 분야 돌파구'를 발표했다. 대부분 미국 과학자가 주도한 연구였지만 중국 과학자들의 연구도 두 가지 포함되었다.

하나는 톈진대학교와 조지아공과대학교 연구 팀의 공동 연구로 진행된 그래핀 반도체 연구다. 이는 에피택셜* 그래핀의 성장 과정을 정밀하게 조절함으로써 그래핀에 밴드갭을 도입해 새로운 유형의 안정적인

---

* 에피택셜(Epitaxial)은 결정 기판 위에 결정 막을 성장시키는 방법을 의미하는 에피택시(Epitaxy) 공정에서 사용되는 용어로, 위 축의 방향으로 만들어지는 몸체(Layer)를 의미한다. 에피택시 공정은 반도체 제조에서 소자의 성능을 향상시키는 데 사용되며, 반도체 산업 및 나노기술 분야에서 중요한 역할을 한다.

반도체 그래핀을 만드는 것이다. 다른 하나는 중국의 '창어嫦娥 6호' 달 탐사선이 인류 최초로 달 뒷면에서 1,935.3g의 표본을 채취해 지구로 귀환한 일이다. 특히 이 일은 중국의 과학기술이 세계 과학기술계 최전선에 부상했다는 상징적 사건이라 할 수 있다.

호주전략정책연구소ASPI의 2023년 보고서에 따르면 이미 중국은 전기 배터리, 극초음속, 5G·6G와 같은 첨단 무선 주파수 통신 등 추적 조사한 44개 기술 중 37개 기술에서 선두를 달리고 있는 것으로 나타났다. 또한 2019년부터 2023년까지 국방, 우주, AI(인공지능)부터 에너지, 환경, 사이버 및 생명공학에 이르기까지 64개 핵심 기술 중 57개 분야에서 선두를 차지했다.

하지만 우리나라는 중국의 기술력을 높이 평가하지 않는다. 일부 경각심을 환기하는 사건이 있었음에도 대부분은 중국의 기술 발전을 그리 대단하지 않게 여긴다. 아마도 '메이드 인 차이나'를 저가의 저품질로 경험한 탓에, 중국의 기술 수준 또한 낮을 것이라는 인식 때문일 것이다. 하지만 일부 영역에 기술 개발이 집중되어 있는 우리나라와는 달리 중국은 전방위에 걸쳐 넓고 깊게 과학기술 개발을 추진하고 있다. 그 결과 많은 영역에서 세계 최고 수준으로 부상했으며, 대부분 영역에서 한국을 추월했다.

이제 우리는 중국의 과학기술이 현재 어느 정도 수준에 도달했는지를 알아야 한다. 중국의 과학기술 수준은 과거에도 상당했고, 이제는 한국을 추월했으며(아니 처음부터 중국이 우위였을지도 모른다) 미래에는 초격차가 벌어질지도 모른다.

중국의 기술 약진을 경계해야 한다며 중국의 현재 과학기술 성취를 역설하면 대개 '친중'이니, '편향적'이라는 말이 터져 나오기 일쑤다. 내가 중국의 과학기술을 소개하는 목적이 중국의 기술을 고무 찬양하기 위한 것은 물론 아니다. 모든 해결은 문제를 문제로 인식할 때 비로소 가능하다. 그렇기에 이미 적지 않은 영역에서 중국에 뒤처진 한국의 과학기술 문제를 해결하기 위해서는 중국의 과학기술 수준을 우리 한국 사회가 제대로 인지하는 것이 그 첫걸음이다.

그래서 이 책은 전문가를 위해서 쓴 것이 아니다. 가능하면 독자들이 어려워하지 않고 읽어 내려갈 수 있도록 애를 썼다. 그러니 독자 여러분은 지레 겁먹지 말고 한번 읽어 보기를 바란다. 독자 여러분들이 대략 중국이 어느 정도 앞서 나아가고 있는지 느낄 수만 있다면 나는 그야말로 감읍할 것이다. 그럼 벨트를 매고 출발해 보자. 중국의 현 기술 수준을 알게 되는 순간 깜짝 놀라 튀어 오를지도 모르니 말이다.

매작동에서

이 철

차례

프롤로그 과학기술로 추월한 중국, 우리는 기회를 놓쳤을까? — 4

1장 ★ 기술 주권이 국가 주권을 결정하는 시대

- 우리 앞에 놓인 새로운 문제 — 15
- 미중 갈등과 양안 전쟁 — 21
- A 계획의 존재 — 23
- 미중의 미래를 결정하는 딥테크 — 28

2장 ★ 기술 주권 전쟁의 최전선, AI

- 정보와 예측의 무기가 된 AI — 37
- 딥시크 모멘트, 중국 AI의 반격 — 39
- 자율주행 기술과 안보 기술 — 45
- 체제 경쟁 수단으로 변화하는 AI — 50
- AI 전쟁 시대, 중국의 대응 전략 — 53
- 데이터를 국가 핵심 자원으로 관리하는 중국 — 61

3장 ★ 전시 체제를 위한 에너지 기술 개발

- '석유 대체'에 방점이 찍히는 중국의 에너지 안보 — 69
- 석유 대체의 관건, 전기자동차 — 77
- 탈석유를 위한 모든 노력들 — 84
  풍력발전 86 | 태양광발전 88 | 천연가스 91 | 탈석유의 완성 93
- 원자력, 과도기의 해결책 — 96

4장 ★ 2차 전지 기술, 에너지 안보의 부산물

- 2차 전지와 ESS — 107
- 동수서산, 서전동송 — 116
- 전력 수송의 대안, 수소 — 121
  수소 사용의 사례 125

5장 ★ 군민융합 기술과 우주 전략

- 민간에서 군사로 확장되는 기술 — 133
- A2/AD 전략과 장거리 투사 기술 — 134
  중국의 위성 기술 136 | 재활용 우주 기술 141 | 우주선 기술 145 | 해양 기술 148
- 항공기와 극초음속 기술 — 152
- 스텔스 기술 공방 — 156

보이지 않는 전투의 시작 156 | 눈앞에 없는 적을 찾아라 158 | 수중 전쟁의 미래 162

- 공중 기술의 전면전 —166

  하늘 위의 전시 인프라, 드론 166 | 전시에는 물류 인프라가 될 저고도 경제 171

6장 ★ 걷과 속이 다른 통신 기술

- 통신전의 전면화 —179
- 곳곳에서 펼쳐지는 정보통신 전쟁 —182

  우주 공간의 정보통신 전쟁 182 | 지상의 정보통신 전쟁 190

- 중국의 새로운 전략, 차세대 인터넷 —199
- 양자 컴퓨팅 패권 전쟁 —204

  양자 컴퓨터 205 | 양자 알고리즘 209 | 양자 통신 212

7장 ★ 전략이 된 생명과학, 중국의 바이오 기술

- 생명을 위한 기술 주권 —219
- 식량 안보와 유전자 기술 —220
- 식량 증산을 위한 국토 개조 —223
- 날씨를 바꾸고 환경을 통제하다 —234
- 기술로 높이는 식량 생산 효율 —238
- 합성 생물학부터 유전자 치료까지 —241
- 바이오 의료 기술의 현주소 —247
- 뇌-컴퓨터 인터페이스 기술 —251

8장 ★ 반도체와 소재 기술의 전략적 투자

- 첨단기술의 심장 반도체 — 257
- 기술 주권 투쟁의 최전선, 중국의 반도체 기술 — 259
- 떠오르는 전략, 천연자원 — 268

  희토류 269 | 신소재 개발 272

- 결국은 기초 기술이 중요하다 — 276

9장 ★ 우리는 왜 중국 과학기술에 주목해야 하는가

- 우리가 중국에 주목해야 하는 이유 — 283
- 기술 수준 평가에서 드러난 한국의 위기 — 286
- 중국 과학기술의 잠재력 — 291
- 자본 투입의 구조화로 이룬 중국의 과학기술 — 294
- 과학기술 인재가 중국에 몰리는 이유 — 299

에필로그 우리 과학기술의 현주소와 위기의 본질 — 306

CHINA TECH

1장

기술 주권이 국가 주권을 결정하는 시대

우리 앞에 놓인
새로운 문제

  책의 내용을 시작하기에 앞서 요즘 자주 언급되는 기술 관련 단어들을 정리해 보고 가자. 우리는 최근 들어 미중 패권 전쟁, 투키디데스의 함정,[*] 기술 주권 같은 말을 듣고 있다. 이 책에서도 기술 주권이라는 말을 쓰고 있는데 이 말의 뜻을 과학기술정책연구원의 한 보고서[**]에는 다음과 같이 제시하고 있다.

- **기술 주권**: 어떠한 국가·연방이 자국의 복지, 경쟁력에 없어서는 안

---

[*] 신흥 강국이 부상하면 기존의 강대국이 이를 견제하고 그 결과 전쟁이 발생한다는 의미다.

[**] 과학기술정책연구원, 2021, 「글로벌기술패권경쟁에 대응하는 주요국의 기술주권 확보 전략과 시사점」

될 기술을 직접 공급하거나 다른 경제권으로부터 일방적인 구조적 의존 없이 조달할 수 있는 능력
- **기술 주권의 범위**: 경제 주권과 혁신 주권의 하위 개념으로 디지털 주권, 데이터 주권, 미디어 주권 등의 내용을 포함
- **기술 주권의 유형**: ① 전통적 주권 임무, ② 사회 수요 충족, ③ 경제 경쟁력의 영역으로 구분되며, 영역별 기술 주권 전략 수립이 중요함

이 책에서도 기술 주권이라는 말은 '없어서는 안 될 국가 전략 자원에 필수적인 기술을 조달하는 능력'으로 사용하고 있다. 내 책 『디커플링과 공급망 전쟁』에서 중국의 국가 전략 자원은 크게 반도체, 에너지, 식량, 군사 기술, 소재라고 지적한 바 있다. 과학기술의 영역은 너무나도 광대하기에 다 다룰 수 없다. 이 책에서는 국가 전략 및 미중 기술 패권 전쟁으로 대상 범위로 한정하고, 기술 주권의 핵심 영역으로는 반도체 및 소재, 에너지, 식량, 군사 분야 등으로 상정한다.

과거의 전통적인 군사 기술은 국가 주도로 비밀리에 개발되는 것이 일반적이었다. 그러나 21세기에 들어서면서 민간과 혁신 기업이 주도하는 기술 개발이 정부와 공공 부문의 성과를 앞서기 시작했고, 이에 따라 군사 영역 역시 민간 기술을 적극적으로 도입하는 시대로 접어들었다.

이 과정에서 저마다 접근 방식은 달랐다. 예를 들어 러시아처럼 군사 기술에 대한 기밀 유지를 위해 아예 지식재산권(특허 등)을 등록하지

않는 국가도 있는 반면, 민간기업은 자산 보호와 수익화를 위해 기술에 대한 지식재산권을 적극적으로 확보한다.

군사 기술은 본질적으로 비공개 영역이기 때문에 외부에서 직접적인 조사를 하기는 매우 어렵다. 따라서 우리는 일정 수준의 정보가 공개되는 민간 기술 영역을 출발점으로 삼고, 이를 바탕으로 완전히 비공개인 군사 기술, 그리고 그 중간에 위치한 '회색 영역'을 추정해 분석하려 한다.

미국의 경우 기술 주권을 위한 대표적인 정책으로 '제3차 상쇄 전략'이 있다. 이 전략은 2014년 당시 국방부 장관 척 헤이글Chuck Hagel이 처음으로 제기했으며, 첨단 군사 기술을 활용해 군사력 우위를 유지하려는 계획이다. 주로 드론 비행체, 무인잠수정, AI 기술을 무기 체계에 활용하고 사이버 및 전자전 능력을 강화해 종합적인 작전지휘 체계를 완비한다는 내용이다. 여기에는 바이오, 레이저, 극초음속 기술 등이 포함되어 있다.*

이에 반해 중국은 국가 전략이 국가 제반 계획과 통합되어 있어 어느 하나의 전략을 특정하기 어렵다. 다만 많은 전문가는 시진핑習近平 주석이 주창한 군민융합軍民融合**이 전략 기술의 전환점이라고 보고 있으며,

---

* 박현, 2022, 『기술의 충돌』 서해문집
** 국방 과학기술 기초를 민간과 통합하려는 정책이다.

전략 기술 분야로는 양자 컴퓨팅, 빅데이터, 반도체, 5G·6G, 원자력, 항공우주, AI 등이 거론되고 있다.

그렇다면 우리는 다양한 과학기술 중 어떤 기술을 전략 기술 혹은 기술 주권 확보의 주요 대상으로 상정해야 할까? 그것은 앞서 제시한 영역에 있다. 즉, 국가 전략적 공급망을 확보해 주는 기술이어야 한다. 중국 공산당이 추구하는 국가 전략의 관점에서 보면, 중국이 필요로 하는 전략 자원의 공급망은 외부에 의존하지 않고 자립 가능한 형태, 다시 말해 '붉은 공급망 Red Supply Chain'으로 구축되어야 한다.

이 붉은 공급망의 어느 한 사슬이라도 적, 또는 적의 동맹의 손에 장악된다면 전쟁 수행은커녕 적국에 의해 급소를 잡히기 때문이다. 만일 중국 전략 자원 공급망의 어느 한 사슬이 한국 기술에 종속되어 있다면 중국으로서는 하루라도 빨리 해당 한국 기술, 또는 한국 제품에서 벗어나야 한다.

미 국방부는 2024년 말 의회에 보고서를 제출하면서 "중국은 '종합국력 综合国力'의 개념을 도입했으며, 여기에서 종합국력이란 국제 시스템에서 행사하는 여러 영역에 걸쳐 실현된 한 국가의 전반적인 힘의 척도를 의미한다"라고 해석했다.* 이는 군사력뿐만 아니라 한 국가의 경제,

---

* Department of Defense, 2024, *Military and Security Developments Involving the People's Republic of China 2024*, U.S. Department of Defense.

과학기술, 외교, 정치, 문화, 자연, 인적자원, 이념적 정신, 국제적 영향력 등을 모두 포괄하는 개념이다.

종합국력은 적어도 1960년대부터 사용되었지만, 1980년대 '덩샤오핑鄧小平 이론'*이 제시된 이후에는 중국의 전반적인 발전 수준을 측정하는 지표로 채택되었다. 이들은 종합국력이라는 개념이 중국의 사회주의 체제와 서구 자본주의 체제 간의 경쟁 속에서, 각 체제의 내부 발전 수준을 측정하고 이를 보정하는 기준으로 사용되었다고 보았다. 미중은 이런 관점에서 보면 여지없이 국력 경쟁 중이다. 그리고 그 국력 경쟁 가운데 과학기술은 매우 중요한 역할을 차지하고 있다.

다음 중국 정부가 발표한 중국 경제의 주요 과제를 보자. 2024년 1위가 '과학기술 혁신'이었다. 그리고 현재 중국 경제의 소비 침체가 너무 엄중한 나머지 '소비 진작'이 2025년 경제 과제 1순위에 올랐다. 하지만 과학기술 혁신은 여전히 2위에 머물러 있어 주요한 과제임을 알 수 있다.

중국의 정책적 과학기술 혁신 노력의 결과, 2024년 중국의 사회과학 연구 및 실험 개발 자금 투입 총액은 전년 대비 8.3% 증가한 3조 6,130억 위안으로 총투자 규모로 세계 2위를 기록했다. 또한 GDP 대

---

* 덩샤오핑이 주창한 사회주의 시장경제 체제 구축을 위한 정치·경제 이념이다. 1990년대 중반 이후 중국 공산당의 공식 지도 이념으로 채택되었으며, 마르크스-레닌주의와 마오쩌둥 사상을 계승하면서도 현실적, 실용주의적 방향 전환을 보여준 것이 핵심이다.

| 중국 경제 주요 과제의 변화 |

2024년	순위	2025년
과학기술 혁신	1	소비 진작 투자 효율 제고
국내 수요 확대	2	과학기술 혁신
중점 영역 개혁 심화	3	경제 체제 개혁
고수준의 대외 개방 확대	4	대외 개방 확대
중점 분야 위험 예방	5	중점 영역 위험 예방
삼농(농촌, 농업, 농민) 업무	6	신형 도시화와 향촌 진흥 사업 추진
노동 홍익, 지역 균형 발전 추진	7	지역 발전 전략 사업 강화
생태 문명 건설과 저탄소 발전	8	저탄소 녹색 성장 추진
민생 개선	9	민생 개선

출처: 한중과학기술협력센터

비 지출 비율은 2024년 2.68%로 전년 대비 0.1%포인트 증가했다. 13차 5개년 계획 이후 연평균 증가율보다 약간 높은 수준을 유지하며 꾸준한 상승 추세를 보이고 있다.

여기에 그치지 않는다. 중국은 세계 100대 과학, 기술 혁신 클러스터 중 26개를 보유해 2년 연속 세계 1위를 차지했다. 2024년 6월 기준 중국에서 유효한 국내 발명 특허 수는 442만 5천 건에 달했으며, 인구 1만 명당 고부가 가치 발명 특허 수는 12.9건에 달했다. 그야말로 중국 14억 인구가 과학기술이라는 길을 전속력으로 달려가는 중이다.

그에 반해 우리나라, 우리 사회의 인식은 너무나도 안일하다. 하지만 문제가 아무리 엄중하고 어렵다 해도 일단 문제로 인식하면 대응 방안을 찾아나갈 수 있는 법이다. 해결할 수 없다면 피하는 방법도 있으며 절충하는 방법도 있을 수 있다. 그러나 중국과 과학기술이라는 문제를 우리 사회가 문제로 인식하지 않으면 그 결과는 냉엄할 것이다.

미중 갈등과 양안 전쟁

블룸버그 통신의 산하 연구소 블룸버그 이코노믹스Bloomberg Economics는 양안 전쟁의 대가를 전 세계 GDP의 약 10%에 해당하는 약 10조 달러로 추산했다. 이는 우크라이나 전쟁, 코로나19 팬데믹, 글로벌 금융 위기로 인한 타격보다 훨씬 더 큰 규모다. 한편, 중국의 경제 및 군사력 강화, 대만의 국가 정체성 강화, 베이징과 워싱턴의 경색된 관계는 위기가 발생할 수 있는 조건, 즉 전쟁 발발의 조건이 이미 갖춰져 있음을 보여준다.

나는 기회가 있을 때마다 중국 공산당이 1999년 밀레니엄 회의에서 조국 통일 과업을 실행할 것을 결의하고 이를 위한 국가 전략을 수립했음을 피력해 왔다. 실제로 중국 지도부는 2049년까지 '대만 문제'를 해결하고 홍콩에 대한 중국의 '전체 관할권'을 공고히 하는 등 '완전한 통일'이 국가 부흥의 기본 조건 중 하나라고 주장하고 있다.

전쟁 발발 시기는 2027년이라는 견해도 있고, 2029년, 2035년이라는 주장도 있다. 모두 그리 멀지 않은 미래다. 그러나 중국의 침공이 임박했을 가능성을 진지하게 우려하는 사람은 국내에 많지 않다. 사람들이 전쟁 가능성을 저평가하는 이유는 많다. 인민해방군이 아직 해안에 병력을 집결시키지 않고 있다거나 중국 군부가 부패해서 능력이 안 된다고 지적한다. 중국의 성공적인 전쟁 수행 능력에 의심을 갖는 것이다. 하지만 월스트리트의 투자자부터 군사 계획가, 대만의 반도체에 의존하는 수많은 기업에 이르기까지 모두가 이미 위험을 회피하기 위해 움직이고 있는 것이 현실이다. 설령 위험이 적다 해도 전쟁의 가능성은 존재하기 때문이다.

미 국방부의 국가 안보 전문가, 미국과 일본의 싱크탱크, 글로벌 컨설팅 회사들은 중국의 대만 해상 봉쇄부터 대만의 외곽 섬 점령, 중국의 전면적인 침공에 이르기까지 다양한 시나리오를 가정한다. 전략국제문제연구소CSIS의 중국 전문가인 주드 블랑셰트Jude Blanchette는 자신이 자문하는 다국적 기업들이 러시아의 2022년 우크라이나 침공 이후 대만 위기에 대한 관심이 "폭발적으로 증가했다"라고 말했다. 그는 대화의 95%에 양안 전쟁이 등장한다고 전했다.

블룸버그 이코노믹스는 중국의 침공으로 미국이 국지적 분쟁에 휘말리는 경우와 대만이 전 세계와 교역을 단절하고 봉쇄한다는 두 가지 시나리오를 모델링했다. 그 결과 대만의 하이엔드 칩이 대체 불가능한 '황금 나사'이므로 노트북, 태블릿, 스마트폰을 생산하는 공장 라인

이 멈출 것이라고 예상했다. 그렇게 되면 기능이 단순한 로우엔드 칩을 사용하는 자동차, 스마트폰 및 기타 부문도 상당한 타격을 받을 것이고 결국 대만 경제는 초토화될 것이다.

블룸버그 이코노믹스는 최근의 유사한 분쟁을 근거로 양안 전쟁 발발 시 대만은 GDP의 40%의 타격을 입을 것으로 추정하고, 중국의 GDP 또한 16.7%의 타격을 입을 것으로 보았다. 전 세계로 보면 전체 GDP는 10.2% 감소할 것이며, 한국, 일본 및 기타 동아시아 경제가 가장 큰 영향을 받을 것이라 예측했다. 또한 중국 본토의 대만 봉쇄가 1년간 지속될 경우 대만의 첫해 GDP는 12.2% 감소할 것이며 중국, 미국, 기타 국가의 경우 첫해 GDP가 각각 8.9%, 3.3%, 5% 감소할 것이라고 추측했다.

A 계획의 존재

〈월스트리트저널 Wall Street Journal〉은 중국 정부가 비밀리에 '문서 79'[*] 로 알려진 민감한 지침을 발표해 금융 및 에너지 분야의 중국 국유기업

---

[*] 문서 79는 2022년 9월 중국 국무원 국유자산감독관리위원회에서 발행했다.

들에 2027년까지 기업 내 IT 시스템에서 외국산 소프트웨어를 교체하도록 요구했다고 보도했다. 그러면서 단순히 'A 제거 계획消A計畫'으로만 알려진 조치지만 미국 기업들에 "불길하다"라고 지적했다. 한편 소식통은 이 지침이 실제로 성과를 거두고 있다고 전했다. 델Dell, IBM, 시스코시스템즈Cisco Systems와 같은 외국 기업의 장비 대부분이 점차 중국산으로 대체된 것이다.

나는 이미 수 년 전에 『중국의 선택』과 『이미 시작된 전쟁』에서 중국이 대만 통일을 방침으로 정했으며, 미국의 개입에 대비해 여러 시나리오를 상정하고 분석했음을 밝힌 바 있다. 그리고 중국이 중국 사회 인프라에 깊이 들어와 있는 외국 기술을 A, B, C, D 등급으로 분류해 이를 대체하는 사업을 장기간 진행하고 있음을 알렸다. A 제거 계획이란 바로 이 A 등급 기술 요소 제거 계획을 말한다.

외국산 서버만 퇴출시킨 것이 아니다. 중국 정부 컴퓨터와 서버는 이미 서버 내부의 인텔Intel과 AMD 등의 미국산 CPU를 퇴출시켰다. 중국은 이제 솔루션 기술도 자국산 솔루션으로 대체하기 위한 노력을 하고 있다. 중국 정부는 조달 지침을 발표해 마이크로소프트Microsoft의 윈도우 운영 체제와 해외에서 개발된 데이터베이스 소프트웨어를 배제하고 중국산을 우선적으로 사용하도록 요구하고 있다. 중국의 재정부와 공업정보화부가 2023년 12월 26일 데스크톱 컴퓨터, 노트북, 서버에 대한 조달 요건 표준의 새로운 버전을 발표한 것이 대표적이다.

이런 퇴출 과정은 당연히 미국의 인텔과 AMD의 글로벌 지배력에 타격을 줄 것이다. 그래도 민수 시장이 있기에 중국은 두 기업의 주요 시장으로 남아 있다. 실제로 지난해 인텔은 전체 매출 540억 달러 중 27%를 중국에서 올렸으며, AMD 역시 230억 달러 매출의 15%가 중국에서 발생했다.

미국의 제재로 안드로이드 사용이 제한되자, 구글Google 의존도를 줄이기 위해 화웨이华为가 자체 개발한 운영 체제 '훙멍鸿蒙(글로벌 명: 하모니OS)'을 공식 출시한 것도 바로 이 A 계획의 일환이었다. 내가 1999년 접했던 A 계획에서는 당시 첨단기술 산업을 대표하던 윈도우와 펜티엄 칩을 대체한다는 임무였다. 그리고 25년이 지나 중국은 윈도우 대체재 개발에 드디어 성공했다. 화웨이 컴퓨터 또한 향후 훙멍 시스템으로 대체될 것이다. 현재 훙멍 시스템을 지원하는 디바이스 수는 10억 개를 넘어섰으며, 등록된 개발자 수는 675만 명에 달한다. 훙멍은 이미 애플Apple의 iOS와 안드로이드 시스템에 이어 세계 세 번째 규모의 모바일 운영 체제가 되었다.

중국이 자체 기술 개발에 나서면서 시진핑 주석은 중국군에 첨단기술 통합을 강화할 것을 촉구했다. 시진핑 주석이 강조한 핵심 분야에는 우주, 사이버 보안 방어 및 AI 등이 포함된다. 또한 인민해방군에 '해상 군사 투쟁'에 대비하고 해양 권리를 보호하라고 명령했다. 미국을 직접 언급하지는 않았지만 시진핑 주석이 미중의 주요 잠재 전쟁터가 해상, 특히 남중국해가 될 것으로 보고 있음을 시사하는 발언이었다. 실제로

2015년 12월 31일 시진핑 주석의 대규모 군대 개편으로 창설된 로켓군은 우주에서 심리전에 이르기까지 인민해방군 전체의 전략적 기능과 능력을 통합하는 임무를 맡고 있다.

중국의 심상치 않은 동향에 대응해 미 의회에서 역대 최대 규모이자 가장 포괄적이라고 평가되는 「대공산주의 중국 대응법Countering Communist China Act」이 공동발의 되었다. 허가 없이 사용자 데이터를 중국으로 전송하거나 중국 정부 서버에 대한 임의적인 접근을 허용하는 소프트웨어 개발자와 단체를 제재하고, 대학 같은 고등 교육 기관이 중국 정부가 통제하는 단체와 파트너십을 맺을 경우 연방 기금을 받을 수 없도록 하는 내용도 담았다. 미국이 중국의 주권 기술 개발을 인지했으며 방어에 나섰다는 증거다.

이제 중국은 중대한 군사 기술 프로젝트에 민간 기술 기업들을 직접 참여시키고 있다. 또한 군사 기술에 민간에서 개발한 첨단기술들을 도입하고 있다. 중국의 사회주의 일당전제 체제가 군민 기술 융합을 추진하는 데 있어 강력한 실행력을 발휘하고 있는 셈이다.

예를 들어 중국 과학자들은 군용 초고속 아날로그-디지털 컨버터ADC를 개발했다. 중국 전자과학기술대학교 연구 팀에 따르면 이 기술은 레이더 신호 감지 및 반응 속도를 91.46% 향상시켜 탐지 속도를 거의 2배로 높인다. 따라서 중국군에 중요한 우위를 제공할 수 있을 것이다. 이러한 기술이 대표적인 군민 양용 기술이다. 미 국방부는 이런 군민 양용 기술 중 중국 군부가 주로 관심을 두는 기술이 AI, 양자 기술, 뇌-

컴퓨터 인터페이스를 비롯한 생명공학 등이라고 했다. 그외 중국 정부가 2015년에 발표한 10년 단위 국가 산업 발전 전략인 '중국제조2025中国制造2025'에서 열거된 산업 기술 또한 무기 생산 체제를 위해 중시하고 있다고 한다.

기존의 군수 체제는 폐쇄적이어서 필연적으로 부패가 발생했다. 우한 조선소에서 최첨단 핵 잠수함 침몰 사고 등 중국의 급격한 해군 확장에 따른 능력과 준비 상태에 대한 의문이 제기되고 있는 것이 그 예이다. 중국 정부는 잠수함 사고를 부인했지만 서방의 위성 사진을 통해 부두에서 크레인의 존재가 드러났고, 분석가들은 6월 초까지 침몰한 선박을 인양하는 데 사용된 것으로 추정했다. 실제로 미 국방부에서도 이 사건을 확인했다. 끊임없이 발생하는 이런 군부의 부패도 시진핑 주석이 군민융합을 추진하게 된 원인 중 하나이다.

물론 이런 사고는 중국의 군사 전략상 "신속하게 기계화, 정보화, 지능화의 통합 발전을 가속하는 동시에 군사 이론, 조직, 인력, 무기 및 장비의 현대화 속도를 높인다"라는 2027년 목표 실행 과정에서 무리한 추진으로 발생한 것일 수도 있다. 따라서 단순히 중국식 저품질과 부패의 결과로만 볼 수도 없다. 오히려 인민해방군이 2021년 수립한 '다영역 정밀전' 수행 능력을 신속히 갖추기 위한 과정에서 무리를 빚은 결과일 수 있다고 생각해야 할 것이다.

다영역 정밀전은 군사 지휘 핵심인 C4ISR 네트워크, 빅 데이터, AI, 그리고 '시스템들의 시스템' 구축을 통해 미국의 군사 시스템에 저항한다는 것으로, 여기에 과학기술이 핵심 역할을 하는 것은 두말할 필요도 없다.

시진핑 주석은 2025년 2월 중국의 대표적인 테크 기업들을 모아 놓고 회의를 했다. 전 세계와 중국에 민간 경제를 지원하는 입장을 표명함과 함께 첨단기술 개발에 있어서 민간기업이 성과를 내줄 것을 기대하고, 또 부탁하는 자리이기도 했다. 민간기업은 중국 첨단기술 혁신의 중요한 주체가 되어 중국 발명 특허의 약 65%, 기술 혁신의 70%에 기여하고 있으며, '전문화·특화·신기술'을 표방하는 강소기업의 80%를 차지하고 있다. 그리고 국가 첨단기술 기업 중 무려 92% 이상이 민간기업으로 확대되었다. 이렇게 중국은 자국 내 중요 인프라에 침투되어 있던 서방의 기술을 점진적으로 국산화해 A 계획을 실현한 것이다. 이처럼 A 계획은 완료 단계에 와 있다고 평가된다.

미중의 미래를 결정하는 딥테크

"중국은 전쟁에 대비하고 있다. 그에 반해 미국의 방위 산업 기반은 무너져가고 있다. 2021년부터 2024년 초까지 중국 방위 산업은 400대 이상의 최신 전투기와 20척의 대형 군함을 생산했으며, 핵탄두 재고를 2배로 늘리고 탄도 및 순항 미사일 수량도 2배 이상 늘렸다. (…) 분쟁이 발발할 경우 미국은 인도태평양 지역에서의 장기간의 전쟁이나, 아시아와 유럽에서 양면 전쟁을 치르고 승리할 수 있는 역량과 유연성이 부족하다. 방산 매출만 놓고 보면 중국은 세계 상위 12개 기업 중 5개 기업을 보유하고 있으며, 이제 규모와 생산 능력 면에서 록히드 마틴, 레이시온, 보잉, 노스롭 그루먼, 제너럴 다이내믹스 같은 미국 거대 기업과 경쟁하고 있다. (…) 양안 전쟁 워게임에서 미국은 보통 첫 주 안에 장거리 대함 미사일 재고를 모두 소진한다는 결과가 나온다. 미국은 문제의 시급함과 필요한 해결책의 규모를 인식해야 한다. 중국의 급속한 재무장과 우크라이나와 중동에서 계속되는 전쟁은 전운이 짙어지고 있다는 신호다. 전시에 대비하기 위해 미국은 다시 한번 루스벨트의 조언을 따라야 할 것이다."

– 〈포린 어페어스 Foreign Affairs〉, 2024년 10월

미 국방부 고위 관리 출신이며 군사 싱크탱크를 운영하고 있는 세스 존스 Seth G. Jones가 투고한 글이다. 꼭 그의 말이 아니더라도 시진핑은 2024년 3월 양회 两会(중국 헌법상 최고기관 두 곳을 지칭하는 말)에서 '신흥 영역'의 군 전략 능력을 전면적으로 끌어올리라고 지시한 바 있다.

신흥 영역은 AI와 양자 컴퓨터 등과 같은 첨단기술의 군사적 활용 가능성을 의미한다. 시진핑 주석은 신흥 영역 활용을 통해 군이 드론, 해양, 우주, 사이버 분야의 능력을 향상할 것을 요구했고, 중국은 주요 군사 혁신 목표를 2027년, 2035년, 2049년의 세 시점에 집중해 수립하고

있다. 따라서 이 세 시점을 양안 전쟁에 있어서 중요한 시기라고 볼 수 있을 것이다.

미중 모두 군사 분야의 첨단기술을 강조한다. 지금 미중을 포함한 관련국 모두가 거론하는 기술들은 '딥테크Deep Tech'라는 말로 표현할 수 있을 것이다. 딥테크는 대체로 과학과 공학의 최전선에서 나오는 첨단기술을 의미한다. 기존의 첨단기술과의 차이점이 있다면 단순한 기술적 개량 개선이 아닌 사회와 산업에 큰 영향을 미칠 수 있는 잠재력이 강조된다는 점이다. 딥테크가 단순한 기술 개발이 아니라, 근본적인 과학적 발견과 기술적 혁신에 기반을 두고 있어서다.

딥테크의 특징 중 하나는 기존 기술의 연장선이 아닌, 새로운 패러다임을 제시하는 '불연속성'이다. 그리고 이 불연속성은 중국이 정책적으로 추진하고 있는 '신질생산력新質生産力'과 상통하는 것이다. 신질생산력이란 새로운 질적 생산력을 의미하며, 첨단기술, 고효율, 고품질이 특징인 선진적인 생산력을 뜻한다. 예를 들어, 스타링크Starlink처럼 우주에서 직접 통신하는 기술이나, BCI*처럼 뇌와 컴퓨터를 직접 연결하는 기술은, 기존의 기술 발전 흐름과는 전혀 다른 방향에서 등장했다. 이와 같은 기술들은 기존의 점진적인 발전 과정과는 무관하게, 갑작스럽고 혁신적으로 등장한 새로운 형태라고 할 수 있다.

---

* Brain-Computer Interface의 약자로 '뇌-컴퓨터 인터페이스', 즉 뇌와 컴퓨터를 직접 연결하는 기술을 뜻한다.

이런 기술을 개발해 사회에 충격을 준 일론 머스크Elon Musk는 서구 사회에서는 논란이 많은 인물이지만, 아이러니하게도 중국의 시각에서는 아무런 문제가 없는 뛰어난 과학기술 인재로 평가받고 있다. 중국은 머스크의 혁신적인 기술 개발 방식을 높이 평가하며, 중국이 추구하는 신질생산력 정책을 가능하게 하는 방법이 다름아닌 머스크 방식이라고 보고 있다. 여기에 중국의 젊은 청년들의 성과가 '딥시크DeepSeek'와 같은 형태로 나타나며 중국에 새로운 가능성을 제시하는 계기가 되었다. 결국 21세기의 기술 패권 전쟁은 이러한 딥테크에서 결판날 가능성이 크다.

2025년 양회에서 중국은 돌아온 트럼프의 압박에 굴복하지 않겠다는 태세를 보였다. 조국 통일에 대한 의지를 다시 한번 분명히 밝혔고, 민간 경제의 중시와 과학기술 혁신을 가장 중요한 정책으로 내세웠다. 지난 수년간 미국의 제재를 받아온 중국은 그에 대응할 준비도 꾸준히 해왔다. 한 중국 공산당 간부는 "우리는 이미 트럼프를 겪어봤기 때문에 분석이 많이 되어 있다"라며, 트럼프 행정부의 등장에도 쉽게 흔들리지 않을 것이라고 말했다. 그는 기본적인 입장, 즉 베이스라인을 충실히 지키되, 트럼프의 여러 언행에는 탄력적으로 대응할 것이라고도 했다. 그러고는 '백년변국百年變局'이라는 표현을 특별히 강조했다.

세계 질서가 근본적으로 바뀌는 중대한 변화를 가리키는 백년변국이라는 말에는 미중 간의 지정학적 대립, 경우에 따라서는 무력 충돌도 불사할 수 있다는 중국의 인식이 담겨 있다. 중국은 실제로 군사력 개발에 매우 진지하게 임하고 있다. 나는 중국이 대만 공격 계획을 현실적으로 추진하고 있다고 믿는다. 시점이 언제가 되든, 중국에 중요한 것은 미국의 개입을 저지할 수 있는 군사적 능력을 확보하는 것이다. 그리고 이를 가능하게 할 유일한 보장책은 과학기술이다. 나는 우리가 이제 중국을 폄하하거나 조소하는 태도는 중단하고, 진지하게 상대해야 한다고 생각한다. 그렇다. 과학기술의 측면에서도 말이다.

CHINA TECH

2장

기술 주권 전쟁의 최전선, AI

정보와 예측의
무기가 된 AI

AI는 미국과 중국 모두 국가 전략 기술로 간주하고 있으며, 미래에 발생할 수 있는 전쟁에서 그 결과를 좌우할 결정적 요소로 부상하고 있다. 미국은 자국이 확보 가능한 모든 정보를 활용해 군사용 AI를 개발하고 있는데, 여기에는 파이브 아이즈 Five Eyes 체제를 통해 수집한 전 세계 통신 감청 정보, 인터넷 데이터, CIA와 같은 첩보 기관의 정보를 총망라한 자료들이 포함된다. 이 AI의 목표는 군사 활동과 직접적인 관련이 없어 보이는 정보에서도 추론을 수행해, 군사 활동 또는 테러 가능성을 2~3분 이내에 식별하고 실시간 대응 명령을 내린다.

이러한 방식은 미국 정보기관과 국방부의 빅데이터 분석을 지원해 온 팔란티어테크놀로지스 Palantir Technologies 의 역할이 AI 영역으로 확장된 것으로 보인다. 이처럼 고도화된 AI 시스템은 중국으로서는 결코 가

볍게 넘길 수 없는 안보 위협으로 작용한다.

이에 중국도 미국의 AI 군사 체제에 대응하기 위해 독자적인 AI 시스템을 개발 중이라고 알려져 있다. 다만 정보 수집원이 제한적인 탓에, 미국의 동향을 관찰하고 이를 토대로 추론·판단하는 방식에 중점을 둔 것으로 전해진다.

한편, 중국이 베이징 남서부에 펜타곤의 10배 규모에 이르는 첨단 지하 지휘 벙커를 건설 중이라는 보도는, 중국 역시 핵전쟁 가능성까지 고려해 군사 인프라를 강화하고 있음을 보여준다. 흥미로운 점은 미국과 중국이 AI가 핵전쟁의 직접적인 계기가 되는 것만큼은 막기 위해 일정한 협의에 이르렀다는 사실이다. 이 같은 합의는 역설적으로 양국 간 AI 기반 군사 경쟁이 실제로 치열하게 전개되고 있음을 입증하는 사례라 할 수 있다.

결국 AI는 산업 혁신을 넘어 군사·안보 영역의 중심 기술로 확장되고 있으며, 미중 양국 간 기술 주권 경쟁의 최전선에서 핵심 무기로 작용하고 있다.

---

* 미국의 빅 데이터 프로세싱 기업으로 주로 공공 정보 분석 서비스를 제공한다. 주 고객은 CIA, FBI, 국방부 등이다. 시가 총액이 2024년 말 기준으로 1,738억 달러에 달한다. 2009년 이후 팔란티어는 13억 달러 이상의 국방부 계약을 포함해 27억 달러 이상의 미국 정부 계약을 수주했다. 이 회사는 트럼프 행정부와도 깊은 관계를 맺고 있는 것으로 보도되고 있다. 팔란티어의 주가는 2024년 한 해 동안 340% 상승해 S&P500 지수에서 가장 높은 수익률을 기록했다.

딥시크 모멘트, 중국 AI의 반격

미국의 오픈AI^{OpenAI}는 챗GPT^{ChatGPT}를 발표하며 전 세계를 AI의 태풍 속에 몰아넣었다. 오픈AI의 대규모 언어 모델^{LLM, Large Language Mode}은 사용법이 매우 쉽고 직관적이어서 전문가가 아닌 일반인들에게도 큰 반향을 일으켰고, AI를 먼 미래의 기술로 생각하던 많은 사람에게 AI가 이미 우리 생활에 들어와 있음을 알렸다.

이에 가장 큰 충격을 받은 나라는 바로 중국이었다. 군사 AI 개발 초기 단계에 있던 중국으로서는 미국에서 갑작스럽게 등장한 압도적인 기술력에 큰 충격을 받았다. 그러나 2025년 초, 중국의 무명 스타트업에서 딥시크라는 혁신적인 AI 기술 성과를 발표했다. 이 기술은 챗GPT와 유사하지만, AI 학습에 필요한 비용이 절대적으로 적었으며, 기술 내용을 전 세계에 오픈소스로 공개했다.

이러한 발표는 AI 인프라 프로젝트인 '스타게이트^{Stargate}'에 5천억 달러를 투자하겠다고 발표한 트럼프 대통령이나, 1조 달러를 투자하면 인류를 구원할 AI를 개발하겠다는 샘 알트먼^{Sam Altman}의 발언을 무색하게 만들었다. 서방 언론은 이를 제2의 스푸트니크 모멘트^{Sputnik Moment}, 또는 딥시크 모멘트^{DeepSeek Moment}라고 불렀다. 중국이 미국의 기술을 넘어선 순간이라는 의미였다.

딥시크 모멘트는 서방에 큰 충격을 주었다. 대표적인 AI 관련 기업인 엔비디아 NVIDIA의 주식은 16% 하락하며 약 840조 원 규모의 시가총액이 증발했다. 하지만 이 딥시크 사건으로 충격을 받은 것은 미국 첨단 기술 업계만이 아니었다.

그동안 서방 기술을 추격하는 데 집중해 온 중국 과학기술계 역시 충격과 자각을 경험했다. 딥시크는 기존 국가 연구 체계나 대형 국유기관이 아닌, 민간 스타트업에서 탄생한 성과였기 때문이다. 이로 인해 중국 과학기술계 내부에서는 오히려 기존의 추격자적 사고방식과 관료적 구조가 파괴적 창조를 가로막아왔던 것이 아니냐는 반성이 일기 시작했다.

이 딥시크의 모회사는 중국 퀀트 사모펀드 4대 거두 중 하나로 꼽히는 환팡幻方이다. 그리고 환팡의 창업자 량원펑梁文锋은 '21세기 공산주의 기업가'*로 불리는 사람이다. 량원펑은 누군가가 AI를 개발하는 이유를 묻자 "중국의 어느 시골을 가도 사람들이 AI를 사용하도록 만들고 싶어서"라고 대답했다고 한다. 어떤 이들은 이 대답을 가식적인 것으로 생각하지만, 이 말은 진심이었을 가능성이 크다.

---

* 21세기 공산주의 기업가란 서방에 유학하러 갔거나 서방 기업에 오래 근무한 경험이 있는 중국인으로, 글로벌 스탠다드에 익숙하지만 이념적으로는 공산주의 이상에 불타는 사람들을 말한다. 2015년 '가난한 농민의 인터넷 시대'를 위해 이커머스를 시작한 테무(TEMU)의 황정(黃崢)은 구글 엔지니어 출신이다. 그리고 량원펑은 2015년 환팡을 설립했을 때 당시 중국의 퀀트 트레이딩이 '우등생의 시대'에서 '괴짜들이 모이는 사모펀드의 시대'로 넘어갈 것으로 생각했기 때문에 이 회사를 설립했다고 한다. 이들은 글로벌 첨단 과학기술이나 산업에 대한 이해가 깊지만 자본주의를 받아들이지 않고 무산계급을 위한 사회적 사명에 기반해 창업하고 사회주의 윤리를 추구한다.

량원펑은 미디어 노출이 거의 없으며, 2024년 7월 중국의 웨이브스 WAVES라는 미디어와의 인터뷰가 거의 유일한 보도다. 그 내용을 보면 량원펑이 21세기 공산주의자의 한 사람임을 알 수 있다.

먼저 AI 서비스 가격을 경쟁사들보다 파격적으로 내린 이유를 묻자, 량원펑은 차세대 모델 구조를 연구해 비용 절감을 먼저 달성할 수 있었고, API든 AI든 모든 사람이 누릴 수 있어야 한다는 보편적 가치를 가지고 있기 때문이라고 대답했다.

그러면서 량원펑은 "저는 늘 어떤 것이 사회의 효율을 높일 수 있는가, 그리고 그 산업 분업 체계에서 내가 잘할 수 있는 역할은 무엇인가를 먼저 생각합니다"라고 말했다. 이는 공동체에서의 가치를 먼저 생각한다는 의미로 해석할 수 있다.

이러한 발상을 가진 21세기 공산주의자 과학기술 인력들이 중국 내에 몇 명이나 있을 것인가를 생각해 보라. 중국에서는 매년 600만 명 이상의 이공계 인력들이 사회에 진출한다. 천에 하나, 만에 하나의 비율로 량원펑과 같은 인재가 나온다고 생각하면, 이 점은 우리에게 위협적으로 다가온다.

그러나 다른 시각에서 보면 딥시크의 성공은 중국이라는 국가 체제의 결과로 나온 것이 아니다. 오히려 중국 사회주의 체계의 밖에서 순수한 민간, 그것도 스타트업의 노력 결과라는 점에서 중국 체제 부정의 성공이라고도 해석할 수 있다.

중국의 AI는 우리에게 잘 알려져 있지 않다. 하지만 중국국가인터넷

정보판공실^{CAC}이 발표한 '국가 정보화 발전 보고서'에 따르면, 2023년 말까지 60개 이상의 생성형 AI 서비스가 등록되었다. 2025년 기준 중국 내 AI 기업 수는 4,700개를 넘었고, 사용자 수는 6억 명을 돌파했다. AI에 대한 투자 열기도 식을 줄 모르고 활활 타오르고 있다.

중국 디지털 미디어 플랫폼 테크노드^{TechNode}에 따르면, 배달 및 서비스 대기업인 메이퇀^{美團}의 공동 창업자 왕후이원^{王慧文}은 마이크로소프트가 지원하는 챗GPT의 중국어 버전을 구축하기 위해 5,000만 달러를 투자하기도 했다.

여기에 휴대전화와 전기자동차 사업에 성공한 샤오미^{小米}의 레이쥔^{雷軍} 회장도 직접 나서서 대규모 언어 모델을 준비했다. 샤오미는 2023년 4월에 AI 랩 대규모 언어 모델 팀을 설립했으며, 팀 설립 당시 이미 6,500개의 GPU 리소스를 보유하고 있었던 것으로 알려져 있다. 그 결과 2024년 5월, 샤오미는 자체 대규모 언어 모델인 'MiLM$^{Mi Large Model}$'이 공식적으로 등록을 통과했다고 온라인 매체 다오인사이트$^{DAO Insights}$를 통해 발표한 바 있다.

중국의 AI 응용 영역도 급격히 확대되고 있다. 산업 분야뿐만 아니라 드라마 제작에도 AI를 이용한 자동 창작이 시작되었다.

대본과 대사, 스토리보드, 특수 효과, 사운드트랙까지 모든 요소가 첨단 AI 툴로 제작된 편당 3분짜리 5부작 초단편 드라마 〈산과 바다의 거울: 부서지는 파도$^{山海镜: 破碎的浪涛}$〉는 2024년 7월 13일 첫 공개된 이후 5,200만 회 이상의 조회수를 기록하며 중국 내 인기 순위 상위에 이름을 올렸다. 식스톤Sixth Tone 보도에 따르면, 이 작품은 플랫폼 내 최다 조회 드라마로 등극했다.

영화 제작사들도 빠르게 AI를 도입하고 있다. 배급사이자 제작사인 보나필름博纳影业은 중국판 틱톡이라 불리는 더우인抖音과 제휴해 2024년 7월 AI 기반 13부작 시리즈 〈싼싱두이三星堆〉를 공동 제작했다. 에이아이베이스AI Base에 따르면, 이 시리즈는 싼싱두이 문명을 배경으로 한 종말론적 세계관을 다뤘으며, 2024년 상반기에만 약 1억 4,000만 회 이상의 조회수를 기록했다.

이러한 현상 속에서 AI 창작물에 대한 저작권 문제가 주요 이슈로 떠오르고 있다. 특히 통제 사회인 중국에서는 AI가 중국 공산당이 원하지 않는 대답을 생성할 가능성에 대한 우려가 크다.

이에 따라 중국국가인터넷정보판공실은 2024년 9월, AI가 생성한 합성 콘텐츠에 'AI 생성'이라는 표기를 명시하거나 워터마크를 삽입하도록 하는 방안을 담은 라벨링 규제안에 대해 의견을 공개적으로 수렴했다. 이는 우리나라의 입법 예고 절차에 해당한다.

2024년 말, 당시 네이버 AI 센터장 하정우(현 AI미래기획수석비서관)는 강의에서 "앞으로 AI 콘텐츠에 AI 로고가 의무화될 가능성이 크다"라고 언급했다. 실제로 중국의 관련 법령에 따르면 AI 서비스는 중국 공산당의 정책에 반하는 답변을 생성해서는 안 된다. 구체적인 구현 방식은 명시되지 않지만, 결과적으로 이를 어기면 규제 대상이 된다. 이러한 점에서 이러한 규제는 향후 중국 AI 산업의 발전에 일정 부분 장애가 될 가능성이 있다는 판단도 가능하다.

2025년 2월, 베이징 차오양구 셴차오에 E급 컴퓨팅 센터인 '베이징 디지털 경제 컴퓨팅 허브'가 완공되었다. 이 허브는 '미래 AI 공장'으로 자리매김하며, 수도 베이징이 AI 산업의 고지를 선점하도록 돕는 것을 사명으로 한다. 중국 정부는 이 센터를 통해 대규모 언어 모델의 상용화를 모든 측면에서 가속하고자 한다.

중국은 이러한 서버 클러스터뿐 아니라 '임베디드 인텔리전스 Embedded Intelligence'라는 개념을 발표하며 단말기 수준에서의 AI 기술 개발을 확대하고 있다. 2025년 3월, 텐센트腾讯는 자사의 AI 비서 '텐센트 위안바오'의 컴퓨터 버전을 정식 출시했다. 이 버전은 윈도우와 맥OS를 모두 지원하며, 사용자가 직접 스크린숏을 찍거나 이미지를 올리면 해당 내용을 인식하고 분석해 정보를 제공하는 기능을 탑재했다. 또한 문서 구문 분석 기능도 지원해 논문이나 리포트 등의 읽기 효율을 획기적으로 향상했다.

2025년 3월, '두 번째 딥시크 서프라이즈'라 불리는 AI 에이전트 '마누스Manus'가 발표되면서 세계 기술 업계에 또 한 번 충격을 안겼다. 마누스는 전통적으로 사무직 근로자들이 수행하던 다양한 작업을 수 초 내에 완수할 수 있는 능력을 지닌 AI로 평가받는다. 이 에이전트형 AI는 베이징에 본사를 둔 중국 스타트업 버터플라이이펙트蝴蝶效应가 개발했으며, 앤트로픽Antropic의 '클로드Claude'와 알리바바阿里巴巴의 '취안Qwen'

모델을 기반으로 만들어졌다.

에이아이베이스 보도에 따르면, 마누스는 단순히 질문에 답변하는 것이 아니라 정보를 종합적으로 처리하고 실제 업무를 수행한 후 결과를 출력하는 '세계 최초의 완전 자율형 AI'라고 소개되고 있다. 딥시크와 마누스는 미국의 기술 및 반도체 제재에도 불구하고 중국이 AI 분야에서 이룬 괄목할 만한 성과로 평가받고 있다.

자율주행 기술과 안보 기술

우리나라의 자율주행 기술은 글로벌 5위 수준이다. 하지만 아직 기술이 성숙하거나 확보되었다고 말할 수 있는 수준은 아니다. 한편, 자율주행 분야에 있어서만큼은 중국이 미국을 앞섰다는 평가가 나오고 있다. 로봇 자율 이동 기술에 있어 중국이 1위, 미국이 2위라는 것이다.

물론 자율주행 기술의 범위는 넓고, 응용 분야에 따라 발전 속도는 다르게 나타난다. 예를 들어 무인 차량 분야에서는 테슬라Tesla가 가장 앞서 있는 것으로 평가된다. 그럼에도 불구하고, 중국 정부는 테슬라와 상당한 기술 격차가 있는 자국 기업들에 적극적인 지원을 하고 있다. 이는 자율주행 기술이 단지 육상 교통을 넘어 곧 자율 비행 기술로 확장될 수 있기 때문이다. 특히 자율 비행은 무기 체계 및 요격 회피 능력과 밀접하게 연관되어 있어, 국가 안보 측면에서도 중요한 전략 기술로 간주한다.

일본 게이오대학교 산하 연구소의 국방 전문가 폴 칼렌더^{Paul Callender} 박사는 전기차를 종합 감시 정보 환경에서 작동하는 자율 무기 시스템으로 상상해 보라고 경고했다. 그는 AI로 회피 비행하는 미사일은 현재 기술로는 막을 수 없다고 지적한다. 만약 미국이 중국 본토를 겨냥한 자율주행 미사일을 평택 기지에 배치한다면, 중국의 반응은 어떨까? 반대로 중국이 평택항의 미군을 향해 자율 미사일을 쏜다면 우리는 어떻게 대응해야 할까? 우리가 자율주행 기술을 그저 관망할 수 없는 이유다.

JP모건^{JP Morgan}의 보고서에 따르면, 중국의 자율주행 택시 시장 규모는 2033년 1조 3,300억 위안에 이를 것으로 전망된다. 물론 중국이 어떤 자율주행 기술을 군사적으로 개발하고 있는지는 공개되지 않았다. 하지만 민간 산업의 흐름을 통해 짐작은 가능하다.

중국 자율주행 기술의 대표 주자 바이두^{百度}는 택시 분야에서 글로벌 라이벌인 테슬라와 경쟁 중이다. 바이두는 이미 베이징, 상하이 등 주요 도시에 무인 차량을 배치했으며, 특히 우한시를 세계 최초로 자율주행을 완전히 상용화한 도시로 만드는 것을 목표로 하고 있다.

바이두는 이를 계기로 무인 택시 서비스인 '순무 익스프레스^{蘿蔔快跑}'를 우한에 출시했다. '순무'는 먹는 무를 뜻하는데, 우한에서는 바이두의 무인 택시를 '낙타의 순무^{骆驼萝卜}'라고 부른다. 이는 바보를 뜻하는 지역 방언이다. 바이두의 차량이 안전을 위해 우회하다 보니 원래 7km면 충분한 거리도 16km 이상 주행하는 비효율적인 경로를 택하기 때문이다. 그럼에도 요금이 일반 택시보다 저렴해 인기를 끌고 있다.

바이두는 2024년 8월 실적 발표회에서 무인 차량 사업의 중요한 돌파구를 마련했다고 밝혔다. 2030년까지 100개 도시로 서비스를 확대할 계획이며, 차량이 1,000대에 달하면 흑자 전환이 가능하다고 밝혔다.

중국은 특히 미국 테슬라의 첨단 자율주행 시스템인 완전 자율주행 FSD, Full Self Driving을 주요 벤치마킹 대상으로 삼고 있다. FSD는 누적 주행 거리 16억 km 이상으로, 바이두의 1억 km를 훨씬 웃돈다. 지능 수준 역시 중국 기술보다 5년 이상 앞섰다는 평가다. 일론 머스크는 2025년 1분기 중 FSD를 중국에 출시하겠다고 발표했지만, 중국 정부는 도입 시점을 늦추고 있다.* 대신 기술력이 부족한 자국 기업의 자율주행 시스템은 적극 허가하고 있다. 이는 기술 격차를 줄이기 위한 전략으로 해석된다.

순무 익스프레스 같은 자율주행 소프트웨어뿐 아니라, 자율주행의 '눈' 역할을 하는 부품인 라이다 LiDAR(레이저를 이용해 거리와 위치를 정밀하게 측정하는 센서) 분야에서도 중국은 존재감을 드러내고 있다. 중국 특허청 자료에 따르면, 2000년 이후 중국 기업의 라이다 관련 특허 출원 건수는 2만 5,957건으로, 미국의 1만 8,821건, 일본의 1만 3,939건과 비

---

* 테슬라의 FSD는 미국에서도 아직 허가를 받지 못하고 있다.

교해 크게 앞선다. 기업별로는 독일의 보쉬Bosch, 일본의 덴소デンソー가 각각 1위, 2위를 차지하고, 중국의 로보센스速腾聚创와 헤사이테크놀로지禾赛科技가 각각 4위와 5위를 기록하고 있다.

라이다가 레이더처럼 눈의 역할을 한다면, 카메라로 얻은 영상을 분석해 주변을 인식하는 이미지 인식 방식도 있다. 테슬라는 이 방식으로 자율주행을 구현하고 있다. 이에 대응해 중국은 이미지 인식 기반 자율주행용 고속·고효율 칩을 개발했다. 해당 칩은 '완전 아날로그 광자 기반 칩ACCEL*'으로, 빛 기반 연산을 수행하며 광자를 이용한 정보 처리로 엔비디아의 A100 대비 3,000배 빠른 4.6PFLOPS**의 연산 능력을 자랑한다. 또한 에너지 소비도 400만 분의 1로 낮췄다. 이 칩은 웨어러블, 전기차, 스마트 공장 등에도 활용될 수 있으며, AI 대중화에도 기여할 수 있다는 평가를 받고 있다.

2025년 2월, BYD의 왕촨푸王传福 회장은 모든 BYD 차량에 지능 주행 기능을 추가 비용 없이 탑재하겠다고 발표했다. 그날 밤 BYD의 21개 차종이 일괄적으로 '스마트 드라이빙 에디션'으로 업데이트되었다. 이와 함께 2023년 출시된 자율주행 솔루션 '신의 눈God's Eye'도 업그레이드되었다. 이 시스템은 전체 주차 과정을 1분 내에 완료할 수 있으며,

---

* 빛 입자인 광자를 사용해 전기 대신 빛으로 연산하는 차세대 컴퓨터 칩이다.
** 페타플로스, 초당 1,000조 번의 연산을 수행할 수 있는 처리 능력이다.

차 안에서 주차를 명령하거나 키만 들고 내려도 차량 밖에서 완전한 자동 주차가 가능하다.

군사적으로 해석하면, 이는 '발사 후 무시 fire and forget' 기술(목표를 설정한 뒤 조작 없이 스스로 목표를 추적하는 무기 시스템)이 민간 저가 솔루션 형태로 구현되었다는 의미이기도 하다.

승용차뿐 아니라 49톤까지 운송 가능한 무인 자율 트럭도 베이징에서 시험 운행되고 있다. 이 트럭은 라이다 6개, 카메라 6개, 밀리미터파 레이더Millimeter-wave radar* 3개를 탑재하고 있으며, 베이징-톈진-탕구항 간 고속도로에서 수백만 km의 테스트를 거쳤다. 2025년 4월부터 베이징에서 자율주행 차량 조례가 시행되어 특정 조건에서 차량이 스스로 주행하고 운전자가 필요할 때 개입하는 레벨 3 이상의 자율주행 자동차의 공공도로 주행이 개인 차량에도 허용된다.

중국은 자율주행 기술을 빠르게 확장하며 국제 표준 제정에도 영향력을 확대하고 있다. 2024년 국제표준화기구ISO 산하 'ISO/TC269/SC3 제9차 총회(철도 및 차량 자동화를 담당하는 ISO 하위 위원회 회의)'에서, 프랑스, 독일, 일본 등 13개국 전문가들과 참관단은 중국이 제안한 '자율주행 모드 운행 규칙 가이드라인 적용'을 만장일치로 채택했다. 이후 중

---

* 짧은 파장을 이용해 정밀하게 거리와 속도를 측정할 수 있는 고해상도 레이더로, 자율주행차와 군사 기술에 널리 쓰이는 핵심 센서다.

국 전문가들이 주도하는 철도 자율주행 표준 워킹 그룹이 구성되었다. 이 표준은 철도 자율주행에 관한 세계 최초의 ISO 국제 기준으로, 운영 규칙 제정을 위한 원칙을 제시하게 된다.

군민융합형 AI 기업 총칭루디정보기술重庆润地信息技术에 따르면, 딥시크의 AI 모델은 무인 차량 제어에서 명령 전달까지 다양한 군사 분야에 활용할 수 있다. 이 시스템은 군사 전략 수립 과정에서 방대한 데이터를 분석해 지휘관에게 정밀한 의사 결정을 지원할 수 있으며, 위성, 레이더, 드론과 연동해 정찰 효율성과 정확도를 크게 높일 수 있다. 위성 이미지로 주요 군사 목표를 식별하고 규모 및 수를 산출함으로써 전략적 판단을 보조할 수 있다고 한다.

2025년 2월, 총칭루디정보기술은 아부다비 국제 방위산업 전시회에 딥시크를 탑재한 자율주행 군용 차량 'P60'을 출품했다.

체제 경쟁 수단으로 변화하는 AI

군사 목적을 포함한 전반적인 AI 분야에서 미국의 수준은 타의 추종을 불허한다. 2군으로는 영국, 독일, 캐나다, 프랑스, 싱가포르가, 3군으로는 일본과 호주가 분류되며, 우리나라는 학습 인프라 및 AI 인프라에서 4위, 첨단 AI 모델링 및 의사결정 분야에서 5위, 안전성과 신뢰성 기반 AI 부문에서도 5위, 산업 활용 및 혁신 AI에서는 6위를 기록하고 있다. 한편 중국은 지금까지 전반적으로 미국보다 뒤처진다는 평가를 받아왔다.

미국은 중국을 겨냥해 반도체와 AI 기술 분야에서 강력한 제재를 지속해 오고 있다. 그러나 국제정치 분석가 레바 구종 Reva Goujon은 이러한 과도한 무역 및 기술 통제가 오히려 미국 기업들을 중국 시장으로 끌어들이는 결과를 초래한다고 지적했다. 또한 중국 입장에서는 국가의 대규모 지원만이 미국 기술에 대한 의존에서 벗어날 수 있는 유일한 돌파구이기 때문에 AI 기반 산업에 막대한 자금을 투입하고 있으며, 이러한 전략이 실질적인 성과로 이어질 것이라고 내다봤다.

내가 보기엔 결국 중국 사회 전반이 '자체 기술력의 확보만이 제재를 돌파하는 유일한 길'임을 분명히 인식하고 있다. 이러한 공감대는 중국이 더욱 '거국 체제' 아래 AI 기술 개발에 몰두하게 만드는 원동력이 되고 있다. 기술로 국가와 민족에 기여하겠다는 열망으로 가슴을 불태우는 수천만 중국 이공계 학생들의 모습을 떠올리면, 나는 그 미래가 어디로 향할지 희미하게나마 보이는 듯하다.

2024년 중국 정부는 처음으로 기존 산업에 AI 기술을 전면적으로 결합하겠다는 국가 전략인 'AI+'를 정부 업무 보고에 포함하며, AI를 중국 사회 전반에 접목하겠다는 의지를 보였다. 리창 李强 총리 또한 AI를 신질생산력 발전의 핵심 동력으로 규정했다. 중국 정부의 모든 자산을 관리하는 국유자산감독관리위원회는 2024년 'AI+ 특별 조치'를 시행하기 시작했으며, 중앙 국유기업들이 AI 적용을 적극적으로 확대할 것이라고 밝혔다. 산하 기관인 국유기업들이 중앙 정부, 그것도 자신들의 관할 부처인 자산감독관리위원회의 방침을 따를 것은 당연한 수순이다. 2024년 말 중앙경제공작회의에서도 AI+가 다시 언급되었는데, 이는 과거 '인터넷+' 정책처럼 AI를 기존 산업 전반에 결합하라는 명령으로 해석된다.

여기서 우리가 주목해야 할 점은, 중국 정부가 어느 특정 산업에 한정하지 않고 전 산업에 걸쳐 AI 도입을 촉구했다는 사실이다. 따라서 향후 중국에서는 대규모 AI 시장이 장기간에 걸쳐 지속될 가능성이 크다고 볼 수 있다.

AI 산업 발전을 위한 표준화 작업도 진행되고 있다. 공업정보화부, 중앙인터넷정보판공실, 국가발전개혁위원회, 국가표준위원회 등 4개 부처는 2026년까지 50개 이상의 국가 표준과 산업 표준을 새로 제정할 계획이라고 발표했다. 이들이 2024년 공동 발표한 '국가 AI 산업 종합 표준화 체계 구축 가이드라인'에는 7대 표준화 항목(기초 공통, 기술 지원, 핵심 기술, 지능형 제품·서비스, 신산업화, 산업 응용, 안전과 거버넌스)이 포함되어 있다. 학계에서는 2025년 양회 이후 AI가 신질생산력의 주역으로서 본격적으로 정책화될 것으로 내다보고 있으며, AI가 중국 사회 전반을 뒤흔드는 '태풍의 눈'이 될 것으로 전망한다.

AI 전쟁 시대, 중국의 대응 전략

중국에는 현재 4,500개 이상의 AI 관련 기업과 약 6,000억 위안 규모의 핵심 산업이 존재한다. 알리바바, 바이두, 화웨이, 텐센트 등 주요 빅테크 기업들은 대규모 언어 모델 개발과 클라우드 인프라 경쟁에 참여해 미국 기업들과 경쟁하고 있다. 2024년 상반기 기준 중국의 AI 기업 수는 전년 대비 35.65% 증가했으며, 현재 190개 이상의 생성형 AI 모델이 등록되어 운영 중이다. 사용자 수 또한 약 2억 3,000만 명으로 전체 인구의 16.4%에 달한다. 우리나라도 AI를 12대 국가 전략 기술 중 하나로 지정하고 있지만, 실행 속도와 규모 면에서는 중국과 큰 차이가 있다.

AI 전문 인력 양성도 빠르게 이루어지고 있다. 중국 내 537개 대학에 AI 전공 학과가 개설되어 있으며, 2023년 기준 AI 관련 출판물은 미국의 약 2배인 2,000건에 이른다. AI 기업과 산업의 성장과 함께 지식재산권도 급성장해 AI 관련 특허 출원만 해도 2023년 한 해에만 8만 건에 달했다. 이에 대응해 트럼프 2기 정부는 미국이 AI 분야의 글로벌 지배력을 유지하겠다는 방침을 분명히 했다.

앞서 말했듯이 중국이 AI를 개발하는 최상위 목적은 군사 경쟁을 위해서다. 일찍이 메타Meta의 오픈소스 모델 '라마Llama 2 13B'를 활용해 군사용 AI를 구축한 것이 대표적이다. 메타는 이에 대해 "인민해방군이

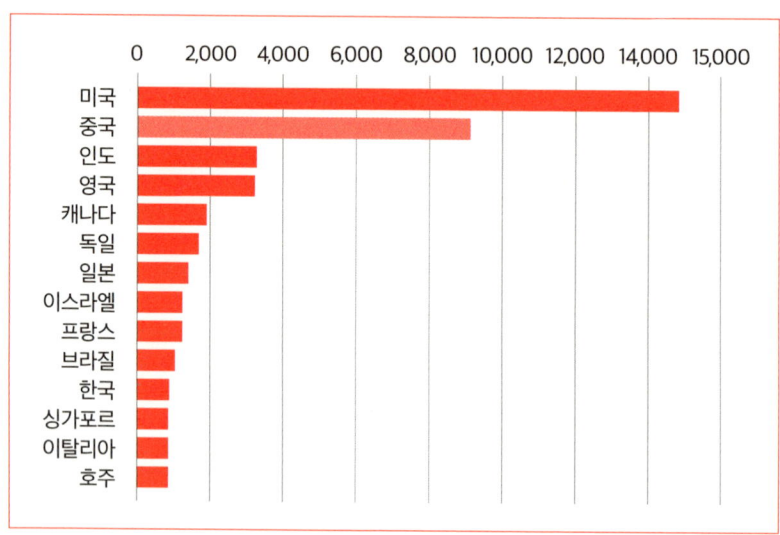

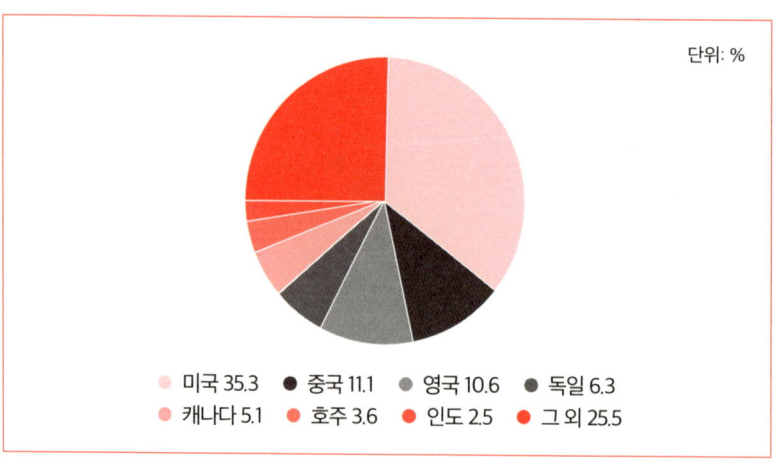

출처: 한중과학기술협력센터

우리 모델을 사용하는 것은 허가되지 않았으며, 우리의 사용 허용 정책에 위배된다"라는 입장을 밝히고 사용 제한 위반이라고 주장했다. 하지만 전쟁이라는 극한 상황에서 민간기업의 정책이 과연 어떤 실효성을 가질 수 있을까? 이는 기술 패권이 법이나 규정, 협정 같은 제도적 장치에 구속받지 않는 영역임을 잘 보여준다. 반면, 우리가 말하는 '기술 주권'은 법과 규범, 협약의 테두리 안에서 논의되는 개념이다.

미국의 군사 개입에 대비한 중국은 A2/AD Anti-Access/Area Denial(접근 거부/지역 차단)라는 기본 전략을 수립해 놓았다. 이를 중심으로 미국의 태평양 진입과 대만 접근을 조기 탐지, 차단하는 데 초점을 맞추고 있다. 하지만 중위도·저위도 위성을 활용한 기존 탐지 체계로는 2~3시간이 소요되는 한계가 있다. 이는 함정의 접근을 중위도 탐지 위성의 저해상도 화상으로 탐지한 후, 고해상도 이미지 관측이 가능한 저위도 탐지 위성을 해당 지역으로 이동하는 데 걸리는 시간이다. 그런데 중국은 최근 저해상도 이미지를 사용해 전 세계 미국 군함을 추적하는 새로운 알고리즘을 개발하는 데 성공했다. 다롄해군사관학교 연구 팀이 저해상도 위성 이미지를 활용해 전 세계 미국 군함을 식별하고 추적할 수 있는 방법을 개발했다는 것이다. 1픽셀도 채 되지 않는 저화질 이미지일지라도, 해상에 나타나는 파도 패턴을 분석해 군함을 구별하는 기법을 개발했다고 한다. 아마도 픽셀 분할 이미징 기술과 연관이 있어 보이며, 여기에도 AI 기술이 적용된 것으로 추정된다.

이러한 AI와 위성을 연계한 감시 체계는 현재 미국이 주도하고 있다.

미국은 글로벌 위성과 통신망, 인터넷 정보, 첩보 기관 정보를 종합해 테러와 전쟁 발생 가능성을 분석하는 AI 시스템을 운용 중이다. 이 AI 시스템은 2~3분 내 판단과 대응 명령을 내릴 수 있도록 설계되었다. 이제 전쟁은 인간이 아닌 AI의 실시간 판단에 따라 발발할 수 있는 시대에 접어들었다. 이제 우리가 영화에서나 보던 AI의 2~3분 내 판단으로 일어나는 전쟁이 더 이상 SF가 아닌 것이다.

엔비디아는 한때 중국 AI 칩 시장에서 약 90%의 점유율을 차지하고 있었다. 그러나 미국 상무부는 중국산 AI 칩이 군사용으로 전용될 가능성을 우려해 수출 통제를 시작했고, 2022년 가을부터 엔비디아의 AI 칩인 H100을 비롯한 여러 칩이 규제 대상에 포함되었다. 이에 대비해 텐센트 같은 중국 기업은 엔비디아 칩을 미리 구매해 몇 세대의 자체 범용 대형 모델을 개발할 수 있을 만큼의 충분한 물량을 확보했다. 딥시크도 약 1만 개의 GPU를 확보했다는 소문이 있다. 따라서 단기적으로는 중국 기업들이 AI 반도체 공급 제한에 어느 정도 버틸 수 있다는 얘기다. 하지만 이 같은 비축은 근본적인 해결책이 될 수 없기에, 중국의 주요 AI 기업들은 자국산 AI 반도체 개발에 박차를 가하고 있다.

화웨이는 자사 제품에 사용되는 서방 부품을 지속해서 중국산으로 대체하고 있다. 전기자동차 기업들도 서방 반도체가 언제 제재를 가하게 될지 모르는 불확실성 속에서 중국산 반도체 개발을 서두르고 있다. 그 결과, 중국산 AI 반도체도 점차 등장하고 있다. 현재 대표적인 제품은 화웨이와 캠브리콘테크놀로지스寒武紀科技의 AI 칩으로, 이는 엔비디아 A100 칩의 약 60~70% 수준의 속도로 작동하는 것으로 알려져 있다. 그러나 이들 칩은 대만 TSMC의 7나노미터 공정을 활용해 제조되었고, 바이든 행정부가 해당 공정에 대한 제재를 다시 가하면서 타격을 입었다. 신흥 기업인 무어스레드摩尔线程도 2023년 말 AI 칩 MTTS4000을 출시했으며, 엔비디아 칩에서 자사 칩으로 손쉽게 전환할 수 있다고 주장하고 있다.

또한 중국은 미국과는 다른 방식의 AI 기술 개발도 도모하고 있다. 높은 에너지 소비 없이 컴퓨팅 성능을 구현하기 위해, 인간 두뇌의 뉴런을 모방한 AI 모델을 시뮬레이션하는 시도가 이루어졌다. 전문가들은 이 방식이 기존의 실리콘 칩 의존을 벗어난 AI 개발의 전환점이 될 수 있다고 평가한다. 이 모델은 누설성 통합 및 발사 뉴런leaky integrate-and-fire neuron 4개로 구성된 네트워크를 통해 단일 호지킨-헉슬리 뉴런Hodgkin-Huxley neuron*의 동작을 재현할 수 있음을 이론적으로 입증했다. 이를 지원하는 칩도 개발되고 있다. 중국과학원CAS 자동화 연구소는 스위스의 신센스SynSense와 협업해 동적 비전 센서가 통합된 뇌 유사 뉴로모픽Neuro-morphic(신경모사) 칩인 스펙Speck을 개발했으며, 이는 작업 정확도를 9% 향상시키고 평균 전력 소비를 60%까지 절감할 수 있는 것으로 보고되었다. 결국 미국의 제재는 중국이 새로운 방향에서 독자적

---

* 호지킨-헉슬리 모델 또는 전도도 기반 모델(conductance-based model)은 수학적 모델로 뉴런의 활동 전위가 시작되고 전파되는 방법을 설명한다.

기술을 모색하도록 압박하는 결과를 낳고 있다.

서방과 비교할 때 중국의 AI 서비스는 성능이나 품질 면에서 다소 차이가 있을 수밖에 없지만, 가격이 경쟁 요소로 부각되고 있다. 알리바바, 바이두, 바이트댄스字节跳动 등 중국의 빅테크 기업들도 대규모 언어 모델을 호출해 응답을 생성하는 '추론' 비용을 미국 대비 90% 이상 낮추기 위해 가격 전쟁에 나섰다. 여기서 결정적인 역할을 한 것이 바로 딥시크다.

2025년 1월, 딥시크는 오픈소스 모델인 딥시크-R1을 공개하며, 해당 모델이 오픈AI의 o1 공식 버전과 동등한 성능을 지녔다고 발표했다. 이에 전 세계는 격렬한 반응을 보였다. 당시 시장은 AI 기술에 대한 대규모 자본 투자가 진행 중이었는데, 이 발표로 인해 그러한 투자가 무의미해질 수도 있다는 의심이 제기되었다. 또한 미국의 대중 기술 제재가 실질적 효과를 거두지 못할 수도 있다는 우려가 확산되었다.

이후 딥시크는 중국 내에서 빠르게 확산했다. 즈광그룹紫光股份 산하 신화산그룹新华三集团은 딥시크의 빅 모델을 기반으로 한 올인원 기계 '유니큐브'를 신속히 출시했고, 장안자동차는 딥시크 모델을 융합한 차량을 업계 최초로 대량 생산하겠다고 밝혔다. 이른바 '북두의 중심北斗天枢 2.0 계획'의 일환이다.

그러나 냉정히 말해, 딥시크의 돌풍을 두고 중국의 AI 기술이 미국을 앞질렀다고 해석할 수 없다. 메타의 수석 AI 과학자인 얀 레쿤Yann LeCun의 지적처럼, 딥시크-R1의 출시는 중국 기업이 미국을 추월했다기보다 오픈소스 대규모 언어 모델이 폐쇄형 소스를 앞설 수 있음을 시사하는 사건이었다. 중요한 것은 미국의 제재로 인해 충분한 수의 AI 반도체, 방대한 컴퓨팅 리소스, 천문학적 자본을 확보할 수 없었던 환경이 오히려 비용과 자원을 줄이기 위한 기술적 혁신을 유도했다는 점이다. 누군가가 지적했듯이, 중국에는 서방 수준의 고성능 반도체도, 대형 데이터센터도 부족했기에 딥시크 같은 기술이 나올 수밖에 없었다. 즉, 결핍이 혁신을 자극한 것이다.

시장 조사 업체 옴디아奥维睿智의 수석 애널리스트 수량지에苏廉节는 딥시크의 부상이 대규모 언어 모델의 인기를 가속화하고 수요 증가를 견인했다고 분석한다. 옴디아에 따르면 2024년 중국의 생성형 AI 소프트웨어 매출은 18억 달러에 이르렀고, 향후 5년간 5.5배 성장해 2029년에는 98억 달러에 달할 것으로 예측된다. 여기에는 훈련·추론용 칩 및 데이터센터 구축 등 생성형 AI 인프라 수익은 포함되지 않는다. 옴디아는 소매, 미디어 및 엔터테인먼트, 정보기술, 의료 및 전문 서비스를 주요 적용 분야로 꼽았으며, 대화형 AI가 생성형 AI의 핵심 활용 방식이 될 것이라고 내다봤다.

하지만 이런 중국의 성장도 미국이 주도하는 AI 반도체 발전 속도와는 비교가 어렵다. 미국은 자국의 AI 기술 우위를 전략적 수단으로 활용해 기술을 차등 공급함으로써 각국의 경제 수준을 조절하려 한다. 다시 말해 미국은 100점짜리 기술을 자국에 적용하고, 우방국엔 90점짜리, 중립국엔 80점짜리, 적대국인 중국에는 70점짜리 수준의 AI 기술을 제공하는 기술 패권의 등급화를 추진하고 있는 것이다. 우리나라 또한 이러한 흐름 속에서 적절한 대응책을 마련하지 않으면 안 된다.

중국은 유물론에 기반한 사회주의 국가로서 AI 발전을 순수한 과학 및 공학의 관점에서 바라본다. 동남대학교의 황광빈黄广斌 연구 팀은 제한되지 않은 AI가 인간 지능을 능가할 수 있음을 이론적으로 증명하는 논문을 발표했다. 연구 팀은 뉴런과 시냅스 등 인간 두뇌의 물리적 구성 요소를 기반으로 '세포 수준의 AI 쌍둥이 접근법cellular-level AI twin approach'을 제안했으며, 이를 통해 임의의 작은 예상 오차로 지각 및 인지와 같은 뇌의 하위 시스템을 모사할 수 있음을 보였다.

또한 중국은 2025년 양회 정부 보고에서 신조어 '임바디드 인텔리전스具身智能'를 공식 표명했다. 이는 대만 산업계에서 주목받는 '엣지 컴퓨팅edge computing'과 유사한 개념으로, AI를 실제 하드웨어에 내장해 응용하는 방식이다. 다만 엣지 컴퓨팅이 스마트폰·PC 같은 일상 기기에 주로 적용되는 데 반해, 임바디드 인텔리전스는 드론, 로봇, 자동차 등 미래형 기기에 주로 적용된다는 점에서 차이가 있다. 로봇은 AI 응용의 핵심 주제 중 하나지만, 이 책에서는 분량상 다루지 않겠다.

중국은 자국의 휴머노이드 시장 규모가 2025년 약 27억 위안에 이를 것으로 보고 있으며, 2029년에는 750억 위안(세계 시장의 32.7%), 2035년에는 3,000억 위안으로 성장할 것으로 예측하고 있다. 그만큼 중국은 AI 기술에서 미국과 서방을 추월하기 위해 주저 없이 전력을 다하고 있다.

데이터를 국가 핵심 자원으로 관리하는 중국

따지고 보면 딥시크의 방식은 AI를 학습시키는 데 투입되는 데이터의 양은 줄이고 질은 높인 것이라고 할 수 있다. 그런데 미국과 중국은 데이터 측면에서 매우 대조적인 모습을 보인다.

미국의 경우 세계에서 가장 거대한 데이터를 보유하고 있다고 할 수 있지만, 그 데이터들의 소유주가 각기 달라 타인이 활용하기는 어렵다. 즉 데이터의 총량은 크나 활용할 수 있는 데이터의 양은 제한적이거나 그 획득 비용이 많이 든다.

반면 중국은 통제 사회라는 특성상 접근 가능한 데이터의 양 자체가 매우 적다. 게다가 중국 정부가 인터넷에 대한 감독을 강화하면서 중국 인터넷상의 데이터 총량 자체가 줄어들고 있다. 미중 갈등이 심해지면서 중국 정부는 데이터 3법(네트워크 안전법, 데이터 안전법, 개인정보 보호법)을 통해 자국 데이터 보호를 강화하고, 국내 인터넷상으로 유통되는 정보에 대한 통제도 강도를 높이고 있다.

중국은 대외적으로 양안 긴장을 상승시키면서 국가 정보, 국가 데이터의 외부 유출을 막는 조치를 해왔는데, 전술한 데이터 3법뿐 아니라 반간첩법, 사이버 보안법, 비밀번호법 등 일련의 조치를 지속적으로 보강하고 있다. 당연히 이런 조치들은 중국의 기관이나 개인의 데이터 공유를 위축시킬 수밖에 없다. 그리고 데이터 공유의 위축은 정보화에 장애가 된다.

이런 상황 속에서 중국은 데이터를 국가 경제 핵심 요소 중 하나로 공식 선정했다. 중국은 공산주의 시절 계획 경제를 운영해 왔고, 모든 경제 활동을 통제해 왔다. 이 통제 경제의 프레임워크에서 경제의 투입 요소인 자본, 기계 등 자산, 인적자원, 기술 등이 공식적인 통제 대상 경제 요소로 선정되고 관리되었던 것이다.

마치 기업에서 사람, 기계, 자본, 그리고 기술을 주요 관리 대상 자원으로 삼는 것과 마찬가지다. 여기에 국가 경제 관리 대상으로 데이터를 추가한 것이다. 그리고 국가적으로 데이터를 관리하는 국가데이터국国家数据局이 2023년 10월 출범했다.

중국 공업정보화부는 최근 '산업 분야 데이터 보안 역량 강화 실시 계획(2024~2026)'을 발표했으며, 2026년 말까지 데이터 분류 및 계층 보호를 실시하는 기업 수를 4만 5,000개 이상으로 늘릴 것을 제안하고 있다. 4만 5,000개 이상의 기업이 데이터 분류 및 등급 보호를 수행했고, 이는 각 지방 정부의 연간 매출 상위 10%의 규제 대상 산업 기업을 포함한다. 중국은 데이터 보안에 관한 국가, 산업, 단체 표준 및 규격을 100개 이상 개발했고, 3만 명을 대상으로 데이터 보안 교육을 실시해 5,000명 이상의 산업 데이터 보안 인재를 양성했다. 전시 상황을 의식해 데이터 자산 구축 이전에 보안 체계를 먼저 수립한 것이다.

중국은 데이터를 핵심 자원으로 관리하기 위해 2029년까지 국가 데이터 인프라를 구축할 계획이다. 국가발전개혁위원회, 공업정보화부가 함께 입법 예고를 했다. 이 계획의 목적은 국가 보안을 보장하면서 데이터 공유 프로세스를 간소화하는 것이다.

즉, 중국 바깥으로는 데이터가 나가지 않게 하면서 중국 안에서는 데이터를 공유하게 하겠다는 목적이다. 이를 위해 중국은 2028년까지 100개 이상의 '신뢰 데이터 공간'을 구축할 계획이다. 신뢰 데이터 공간을 중국식으로 말하자면, 합의 규칙에 기반한 일종의 데이터 유통 및 활용 인프라다. 바로 공산당의 규칙과 통제에 따르는 데이터 공유 인프라인 것이다.

이를 두고 중국 정부는 "다자간 주체를 연결하고 데이터 자원 공유 및 공동 사용을 실현하며 데이터 요소 가치를 공동 창출하는 응용 생태이자, 국가 통합 데이터 시장 건설을 지원하는 중요한 매개체"라고 어렵게 설명했는데, 간단히 말하면 정보 공유가 어려운 중국이지만 여기에서만큼은 안심하고 정보를 공유하라는 뜻이다. 그래서 정부는 '신뢰할 수 있는 공간'을 규정하고 기업, 산업, 도시, 개인, 국경 등 다섯 가지 유형의 신뢰할 수 있는 데이터 신뢰 공간의 구축과 응용을 체계적으로 추진하고 배치하고 있다.

국가데이터국은 새로운 유형의 생산 요소인 데이터가 강력한 데이터 산업의 지원과 분리될 수 없으며, 산업 배치의 최적화, 다각화된 사업 주체 육성, 정책 보장 강화 등 세 가지 측면에서 데이터 산업을 육성하고 성장시킬 것이라고 말했다. 이에 따라 국가데이터국은 전국에 데이터 거래소를 만들고, 지금까지 외부로 정보 제공을 꺼렸던 정부 부처와 국영기업들이 내부 데이터를 가공해서 외부로 제공할 수 있도록 압박하고 있다.

그 효과도 홍보하고 있는데, 예를 들면 광시 자치구에서는 전력선 유지보수에 많은 비용을 쓰고 있는 전력 회사가 상세한 날씨 데이터를 매입했다. 전력 회사는 이 데이터로 가장 빨리 얼어붙거나 바람이 센 지점을 파악해 그런 지점을 우선적으로 작업함으로써 상당한 비용을 절감하는 효과를 올렸다고 한다.

심지어 중국 최초의 데이터 과학기술 중앙 국영기업인 중국디지털연합물류정보유한회사中国数联物流信息有限公司가 상하이에서 공식 출범했다. 이 새로운 중앙 국영기업은(무려 국영기업이다!) 고속도로, 철도, 수로, 항공, 항만 분야의 데이터 자원을 공유하고 개발 및 활용을 주목적으로 삼는다. 이 물류 정보로 국가 물류 빅 데이터 플랫폼을 구축해 제공함으로써 중국 사회의 물류 비용을 효과적으로 절감할 것이다.

한편, 중국 국가데이터국은 '데이터 요소 X数据要素X' 3개년 행동 계획(2024~2026년)도 발표했다. 여기에서 데이터 요소 X는 데이터 요소의 승수 효과를 의미한다. 이는 하나의 투입이 연쇄적이고 중첩적인 결과를 낳아, 최종적으로 기대 이상의 경제적 효과를 발생시키는 현상을 뜻한다.

'데이터 요소 X'는 국가 전체 차원에서 다양한 산업에 데이터를 통합하고 데이터에서 유용한 정보를 추출해 생산 및 서비스의 정밀도를 높인다. 즉, AI를 통해 산업 전반의 생산성을 끌어올리겠다는 구상이다. 데이터 요소 X는 아직 개념 수준에 머물러 있으나, 중요한 것은 중국이라

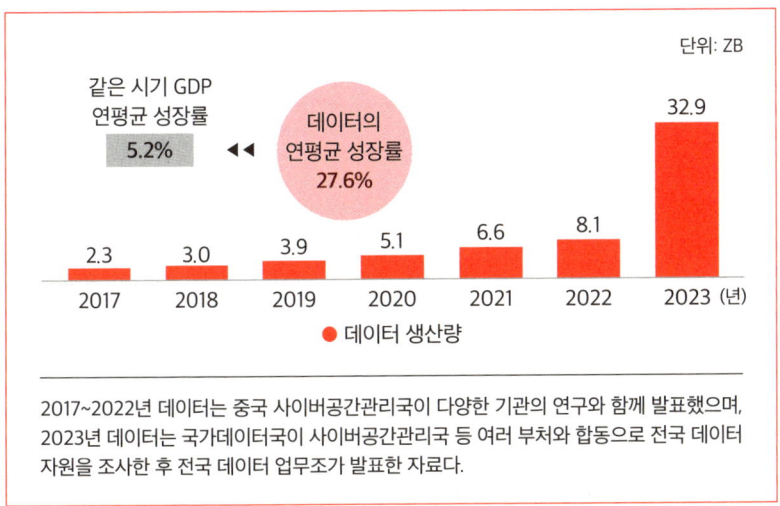

출처: 디지털 중국 개발 보고서(2020-2022),
전국 데이터 자원 조사 보고서(2023), 아이리서치 컨설팅 인스티튜트

는 국가가 데이터를 금융, 과학기술, 인재와 같은 기존의 핵심 생산 요소들과 동등한 정책적 중요성을 지닌 자원으로 공식 지정했다는 점이다.

이러한 중국의 행보는 우리에게 하나의 커다란 질문을 던진다. 전체적으로는 압도적인 데이터 총량을 보유하고 있지만, 원하는 정보에 접근하기 어렵고 비용이 높은 미국. 그리고 숨겨진 데이터를 발굴해 중국 내부에서는 누구나 저비용으로 활용할 수 있게 만드는 중국. AI 학습이 전략적 자원이 된 AI 시대에 과연 어떤 나라가 승리할 것인가? 그리고 우리나라는 이들 미중과 경쟁할 수 있을까? 바로 이 질문이 남는다.

CHINA TECH

3장

전시 체제를 위한 에너지 기술 개발

'석유 대체'에 방점이 찍히는 중국의 에너지 안보

내 지인인 이승주 박사는 딥시크의 모기업인 환팡과 유사한 성격을 가진 중국계 퀀트 헤지 펀드에서 핵심적인 역할을 맡고 있다. 최근 그는 나에게 흥미로운 사실 하나를 짚어 주었다. 트럼프 대통령이 오픈AI, 소프트뱅크SoftBank, 오라클Oracle과 함께 5,000억 달러 규모로 '스타게이트Stargate' 프로젝트를 시작한다고 발표한 것과 관련된 이야기였다.

이 프로젝트에 언급된 천문학적 예산 중 상당한 금액이 사실상 AI 컴퓨팅 센터에 필요한 전력 확보에 사용될 수밖에 없다는 것이 그의 지적이었다.

실제로 미국의 대표적인 싱크탱크인 랜드연구소RAND Corporation도 같은 문제의식을 공유하고 있다. 연구소에 따르면, 지금과 같은 속도로 AI 수요가 지속된다면 2030년까지 AI 칩 생산량은 매년 1.3~2배씩 증가할 것으로 예상했다. 데이터센터의 전력 사용 효율이 아무리 개선된다고 해도, 2027년까지는 약 68GW, 2030년까지는 327GW에 달하는 AI 데이터센터 용량이 전 세계적으로 필요할 것이라는 전망이다.

더욱이 일반적인 데이터센터와 달리, AI 센터는 한 장소에서 엄청난 양의 전력을 소비한다는 특성을 갖고 있다. 랜드연구소는 "하나의 AI 학습 클러스터가 필요로 하는 전력이, 세계 최대의 데이터센터 허브인 미국 북부 버지니아 지역의 모든 데이터센터를 합한 것보다 많을 수 있다"라고 경고했다.* 이러한 변화는 미국만의 이야기가 아니다. 대만도 AI 열풍에 따른 전력 수요 문제에 직면하고 있다. 집권 민진당 정부는 TSMC와 AI 산업의 전력 수요를 감당하기 위해, 그동안 폐기 대상으로 삼았던 핵발전을 다시 정책 테이블 위에 올리고 있는 상황이다.

나는 여기서 AI 자체에 대해 논의하려는 것이 아니다. 한 국가의 전략은 반드시 다각적일 수밖에 없으며, 어느 한 부문의 전략도 결국 다른 전략들과 상호작용을 하는 구조 속에 존재한다는 점을 말하고 싶다.

예를 들어, 어떤 국가가 AI 시설을 확대하려고 한다면 그에 따라 전력 인프라 역시 확충되어야 한다. 전력 인프라를 확대하려면, 전력의 근원이 되는 석유, 석탄, 가스, 태양광, 풍력, 수력, 원자력 등 종합적인 에너지 전략이 함께 마련되어야 한다. 이 에너지원 중 일부라도 해외에 의

---

* 세계 최대의 데이터센터는 중국 네이멍구의 데이터센터라는 지적도 있다.

존한다면, 국가 공급망 전략이나 수출입 전략과도 밀접하게 연계될 수밖에 없다.

즉, 우리가 중국의 과학기술 전략과 그 추진 현황을 이해하려 한다면 그 최상부에 위치한 국가 전략을 함께 살펴야 하며, 이와 동반되는 다양한 하위 전략 간의 상호 영향도 함께 고려해야 한다. 그래야만 진정한 의미에서의 중국 과학기술 전략과 그 실질적인 추진 체계를 이해할 수 있다.

그렇다면 예를 들어 보자. 중국의 AI 산업은 과연 얼마나 많은 에너지가 필요할까? 중국 공업정보화부에 따르면, 2024년 현재 중국 내에서 운영 중인 컴퓨팅 센터의 표준 랙rack(서버를 설치하는 단위 구조물) 수가 880만 개를 돌파했고, 이로 인한 전력 소요 규모는 2023년 말 대비 16.5% 증가한 것으로 나타났다.

또한 중국은 2025년까지 데이터센터의 연간 전력 소비량이 4,000억 kWh에 이를 것으로 보고 있으며, 이는 전국 전력 소비량의 5% 이상을 차지할 전망이다. 하지만 현재 중국 각지에 흩어져 있는 컴퓨팅 센터들은 아직 서로 연결되지 않은 상태이고, 전국적인 컴퓨팅 네트워크 구조도 형성되지 않은 상황이다. 컴퓨팅 수요와 공급 사이에도 뚜렷한 불균형이 존재한다. 따라서 중국 역시 향후 AI 산업을 지속적으로 육성하려면 센터 간 불균형과 전력 총량 확보라는 이중 과제를 동시에 해결해야 한다.

이러한 상황 속에서 중국은 국가 차원으로 대응해 나섰다. 2025년까지 국가데이터국이 주도해 전국적인 컴퓨팅 파워 메가 프로젝트를 가동하겠다는 계획을 발표한 것이다. 이 프로젝트는 크게 두 가지 접근 방식을 취하고 있다.

하나는 클라우드 방식 중심으로 리소스를 효율적으로 사용하는 것이고, 다른 하나는 그 클라우드 시스템이 필요로 하는 자원을 국가가 나서서 중앙 집권적으로 확보해 공급하겠다는 전략이다. 다시 말해, 필요한 리소스를 민간이 확보하기 어려우니, 국가가 공동 자원으로 확보해 계획적으로 배분하겠다는 것이다. 중앙이 조정하고 지방이나 기업이 사용하는 구조를 만들겠다는 뜻과 같다.

그렇다면 여기서 또 다른 질문이 생긴다. 과연 중국의 전력 상황은 여유가 있을까? 아니, 우리는 더 근본적인 질문을 던져야 한다. 중국은 어떤 에너지 전략을 갖고 있는가? 현재 중국의 전력 수급 상황은 어떤가? 더 나아가 중국의 에너지 공급망 구조는 어떤 상태일까? 그리고 만약 미중 간 대립이 첨예해지면서, 미국이 중국으로 들어가는 석유나 가스 수급을 제한한다면 어떤 일이 벌어질까? 그럴 경우 중국은 과연 이에 대비한 전략을 갖고 있는가?

이렇게 질문을 거듭하다 보면, 중국에 있어 에너지가 얼마나 중요한 전략 자원인지를 자연스럽게 깨닫게 된다.

사실 이는 중국만의 이야기가 아니다. 예나 지금이나 에너지는 어느 국가에서나 핵심 전략 물자였다. 석유든 석탄이든 가스든, 거의 모든 에너지를 수입해야 하는 우리나라는 누구보다도 이 사실을 잘 알고 있다. 다만 문제는, 우리는 그에 대한 실질적인 대책이 부재해 보인다는 점이다.

나는 이미 『이미 시작된 전쟁』과 『디커플링과 공급망 전쟁』에서 여러 차례 강조한 바 있다. 중국 공산당의 에너지 전략은 단순한 산업 정책이 아닌, 1999년 말 중국 공산당이 설정한 '조국 통일 과업'이라는 국가 전략 목표에서 비롯되었다. 다시 말해 중국 공산당은 대만 통일을 반드시 실현하겠다고 결정했고, 그 과정에서 가장 중요한 변수인 미국의 개입을 견디기 위한 수단으로 '전략 물자', 특히 '에너지 자립 전략'을 수립해 지난 25년간 추진해 왔다는 것이 내 주장의 핵심이다.

국가 전략 목표 달성을 위해 중국이 대만을 공격하게 되면, 미국은 항공모함을 파견해 개입할 것이다. 만일 양안 전쟁이 실제로 일어난다면 서방 세계는 중국에 대해 경제 제재를 가할 것이고, 중국은 무역에 심대한 타격을 입게 될 것이다. 즉, 중국의 해외 공급망은 단절된다고 보아야 한다.

바로 이것이 중국 에너지 전략의 출발점이다. 중국은 에너지 자급이 되지 않는 국가이기 때문에, 미국 입장에서는 굳이 무력을 사용하지 않고 에너지 공급을 차단하는 해상 봉쇄만으로도 중국을 손쉽게 굴복시킬 수 있다는 계산이 가능하다.

사실 중국뿐 아니라 세계 거의 모든 나라가 에너지 자급이 되지 않는다. 우리나라 역시 석유 비축 기지를 마련해 두고 있으며, 정부 비축분이 9,700만 배럴로 112.7일분, 민간 비축분이 9,040만 배럴로 90일분이라고 한다. 그러니까 한반도에서 유사 사태가 발생하더라도 대략 6개월은 버틸 수 있는 셈이며, 다른 나라들에 비하면 준비가 잘 되어 있는 편이라고 할 수 있다. 그렇다 해도 결국 견딜 수 있는 기간은 반년 정도에 불과한 것이다.

중국의 경우 에너지 수요 자체가 클 뿐만 아니라 수요 증가 속도도 매우 빠르다. 그런데도 놀랍게도 중국의 원유 수요는 업계 예상보다 빠르게 정점에 도달할 것으로 보이며, 실제로 2024년이 최고조였고 이후로는 감소할 것이라는 전망이 나오고 있다. 여기에는 중국 정부가 지난 25년간 일관되게 추진해 온 전략이 일정한 성과를 내고 있다는, 알아채기 어려운 진실이 담겨 있다.

중국 공산당은 붉은 공급망 가운데 가장 중요한 축인 에너지 공급망에 대해 매우 단순한 전략을 세워 실행해 왔다.

- 소비 에너지 중에서 수입에 의존하는 에너지원의 종류와 양을 파악한다.
- 그 에너지원이 소비되는 주요 영역을 판별한다.
- 해당 영역에서의 소비 방식을 전력으로 대체한다.
- 그 전력을 자국 내 또는 안정적인 공급망의 에너지로 충당한다.

이처럼 단순해 보이는 전략을 중국 공산당은 지난 25년간 지속적으로 추진해 왔고, 지금도 중단 없이 진행 중이다.

중국 국가에너지위원회NEC가 발표한 '2025년 에너지 업무 의견'에 따르면, 2025년까지 중국 전체 발전 용량은 36억kW 이상, 그중 신규 에너지 발전 용량은 2억kW 이상에 이를 것으로 전망된다. 중국이 어떤 에너지를 얼마나 사용하고 있는지를 살펴보면, 2022년 기준으로 석탄 56.2%, 석유 18.5%, 천연가스 8.5%, 신재생 에너지 16.8%의 순서다.

중국은 석탄 생산 대국이다. 호주의 고품질 석탄을 일부 수입하기도 하지만, 전략적 관점에서 보면 석탄은 자급자족이 가능한 자원이다. 중국의 자체 원유 생산량도 2억 톤 이상을 유지하고 있으며, 천연가스 생산량도 빠르게 증가하고 있다. 지속적인 자원 탐사를 통해 석유와 가스의 매장량을 계속 확대한 덕분이다.

이처럼 자체 생산 비중을 높이면서 중국은 비화석 에너지원의 발전 비율을 약 60%까지, 전체 에너지 소비에서 비화석 에너지원 비중을 약 20%까지 끌어올리겠다는 목표를 세웠다. 이 목표를 실현하기 위한 20개 이상의 핵심 과제도 명시되어 있다.

반면, 수입에 의존하는 주요 에너지원은 석유와 천연가스다. 2022년 기준으로 석유의 해외 의존도는 70%, 천연가스는 45%에 이른다. 원자력발전에 필요한 우라늄의 경우 90% 이상을 카자흐스탄, 호주, 캐나다 등에서 수입해 오고 있다.

이 중 천연가스는 주로 러시아에서 수입하며, '시베리아의 힘'이라 불리는 육상 파이프라인을 통해 공급된다. 이 경로는 미국이 군사적으로 타격을 가하기 어렵고, 만일 공격한다면 러시아의 직접 개입을 유발할 수 있기 때문에 전략적으로 안정적인 경로로 여겨진다. 우라늄 역시 카자흐스탄에서 중국 서부 내륙 깊숙이 운송되기 때문에 군사적 타격의 실질적인 목표가 되기 어렵다.

따라서 중국으로서 문제가 되는 에너지는 석유다. 그래서 우선적으로 석유의 소비를 줄이거나 대체해야 하는 것이다. 이에 맞춰 중국은 성공적으로 대체를 해왔다. 2024년에는 중국의 석유 소비 중 국내 원유 생산량은 2024년 2억 톤, 수입량은 2억 1,200만 톤으로 수입 석유의 비중이 50% 정도나 감소했다.

중국은 어떻게 석유 수입 규모를 이렇게 크게 줄일 수 있었을까? 우선은 국내 석유 자원을 지속적으로 탐사하고 시추해 생산량을 늘렸다. 2024년 중국의 해양 시추 유정 수가 처음으로 1,000개를 돌파한 것을 보면 짐작할 수 있다. 그러면서 석유 소비량을 줄인 것이다. 중국의 석유 소비 중 교통 운수가 차지하는 비중이 50~55%, 산업체에서 소비하는 비중이 20~25%, 석유 화학 재료 등으로 소비되는 비중이 15~20%, 그리고 민간 소비가 5~10% 정도다. 만일 교통 운수에서 소비하는 석유를 전면 감축할 수 있으면 석유를 수입할 필요가 없게 된다. 따라서 중국은 교통 운수의 석유 소비를 절대적으로 줄여야 했고 그 대상은 당연히 가장 많은 석유를 소비하는 자동차였다.

중국 정부가 2000년부터 화석 연료 자동차를 전기자동차로 바꾸겠다는, 당시로서는 누구도 이해할 수 없는 정책을 발표했던 이유다. 그리고 당시 현실성 없다며 많은 나라로부터 비웃음을 샀던 전기자동차 정책은 25년 후인 지금 중국의 전기자동차가 세계에서 가장 많이 팔리게 되는 결과를 가져왔다.

그렇다면 중국은 어떻게 전기자동차 기술을 개발하고 확보했을까?

석유 대체의 관건, 전기자동차

당시 전기자동차 기술이 거의 전무했던 중국은 전기차 개발에 무대포로 밀어붙였다. 이 무모해 보일 수도 있는 정신은 중국 공산당이 추진하는 사업에서 자주 등장하는 방식이고, 실제 효과를 본 경우도 적지 않다. 그래서 함부로 비웃을 수는 없다. 중국은 지역마다 경제 수준도, 산업 구조도, 인종 구성도, 인민들의 생활 수준도 다르다. 이런 복잡하고 불균형한 조건 속에서 확실한 결과를 얻기 위해 "일체 예외 없이"라는 지시가 자주 내려진다.

2000년 무렵, 중국에서 자동차나 경운기 등 차량을 제조하는 업체 수는 900곳에 달했다. 이들 기업은 거의 예외 없이 전기차 개발에 나섰다. 정부의 정책 의지는 분명했고, 기술의 성공 여부와 관계없이 전기차 개발이라는 명분만으로도 보조금을 신청할 수 있었기 때문이다. 최근 중국의 반도체 개발 관련 뉴스를 보면, 비슷한 당시의 분위기를 짐작할 수 있을 것이다.

| 중국 전기자동차 시장 성장 추이(2015~2023년) |

연간 전기차 판매량(단위: 만 대)

연도	순수 전기차(BEV)	플러그인 하이브리드(PHEV)	합계	YoY 증가율
2015	12.5	2.1	14.6	340%
2018	76.9	25.6	102.5	62%
2020	111.4	23.2	134.6	10%
2021	244.4	54.5	298.9	122%
2022	424.7	151.8	576.5	93%
2023	558.4	240.8	799.2	39%

출처: 중국공업정보화부(MIIT), 중국자동차공업협회, 블룸버그NEF

그렇다면 이들 업체 중 정말 전기차 기술을 갖춘 곳이 있었을까? 결론부터 말하면 없었다. 당시 세계적 기업인 폭스바겐 AG, 제너럴모터스, 메르세데스-벤츠, 포르쉐 AG, 토요타자동차, 현대자동차조차 전기차를 미래 콘셉트카 수준으로만 다루고 있었다. 아직 내연기관 자동차의 품질도 제대로 확보하지 못하던 중국 업체들은 그야말로 아마추어였다.

2007년부터 2018년까지 중국 과학기술부 부장을 지낸 완강万钢은 전기차 산업 육성에 큰 노력을 기울였다. 그는 '십성천량十城千辆' 프로젝트를 통해 매년 10개 도시를 선정해 1,000대의 전기차를 공급하며 산업을 일으키려 했지만, 실질적 기술 진척은 미미했다. 그도 그럴 것이 당시 전 세계 어느 나라도 전기차의 진정한 상용화를 이루지 못하고 있었다.

하지만 중국은 포기하지 않았다. 국가 전략 차원에서 전기차 개발을 밀어붙였고, 전기차 산업 육성 정책을 꾸준히 유지했다. 그러던 중 2006년 7월, 테슬라가 첫 양산형 전기차인 로드스터를 출시했다. 단일 충전으로 320km 이상을 주행할 수 있었고, 스포츠카에 걸맞은 가속력과 성능도 갖췄다. 마침내 상업성이 충분한 전기차가 등장한 것이다.

이 기술은 중국 정부의 눈길을 사로잡았고 테슬라의 기술을 어떻게든 얻고자 했다. 결국 테슬라의 기가팩토리 3, 상하이 공장을 유치하는 데 성공했다. 이것이 중국 전기차 기술 발전의 기폭제가 되었다. 당시 중국 정부는 부지를 제공하고 인프라를 깔아주는 데 그치지 않고 자금까지 투입했다. 테슬라로서도 거절할 이유가 없었다.

2023년 테슬라 중국 총재 왕하오王昊는 "상하이 기가팩토리 공급망 현지화율이 95%를 넘었고, 현지 1급 협력사만 약 360개에 이른다"라며 "이 중 약 60개 기업은 테슬라를 통해 세계 시장에 진출해 세계 자동차 산업에서 신뢰를 얻고 있다"라고 밝혔다. 이후 2024년 11월 14일, 후베이성 우한의 신에너지차 생산량이 누적 1,000만 대를 돌파했다. 테슬라 유치를 통해 전기차 기술을 흡수하려는 중국의 전략이 성공한 셈이다.

지금은 오토바이조차도 전기화가 의무화되어, 3억 5,000만 대 이상의 전기 자전거가 도로를 달리고 있다. 물론 이런 발전 과정에서 수많은 중국 전기차 업체가 경쟁에서 탈락했고, 이른바 '죽음의 검투장'이라 불리는 중국 내수시장에서 도태되었다.

2019년 패턴컴퓨터Pattern Computer CEO 마크 앤더슨Mark Anderson은 중국에 약 500개의 전기차 제조사가 있었으나, 현재는 약 300개로 줄었으며, 그중 100개 정도만이 실제 전기차를 생산하고 있다고 지적했다. 또한 이들 대부분은 보조금에 의존하고 있다고 덧붙였다. 경영 컨설팅 회사 알릭스파트너스AlixPartners의 분석도 다르지 않다. 현재 중국 내 살아남은 전기차 브랜드는 137개이며, 이 중 10년 내 수익을 낼 가능성이 있는 브랜드는 단 19개뿐이라는 해석이다.

한국에서는 중국의 전기차 산업이 정부의 비호 아래 보조금을 쉽게 받으며 성장하고 있다고 보는 시각도 있으나, 실상은 전혀 다르다. 중국은 세계에서 가장 치열한 전기차 개발 경쟁이 이루어지는 시장이라 할 수 있다. 여기에 미국 등 서방 국가들의 압박이 '신삼양新三样'이라 불리는 전기차·2차 전지·태양광 패널에 집중되면서, 현재 살아남은 기업들의 경영 환경도 악화하고 있다.

2024년 1월부터 10월까지 중국 자동차 산업 이익은 3,758억 위안으로 전년 대비 3.2% 감소했고, 평균 이익률은 4.5%에 불과했다. 중국자동차딜러협회CADA 데이터에 따르면 2024년 1~11월 전체 자동차 소매시장은 전년 대비 931억 위안 증가했음에도 1,776억 위안의 손실을 기록했다. 결국 중국 정부와 업계는 살아남을 기업이 한 자릿수에 그칠 것으로 보고 있다.

이러한 중국의 전기차 산업의 중심도 국영에서 민영으로 이동하고 있다. 민간기업인 BYD는 2024년 처음으로 판매량 1위를 차지할 것으로 보인다. BYD의 2024년 전 세계 판매량은 전년 대비 41% 증가한 약 427만 대에 이르며, 혼다, 닛산, 스즈키 등 일본 자동차 기업들을 처음으로 넘어섰다. 이는 기술 혁신의 주체가 국영기업에서 민간기업으로 전환되고 있음을 상징한다.

중국자동차공업협회CAAM에 따르면, 2024년 신재생에너지 차량의 판매량(수출 포함)은 2023년보다 36% 증가한 1,286만 대에 달해 전체 신차 판매량의 41%를 차지할 것으로 예상된다. 경쟁력이 떨어지는 대형 국유기업들도 구조조정에 나서고 있으며, 2025년 2월에는 장안자동차长安汽车와 둥펑자동차东风汽车가 모기업 합병 및 구조조정 계획을 발표하기도 했다.

이제 중국의 전기차 산업은 스마트화, 혁신, 경쟁이라는 세 가지 화두를 마주하고 있다. 오늘날 중국 전기차 시장의 승자인 BYD는 전체 직원 90만 명 중 10만 명이 연구개발 인력이다. 참고로 우리나라 전체 공공 연구 기관 연구원 수는 약 4만 3,000명, 대학 연구소 인력은 약 11만 5,000명으로, 중국의 단일 기업이 한국 전체 연구 기관에 맞먹는 인력을 보유하고 있는 셈이다. 이런 압도적인 연구개발 자원이 중국의 전기차 기술 진보를 견인하고 있다.

마크 앤더슨은 전기차 글로벌 경쟁에서 승리하려면 다음 중 적어도 하나의 기술 분야에서 지배력을 가져야 한다고 전망한다. 그 분야는 자율주행, 경량 신소재, 첨단 제조, 라이더·레이더, 컴퓨터 비전, 고성능

컴퓨팅 소프트웨어 및 하드웨어, 첨단 반도체, 배터리, 전력 충전 인프라, 충전소 설계 및 제어, 광대역 실시간 네트워킹, 데이터 수집·관리, 글로벌 데이터 확보, 대규모 자본 등이다. 결국 전기차 기술 개발은 단순한 제조 기술을 넘어, 차세대 산업 구조를 좌우할 종합 혁신 기술의 집약체인 것이다.

중국 자동차 산업 컨설팅 기관 중국자동차산업혁신센터CACIC가 발표한 최신 '2024년 자동차 특허 혁신 지수'에 따르면, 중국 자율주행 상위 30개 사의 평균 특허 점수는 0.53점으로 2023년 대비 0.01점 상승했고, 평균 청구 건수는 10.84건으로 전년 대비 5.75% 증가했다. 예를 들어 2024년 12월 기준, 둥펑자동차의 고급 신에너지 자동차 브랜드인 '란투岚图'는 국내 특허 4,047건, 해외 특허 141건을 포함해 총 4,188건의 특허를 출원했다. 중국 전기차가 지식재산권 측면에서도 두각을 나타내고 있음을 보여준다.

샤오미의 사례도 주목할 만하다. 샤오미는 자사 자동차 'SU7 울트라'에 능동 서스펜션, 슈퍼 4 전장 시스템, 48V 라인 제어, 48V 라인 스티어링 등 총 네 가지 스마트 섀시 기술을 적용했다. 이 신형 차량은 춤을 추거나 제자리에서 방향 전환과 회전이 가능하다. 전기 엔진의 최대 출력은 무려 2,054마력으로, 세계적으로 2,000마력을 넘는 차량은 다섯 종에 불과하며 모두 수백만 달러짜리 슈퍼카다. 이 자동차는 일명 '대륙의 실수'라고 불릴 만큼 강력한 성능을 갖췄으며, 가격도 53만 위안으로 경쟁사의 절반 수준이다. 이는 중국의 고성능 전기차 시대의 시작을 알리는 사건이라 할 수 있다.

BYD의 또 다른 모델인 '양왕仰望 U8'은 쿼드 모터 시스템을 적용하고, BYD e4 플랫폼 기반으로 제자리에서 360도 회전이 가능한 탱크 턴 Tank Turn 기술을 탑재했다. 최고 출력은 1,100마력, 제로백 가속은 3.6초에 달하며, 물에 빠졌을 때 수륙양용 기능으로 탈출할 수 있다. 중국의 도로 환경에서는 꼭 필요한 기능일 수도 있다.

차별화된 기술을 통해 주목받은 '니오NIO'는 스스로 차체를 흔들어 눈을 털어내는 기능을 탑재했다. 마치 강아지처럼 좌우로 차체를 흔들며 눈을 털어내는 이 기능은 지능형 섀시 시스템 스카이라이드SkyRide를 통해 구현되었다.

'셰인SHANE'이라는 이름의 특이한 전기차도 등장했다. 외형은 마치 미래의 우주선 같으며, 2개의 바퀴로 균형을 잡고 5인승 구조를 갖춰 자동차와 스쿠터의 중간 형태를 띤다. 차량 전면 상단의 긴 스트립이 헤드라이트 역할을 하고, 커다란 바퀴에 달린 조명은 방향 지시등으로 사용된다. 제자리에서 360도 회전이 가능한 이런 차량이 도로 위에서 다니는 모습을 상상하면 21세기에 있다는 실감이 절로 난다.

광저우자동차广汽集团는 비행 자동차 '고브GOVE'를 자체 개발했다. 이 차량은 지상 주행용 섀시 위에 비행체가 얹혀져 있으며, 필요시 분리해 비행이 가능하다. 순수 전기 수직 이착륙eVTOL, electric Vertical Take-Off and Landing 방식으로, 아폴로 달 착륙선을 연상시키며 지상, 비행, 공중-지상 도킹의 세 가지 모드로 주행할 수 있다.

스포츠카는 아니지만 2025년 3월, 글로벌 의류 온라인 판매 기업 셰인希音은 창고 간 운송을 위해 전기 트럭을 공식 도입했다. 길이 9.6m의 밴 모델로, 중국중치中国重汽, 둥펑자동차, CATL과 협력해 기존 디젤 트럭을 대체할 솔루션을 마련했다. 셰인은 이 전기 트럭을 2025년까지 130대 이상 투입해 연간 약 1만 톤의 탄소 배출을 감축할 계획이다.

2025년 양회에서 중국 정부는 지능형 네트워크 기반의 신재생에너지 차량 개발을 적극 추진하겠다고 밝혔다. 베이징시는 2025년까지 1,000개 이상의 슈퍼 충전소를 설치해 평균 충전 시간을 15분 이내로 단축할 계획이다. 차량을 세우고 충전한 뒤 출발하기까지 20분이 채 걸리지 않으며, 이는 초당 1km를 충전하는 수준의 속도에 해당한다. 또한 2035년까지 고품질 울트라 충전소의 평균 충전 시간을 8분 이내로 줄일 방침이다. 현재는 농촌 지역까지 충전 인프라를 확장하는 데 주력하고 있다. 이러한 전기자동차 보급 확대는 궁극적으로 중국의 석유 수입량을 한층 더 줄이는 데 기여할 것으로 보인다.

탈석유를 위한 모든 노력들

중국 정부는 석유 소비를 줄이기 위해 태양광, 풍력, 수력 등 이른바 신재생에너지를 적극 활용하도록 유도하면서, 표면적으로는 탈탄소와 환경 보호 같은 명분을 내세웠다.

2025년 2월 중국의 총 전력 소비량은 7,434억kWh로 전년 대비 8.6% 증가했다. 산업별로 보면 1차 산업은 98억kWh를 사용해 10.2% 증가했고, 2차 산업은 4,624억kWh로 12.4% 증가했으며, 3차 산업은 1,420억kWh로 9.7% 증가했다. 도시와 농촌의 주거용 전기 소비량은 1,292억kWh로 오히려 4.2% 감소했다.

2024년 통계 공보 자료에 따르면 중국의 발전 설비 용량은 총 33억 4,862만kW로, 전년 말 대비 14.6% 증가했다. 이 중 화력발전 설비는 14억 4,445만kW로 3.8% 증가했고, 수력발전은 43억 5,955만kW로 3.2% 증가했다. 원자력발전은 6,683만 3,000kW로 6.9% 증가했으며, 풍력발전의 계통 연계 설비는 52억 6,688만kW로 18% 증가했다. 특히 태양광발전은 80억 8,866만 6,000kW로 전년 대비 무려 45.2% 증가해 괄목할 만한 성장세를 보였다.

2025년 1~2월에는 화석 연료 발전 전력이 전년 대비 5.8% 감소하면서, 2024년 12월부터 시작된 하락 추세가 더욱 심화되는 양상을 보였다. 반면 풍력발전은 전년 대비 3.8%포인트 상승해 10.4%의 성장률을 기록했다.

현재 중국의 신재생에너지 발전량은 전체 발전량의 30% 이상을 차지하며, 1인당 발전량도 2,000kWh를 넘어섰다. 국제에너지기구[IEA]는 2028년까지 중국의 신재생에너지 설치 용량이 3,200GW에 이를 것으로 전망하고 있다. 하지만 설치 용량이 전체의 절반을 넘었음에도 발전량은 30% 수준에 그친다는 점은, 설치된 신재생에너지 발전 시설이 아직 충분히 활용되지 않고 있음을 시사한다.

이제 중국의 탈석유를 향한 지난 25년의 노력을 면밀하게 살펴보자.

풍력발전

중국에서 가장 먼저 시작된 신재생에너지는 풍력발전이었다. 당시 유럽에서 주로 시작되었던 풍력발전은 대형 풍차가 발전기를 돌리는 방식이었고, 중국이 본격적으로 풍력발전을 추진하자 너도나도 중국에 진출해 관련 기술과 제품을 제공했다. 그 결과, 바람이 세고 토지 가격이 저렴한 신장 위구르 지역을 중심으로 우후죽순처럼 풍력발전기들이 들어섰다.

2023년 중국의 풍력발전 시장은 71.7GW로 세계 최대 규모였다. 미국이 7.2GW로 두 번째로 큰 시장이지만, 중국과 비교하면 10분의 1에 불과하다. 중국은 전 세계 시장의 67%를 차지하며, 말 그대로 압도적인 시장 점유율을 확보했다.

중국 지방 정부들이 지나치게 풍력발전을 확장한 배경에는, 지역별 GDP 성장 목표와 함께 석유 소비 감축이 지방 정부 지도부의 핵심 평가 지표로 작용했다는 점이 있다. 그러나 시장이 포화 상태에 도달하면 수요는 자연스럽게 감소하기 마련이다. 이제 중국의 신재생에너지 발전 투자가 둔화하면서, 중국 기업들의 과잉 수출 경쟁이 전 세계에 부담을 주고 있다.

2025년 2월, 중국 장쑤성 난퉁에서는 4세대 해양 엔지니어링 설치선 '즈가오志高'와 '즈위안志远'의 독자 개발이 완료되었다. 이 선박들의 주요 임무는 흔히 풍차라고 불리는 풍력 터빈을 깊고 먼바다로 운반하고 설치하는 것이다. 이 두 선박은 해안에서 100km 떨어진 원해에서 12m의 파도도 견딜 수 있도록 설계되어, 중국의 해상 풍력발전에 강력한 지원을 제공할 수 있다.

풍력발전 과잉이라는 평가가 있음에도 불구하고, 이러한 엔지니어링 선박이 개발된 것은 풍력발전 시설이 전력 수요처와는 멀리 떨어진 서부 지역에 몰려 있다는 구조적 문제 때문이다. 동부 지역은 여전히 전력 부족 상태이며, 화석 연료 기반 발전 비중이 높다. 따라서 발해만 등의 동부 연안 지역에서는 해상 풍력발전의 타당성이 충분하다.

한편 2024년, 주하이 에어쇼 야외 전시장 잔디밭에는 우주선을 연상시키는 거대한 전시물이 등장해 화제를 모았다. 이는 성층권 풍력발전 시스템SAWES, Stratospheric Airborne Wind Energy System으로, 현재 세계에서 유일하게 상업 운영 단계에 진입한 신재생에너지 시스템이다. 베이징린이윈촨에너지기술北京臨一雲川能源技術에서 개발한 이 발전 시스템은 길이 23m, 지름 15m의 돛단배 모양 본체에 지름 5m의 암거가 있고, 여기에 2.4m 길이의 블레이드를 갖춘 발전기 2대가 장착되어 있다. 이 시스템은 헬륨으로 채운 부유체를 이용해 발전 장치를 성층권 고도로 끌어올린 뒤 상층의 바람을 이용해 전기를 생산하고 케이블을 통해 지상으로 송전한다. 현재 사용되는 풍력 터빈보다 전기 생산 단가가 훨씬 낮다고 알려져 있다.

성층권 풍력발전이 주목받는 이유는 하늘이 비어 있기만 하면 장소의 제약 없이 발전이 가능하다는 잠재력 때문이다. 전력 공급이 부족한 동부 지역과 중부 지역의 중소 도시나 농촌에서, 공간 제약 없이 하늘만 확보되면 이 시스템을 활용할 수 있다. 이런 비행선을 띄워 전기를 생산할 수 있다면, 전력 불균형 문제를 저렴하고 효율적으로 해결할 수 있을 것이다. 우리나라의 섬 지역에서도 이 같은 시스템을 적용하는 방안을 고려할 수 있지 않을까 싶다.

태양광발전

중국의 신재생에너지를 논할 때 태양광발전을 빼놓을 수 없다. 2024년 중국의 태양광발전 용량은 총 610GW로 추정된다. 주로 일조량이 많고 땅값이 싼 중국 북서부의 고비사막과 그 밖의 사막 지역에서 태양광발전이 이루어지고 있다.

북서부에 있는 칭하이는 태양광발전, 풍력발전, 수력발전이 전체 설치 용량의 90% 이상을 차지할 정도로 높은 신재생에너지 비율을 보인다. 중국 북서부 전체를 보면 발전 용량이 거의 500GW에 달하며, 인근 내몽골의 고비사막 지역까지 포함하면 그 규모는 600GW에 이른다. 이는 2022년 기준으로 우리나라의 전체 발전 용량(심지어 발전량도 아닌)이 134.5GW에 불과한 것과 비교하면 어마어마한 규모다.

사막은 불모지이므로 땅값 걱정도 없다. 내몽골은 2024년 11월 기준으로 총설치 용량 2,727만kW 규모의 '태양광 모래 프로젝트'를 추진 중이며, 2025년 6월에 전면 가동할 예정이었고 실제로 가동을 시작했다.

중국 태양광발전의 대표적 랜드마크는 둔황에 위치한 서우항하이테크首航高科의 100MW급 용융염 타워식 태양열 발전소다. 중앙에 용융염 가열 타워가 있고, 그 주변으로 11만 5,000m² 크기의 대형 반사 거울 1만 2,000개가 동심원 형태로 배열되어 있어 장관을 이룬다. 태양광을 반사해 타워에 집중시켜 용융염을 500도 이상으로 가열하는 방식이며, '슈퍼 거울 발전소'라고도 불린다.

가열된 용융염은 액체 상태로 증기실로 보내져 물을 끓이고, 발생한 수증기로 터빈을 돌려 전기를 생산한다. 기존의 태양광발전과는 완전히 다른 구조다. 이 발전소의 연간 계획 발전량은 3억 9,000만kWh에 달한다.

물론 중국의 다른 지역에서도 태양광발전은 활발하게 이루어지고 있다. 황하 남안에 위치한 쿠부치사막은 사막화가 심각한 지역 중 하나로, 이곳 동쪽과 서쪽 가장자리를 따라 수백 km에 달하는 '태양광 만리장성'이 건설되고 있다.

이 프로젝트는 태양광 패널을 이용해 전기를 생산하는 동시에 사막화 방지를 위한 역할도 한다. 태양광 파일과 태양광 패널은 태양 에너지를 이용해 전기를 생산할 뿐만 아니라, 사구의 이동을 억제하고 토양의 수분 증발을 줄여 사막화를 방지하는 역할도 한다. 또한, 인근 황하 동서쪽의 모래와 그 표면층을 혼합하고 유기질 비료를 첨가해 뿌리 덮개를 형성함으로써, 모래 토양의 구조와 생태를 개선하는 효과를 낸다.

미 항공우주국 NASA은 2024년 말 쿠부치사막의 태양광발전소를 위성으로 촬영한 이미지를 공개했는데, 2017년 황량했던 사막이 불과 몇 년 사이 대규모 발전 단지로 탈바꿈한 모습을 보여주었다. 2017년 11.14km²였던 발전소 면적은 2024년 137.21km²로 12배 이상 증가했다.

설치 용량 500MW인 화넝华能의 태양광발전소는 쓰촨성 간쯔주 다오푸현 서카향 야르쓰촌의 해발 4,200m 고지대에 자리 잡고 있다. 이곳은 경관이 아름답고 기후 예측이 어려운 지역이다. 이 발전소는 양면 발전 기술과 이중 유리 구조를 채택해 태양 복사를 효율적으로 흡수하고, 패널 아래 초지의 물 증발을 줄여 식물 성장에 도움을 준다. 이 덕분에 발전과 축산을 병행할 수 있다는 점이 강점이다. 연간 9억 2,100만kWh의 청정 전력을 공급하며, 석탄 28만 6,500톤을 절감하고 이산화탄소 78만 1,900톤의 배출량을 줄이는 효과가 있다. 태양광발전도 나름의 생존 방식을 모색하고 있는 것이다.

중국의 태양광은 이제 사막이나 도시를 벗어나 바다로까지 확대되고 있다. 이른바 '어업-태양광발전 상호 보완渔光互补' 프로젝트다. 앞서 소개한 초지-태양광 모델의 해양 버전이라 할 수 있다. 이는 근해에 태양광 설비를 설치해 해양 양식에도 도움이 되도록 설계된 방식이다.

구오화그룹国华이 허베이성 창저우에 투자해 구축한 109만kW 규모의 해수 저수지 태양광발전소는 성공적으로 전력을 생산 중이다. 약 2만 6,000무畝(중국의 면적 단위)의 면적에 231만 개의 패널이 363개 사각 어레이로 구성되어 있다. 총 65억 위안이 투입된 이 사업은 정부가 승인한 세 번째 대형 신재생에너지 프로젝트다.

최근에는 소비지에서 멀리 떨어진 대규모 발전소 대신, 옥상 등에 설치할 수 있는 분산형 태양광발전이 주력으로 자리 잡고 있다. 중국산 태양광 패널이 전 세계 시장의 90% 이상을 점유하고 있으며, 당분간 이 흐름에 큰 변화는 없을 것으로 보인다. 다만 2024년 1~3분기, 중국 주요 태양광 기업들은 지난 10여 년간 전례 없는 60억 위안 규모의 손실을 기록하기도 했다.

천연가스

천연가스와 LNG는 화석 에너지이지만, 상대적으로 청정에너지로 간주된다. 2023년 중국의 국내 석유 및 가스 생산량은 3억 9,000만 톤을 돌파하며, 7년 연속 연간 1,000만 톤 이상의 빠른 증가세를 이어가 사상 최고치를 기록했다. 같은 해, 중국의 LNG와 파이프라인 천연가스 수입량은 전년 대비 9.9% 증가한 1,655억m³에 달해 꾸준한 성장률을 보였다.

중국에 있어 천연가스는 전략적 자원이기도 하다. 인접국인 러시아가 대규모 천연가스전을 보유하고 있고, 양국은 미국에 대항하는 전략적 협력관계를 유지하고 있기 때문이다. 중국은 러시아의 가스전에서 중국까지 연결되는 대규모 천연가스 파이프라인인 시베리아의 힘을 통해 에너지 안보를 확보하고 있다. 이 파이프라인은 러시아 남부에서 블라디보스토크를 거쳐 베이징 방면으로 이어지며, 중국은 이를 다시 상하이까지 연결해 국내 가스 망을 확장했다.

중국은 또한 러시아 북극의 야말Yamal 가스전에 투자하며 전략적 협력을 심화하고 있다. 이에 더해 양국은 '시베리아의 힘 2'라는 새로운 대규모 파이프라인 프로젝트를 추진 중이다. 이 파이프라인이 완공되면 중국은 미국의 영향 없이 안정적으로 천연가스 에너지를 확보할 수 있게 된다. 현재 러시아에서 카자흐스탄을 경유해 중국으로 이어지는 총 450억m³ 규모의 시베리아의 힘 2에 대한 타당성 조사가 진행 중이며, 이 중 100억m³는 카자흐스탄 북동부에 공급될 예정이다.

중국은 에너지 안보 차원에서 대규모 가스 비축도 병행하고 있다. 2024년 6월, 중국이 독자적으로 설계하고 건설한 세계 최대 규모의 LNG 저장탱크(27만m³)가 중국해양석유총공사CNOOC의 장쑤성 옌청 기지에서 준공되었다. 신화통신은 이 옌청 그린 에너지 포트 프로젝트에 22만m³급 LNG 저장탱크 4기와 27만m³급 저장탱크 6기, 총 10기가 포함되어 있으며, 총 저장 용량은 250만m³에 달해 중국 본토 최대의 LNG 저장기지가 될 것이라고 보도했다.

중국은 이렇게 '만일의 사태'를 대비해 전략적으로 에너지를 비축하고 있다. 그 '만일'이 무엇인지는 이제 독자 여러분들도 짐작할 수 있을 것이다.

탈석유의 완성

중국의 전력 수요는 국민 생활 수준 향상과 산업 확대에 따라 꾸준히 증가하고 있다. 2024년 1월부터 11월까지 중국의 전체 전력 소비량은 7,849억kWh로 전년 대비 2.8% 증가했다. 〈인민일보〉에 따르면 2023년 말 기준 중국의 누적 발전 설비 용량은 전년 대비 13.9% 증가한 약 29억 2,000만kW에 달한다. 이 중 태양광발전 설비 용량은 약 6억 1,000만kW로 전년 대비 55.2% 증가했고, 풍력발전 설비 용량은 약 4억 4,000만kW로 20.7% 증가했다.

중국은 자체 석탄, 석유, 천연가스 생산량도 함께 늘렸으며, 애초 2030년 달성을 목표로 했던 1,206GW의 발전 용량을 2024년 7월에 조기 달성했다. 이 외에도 중국은 가능한 모든 비화석 에너지원 개발에 나서고 있다. 예를 들어, 해발 4,700m에 위치한 티베트의 양이 지열 발전소는 열만 사용하고 물은 재순환하는 방식으로 운영되며, 연간 이산화탄소 42만 톤, 질소산화물 6,200톤, 이산화황 1만 2,000톤, 표준 석탄 11만 6,000톤을 절감할 수 있다.

한편 2024년 기준 중국의 연간 석탄 생산량은 1.3% 증가해 47억 6,000만 톤이라는 사상 최대치를 기록했으며, 2025년까지 대규모 현대식 광산을 건설해 12개월간 48억 톤의 석탄 생산을 목표로 하고 있다. 현재 석탄화력발전은 중국 전체 전력의 약 60%를 차지하고 있다.

그러나 변화의 조짐도 분명히 나타나고 있다. 광둥, 광시, 윈난, 구이저우, 하이난 등 남부 5개 성에서는 신재생에너지 발전 설비 용량이 전체의 32%를 차지하며, 처음으로 석탄 발전을 앞질러 주요 발전원이 되었다. 중국은 이제 신규 석탄화력발전소 건설을 중단했다. 이는 중국의 에너지 전략이 사실상 '완성 단계'에 접어들었음을 보여주는 중요한 신호다.*

이와 함께 중국은 국가 에너지 규제 기관의 새로운 지침에 따라 2025년 말까지 전체 전력 설비 용량의 약 60%를 풍력, 태양광, 수력, 원자력 등 비화석 연료 기반 에너지로 충당하는 것을 목표로 설정했다. 이는 2024년 말 기준 56.9%에서 더 큰 비중을 차지하게 되는 수치로, 꾸준한 확대를 보여준다.

또한, 중국은 야루짱부강에 싼샤댐의 3배 규모에 달하는 전력 공급 시설을 건설하겠다는 계획을 통해, 화석 연료의 완전한 대체라는 장기적 비전을 명확히 하고 있다.

이처럼 중국의 신재생에너지 발전 비중은 2022년 20%를 초과했고, 2023년에는 화석 연료 기반 발전량을 넘어섰다. 신재생에너지 확충은 수입 에너지에 대한 의존도 감소로 이어지며, 중국은 전체 에너지 수요

---

* 중국은 2024년에만 356GW에 달하는 풍력 및 태양광발전 용량을 추가하는 기록적인 성과를 냈다. 그러나 동시에 2015년 이후 가장 큰 규모인 94.5GW의 석탄 발전소 건설에 착수했다는 사실이 에너지및청정대기연구센터(CREA)와 글로벌에너지모니터(GEM)의 보고서를 통해 확인되었다. 이는 중국이 단기간 내 전력 공급의 유연성과 자주성을 극대화하려는 전략적 대응으로 해석될 수 있으나, 일부에서는 이러한 조치가 무력 충돌과 같은 비상 상황을 염두에 둔 조기 에너지 무장 신호일 수 있다는 점에서 주의 깊게 살펴보아야 한다는 시각이 있다.

의 80% 이상을 자국 내 생산으로 충당할 수 있게 되었다. 이에 따라 국내 석유 소비 중 수입 석유의 비중도 기존 70%에서 50% 수준으로 낮아졌다.

국제에너지기구는 중국의 원유 수요가 2030년경 정점에 이를 것으로 예측했으나, 이 역시 앞당겨질 가능성이 커지고 있다. 이는 전기자동차, 고속철, 선박 등에서의 전기에너지 전환과 발전 자원의 탈석유화가 실질적인 성과를 내고 있다는 방증이다.

이러한 변화는 몇 가지 중요한 통찰을 제공한다. 첫째, 중국은 수입 석유 의존도를 크게 낮추는 데 성공하고 있다. 둘째, 대안으로 설치된 비화석 연료 기반의 에너지원은 아직 지역 간, 시간대 간 균형이 부족하다는 한계도 있다. 신재생에너지 시설은 전력 수요가 낮은 서부 지역에 집중되어 있어, 동부 지역의 산업 밀집 지구는 여전히 전력 부족을 겪고 있다.

총량 면에서는 충분한 전력 생산 설비가 구축되었지만, 단순한 양적 확대만으로는 문제 해결이 어렵다는 점에서 중국의 에너지 전략은 이제 효율적인 분배와 저장, 스마트 그리드Smart Grid* 등 차세대 시스템으로의 전환이 필요한 단계에 접어들었다.

---

* 전력망에 정보통신 기술(IT)을 접목해, 전력의 생산-소비-분배-저장 전 과정을 실시간으로 제어하고 효율과 안정성을 극대화하는 시스템이다.

원자력, 과도기의 해결책

중국이 국가 전략과 실행 간의 간극을 해소하기 위한 과도기적 수단으로 활용하고 있는 것이 바로 원자력이다. RE100(재생에너지 100% 사용 캠페인) 목표와 실제 비화석 에너지 사용률 사이의 차이를 줄이기 위해, 에너지 밀도가 높고 신속히 건설할 수 있는 원자력의 장점을 적극 활용하려는 것이다.

이와 관련된 개인적인 일화가 있다. 아마 이명박 정부 시절이었을 것이다. 한 공공기관 관계자가 나에게 중국에 한국의 원자력 기술을 도입하도록 노력해 보라고 조언했다. 나는 그 말을 곧이곧대로 받아들여 중국 관료들을 찾아가 이 제안을 설명했다. 하지만 돌아온 반응은 냉담했다. 나중에야 알게 된 사실이지만, 중국은 상당한 수준의 독자적인 상업용 원자력 기술을 이미 확보하고 있었다.

지금도 우리나라는 소형 모듈형 원자로SMR를 중심으로 한 차세대 원자력 기술을 국가 12대 전략 기술 중 하나로 지정해 육성하고 있다. 나는 과연 그것이 중국보다 경쟁력을 가질 수 있을지에 대해서는 회의적인 입장이다.

중국은 세계 최초의 육상 기반 상업용 모듈형 소형 원자로인 '링룽玲龙 1호'를 보유하고 있다. 이는 중국이 자체 지식재산권을 바탕으로 독자 개발한 다기능 소형 가압 경수로형PWR, Pressurized Water Reactor이다.

링롱 1호는 섬이나 광산 지역, 에너지 다소비 산업체 등 다양한 환경에서 대형 원전이 대체할 수 없는 임무를 수행할 수 있다.

또한, '화룽华龙 1호'도 있다. 이는 중국의 3세대 가압 경수로형 원자로 기술로, 역시 독자적인 지식재산권을 보유하고 있고 국제 최고 수준의 안전 인증을 획득했다. 화룽 1호는 연간 100억 kWh의 전력을 생산할 수 있는데, 이는 연간 312만 톤의 표준 석탄 소비량에 해당하며, 이산화탄소 배출량을 816만 톤 줄이는 효과가 있다. 다시 말해, 대형 원자로와 소형 원자로 기술 모두를 중국은 갖추고 있는 셈이다.

이러한 능력을 갖춘 화룽 1호는 파키스탄, 아르헨티나 등지에 수출되었다. 또한 현재 중국 내외에 총 33기로, 이 중 7기는 가동 중이며 26기는 건설 중이다. 2024년에는 중앙 정부가 장쑤성, 산둥성, 광둥성, 저장성, 광시성 등 해안 지방에 있는 5개 원전 부지에 11기의 신규 원자로 건설을 일괄 승인했다.

그뿐만 아니라, 중국 쓰촨성에서는 향후 항공모함에 탑재될 가능성이 있는 원자로의 시제품이 제작 중이다. 미국 연구 기관에 따르면 위성사진 분석 결과, 쓰촨성 뤄산 인근 산간 지역에서 이 원자로의 프로토타입이 제작되었으며, 중국 해군이 네 번째 항공모함 건조를 추진 중이라고 밝힌 바 있다. 이 항모가 핵추진일지 여부는 불분명하지만, 중국이 핵추진 항공모함 개발에 적극적이라는 사실은 명확하다.

중국은 또한 기존 원자로보다 열효율이 높고, 물 사용량이 적어 내륙 지대에서도 운용할 수 있는 토륨* 원자로 개발에도 박차를 가하고 있다. 2023년 토륨 원자로의 가동을 승인했으며, 상용화에 성공한다면 세계 최초가 된다. 이는 사막과 같은 물 부족 지역에서도 원전 가동이 가능하다는 것을 의미한다.

중국 내몽골의 바얀오보 광산에는 6만 년간 중국의 에너지 수요를 충족시킬 수 있을 정도의 토륨이 매장되어 있어 이 지역에서만 100만 톤의 방사성 금속을 채굴할 수 있다고 한다. 이는 단지 중국만의 에너지 자립을 넘어서, 화석 연료 의존을 끝낼 수 있는 인류 전체의 대안일 수 있다.

토륨 원자로는 기존의 우라늄 원자로보다 열효율이 높고, 물을 냉각제로 쓰지 않기 때문에 바닷가가 아닌 내륙에도 설치할 수 있다. 특히 토륨 용융염 원자로TMSR, Thorium Molten Salt Reactor는 작고 녹아내리지 않으며, 장기간 방사성 폐기물 발생량도 매우 적다. 2029년에는 10MW급 시범 프로젝트가 가동될 예정이다.

중국은 이미 내륙에서 광둥성 해안까지 5개 주요 지대에 걸쳐 233개의 토륨이 풍부한 지역을 파악했다. 다만 문제는 토류 광석에서 토륨을 분리하기 위해 막대한 양의 산과 에너지가 필요하다는 점이다. 추정에 따르면 정제된 토륨 1g을 얻기 위해 수백 톤의 폐수가 발생한다.

그럼에도 불구하고, 중국은 세계 최초의 토륨 추진 핵 컨테이너선인

---

* 원자번호 90번의 은백색 천연 방사성 원소로 우라늄, 플루토늄과 함께 원자로 핵연료로 사용 가능하다.

'KUN-24AP'의 설계를 완료했고, 미래에는 달 기지를 위한 토륨 원자로 계획까지 세우고 있다. 이는 중국이 토륨 기반 핵발전을 미래 전략으로 삼고 있음을 보여주는 방증이다. 중국 내 토륨 매장량의 정확한 추정치는 국가 기밀로 분류되어 있다.

놀랍게도 중국은 배 위에 원자로를 올려 발전하는 수상 원전도 추진하고 있다. '남수북조南水北調' 프로젝트나 수로 건설 등과 연계해 내륙 깊은 곳에 원자력발전 선박을 보내 전력을 공급하겠다는 계획이다. 물론 바다에도 해상 원전을 다수 도입해 운영하려는 구상인데, 설치 위치는 주로 발해만, 즉 우리 입장에서 보면 서해 북쪽 지역이다. 중국으로서는 해상 핵발전을 추진하는 데 있어 내해인 발해만이 가장 안전한 입지이겠지만, 만일 사고가 발생한다면 방사성 물질과 오염은 결국 우리나라와 북한 쪽으로 밀려올 수 있다.

중국은 현재 발해 해상에서 석유를 채굴하고 있으며, 그 과정에서 필요한 에너지는 디젤 발전을 통해 공급받는다. 이때의 전기 원가는 1kWh당 약 2위안에 달한다. 그러나 이 해상 시추선에 해상 원자력발전 유닛을 연결하면 발전 원가는 1kWh당 약 0.9위안으로 떨어진다. 게다가 이 유닛은 전력뿐 아니라 해수 담수화 등 열과 물까지 종합적으로 공급할 수 있어, 남수북조로 이어진 내륙 수로를 따라 해안선에서 멀리 떨어진 내륙 지역에도 에너지를 공급할 수 있다.

이미 2016년부터 광허그룹广核集团이 착수한 해상 원자력 플랫폼은

3년 이내에 완성될 것이라 밝혔기에, 지금쯤 어딘가에 떠서 실제로 가동되고 있을지도 모른다. 한편 이 잠수식 원자로가 주로 남부 해안가에 집중된 점으로 미루어 보아, 전시 상황을 염두에 둔 군사적 전략이 포함되어 있을 가능성도 있다.

구체적으로는 14차 5개년 계획에 따라 화룽 1호, '궈허国和 1호' 등과 함께 연안에 3개의 원전을 건설하겠다는 계획이 발표되었으며, 60만 kW급 해상 부유식 원전 설계의 모듈화 및 설비의 현대화를 추진한다고 명시되었다. 따라서 이번 5개년 계획 기간 내에 부유식 해상 원전이 실현될 가능성은 매우 높다.

이제 건설 중이거나 건설 허가를 받은 원자로를 모두 포함하면 중국 내 원자로 수는 100기를 넘으며, 그야말로 중국은 '세계 최고의 원전 대국'이 되었다. 공식적으로는 탈탄소 달성을 위한 에너지 전환의 일환으로 원전을 확대하고 있지만, 고속 증식로에서 추출되는 플루토늄이 군사용 핵무기 전력 강화에 활용될 수 있다는 우려도 서방 국가를 중심으로 확산하고 있다.

중국 국가핵안전국[NNSA]은 2025년 1월 말 기준으로, 가동 중인 원자로가 58기이고 건설 중이거나 건설 허가가 난 원자로를 포함하면 총 102기에 달한다고 밝혔다. 나는 이러한 원자력 확대가 중국의 국가 전략 일정을 맞추기 위한 필연적 선택이라 본다.

핵발전의 궁극적 형태로 여겨지는 핵융합은 '꿈의 에너지'로 불린다.

태양처럼 거의 무한대의 에너지 공급이 가능하기 때문이다. 중국은 20여 년 전부터 국제핵융합실험로ITER 프로그램에 참여해 세계 선두 주자로 도약하기 위한 대규모 투자를 시작했다. 2025년 허페이에 완공 예정인 핵융합기술종합연구시설CRAFT은 중국이 핵융합 연구를 위한 독보적인 인프라를 확보하게 될 전환점이 될 것이다.

프로토타입 핵융합 발전소인 '중국 핵융합 공학 시험로'는 현재 설계 단계에 있으며, 중간 핵심 기술로 평가되는 '연소 플라스마 시험로'는 2027년에 가동될 예정이다. 이 설비는 D자형 이중 셸 구조로, 높이 20m에 무게 295톤, 진공 체임버 셸은 50mm 두께의 초저탄소 스테인리스강으로 구성된다. 중국의 EAST Experimental Advanced Superconducting Tokamak(첨단 초전도 실험용 토카막형 핵융합로)는 플라스마 봉쇄 시간에서 세계 기록을 보유하고 있으며, 여러 지역에서 다양한 핵융합 실험도 활발히 이루어지고 있다. 언젠가는 그 안에서 인공 태양이 타오를지도 모른다.

중국은 EAST에서 실험적 첨단 초전도 토카막tokamak(핵융합 플라스마를 강력한 자기장으로 가두는 장치) 기술을 통해 'Super-I 모드'라는 새로운 플라스마 상태를 발견했다. 2023년 4월, EAST는 H-모드(플라스마의 경계에서 에너지 손실이 줄어드는 고효율 운전 모드)에서 섭씨 1억 도의 플라스마를 6분 이상 안정적으로 유지하는 데 성공했는데, 여기서 'H'는 '높은 제한'을 의미한다. 이 특정 플라스마 상태는 오랫동안 토카막 장치에서 플라스마를 안정적으로 제한하는 데 특히 유리한 것으로 여겨져 왔다.

이는 토카막 장치의 안정성과 지속성을 확보하는 데 유리한 돌파구로 평가된다.

중국은 재충전 없이 최대 50년 동안 사용할 수 있는 BV100 원자 배터리도 발명했는데 그 크기는 동전보다도 작다. 63개의 핵 동위원소를 동전보다 작은 배터리에 넣어 원자력을 소형화하는 데 성공한 최초의 사례라고 한다. 곧 재충전이 필요 없는 스마트폰이 중국에서 나올지도 모른다. 한발 더 나아가면 전기자동차도 한 번 사서 전기가 다할 때까지 사용하고 버리는 시대가 올 수 있으며, 혹은 사람들이 자동차를 소유하지 않고 무인 전기자동차 택시만 이용하는 시대가 열릴 수도 있다.

또한 수천 년의 초장수명을 자랑하는 탄소 기반 핵 배터리가 란저우에 있는 서북보통대학교와 우시베이타파마텍无锡贝塔药业有限公司의 공동 개발로 탄생했다. 이 배터리는 한 번 충전으로 100년을 사용할 수 있으며, 에너지 밀도가 높아 같은 무게의 기존 배터리보다 훨씬 많은 에너지를 저장할 수 있고, 섭씨 -100도에서 +200도까지의 극한 온도에서도 작동할 수 있다.

핵융합 분야에서 우리나라는 세계 선두 그룹에 속해 있다. 그러나 중국이 지속적으로 대규모 자금과 인력을 투입하는 현상이 계속된다면, 머지않아 중국이 주도권을 차지할 가능성이 있다. 미국에서도 이러한 상황을 우려하는 목소리가 커지고 있다. 만약 핵융합의 산업화를 중국이 주도하게 된다면, 그것은 곧 중국의 글로벌 패권 시대 개막을 알리는 신호탄이 될지도 모른다.

CHINA TECH

4장

2차 전지 기술, 에너지 안보의 부산물

2차 전지와 ESS

 2차 전지, 즉 배터리는 전기자동차의 확산으로 인해 많은 사람의 주목을 받게 된 기술이다. 전기자동차의 핵심 기술인 2차 전지의 품질, 성능, 용량, 무게 등이 곧 전기차의 가격과 성능을 결정짓기 때문이다.

 우리나라 기업들은 대체로 삼원계^{Ternary System} 2차 전지 방식을 채택하고 있지만, 중국은 가격 경쟁력이 높은 리튬 이온^{Lithium-ion} 전지를 주로 활용하고 있다.* 2024년 중국은 39억 개 이상의 리튬 이온 배터리를 수출했으며, 이는 전년 대비 약 30% 증가한 197.1GWh로 전체 판매량의 약 20%를 차지했다. 이 가운데 에너지 저장 장치용^{ESS, Energy Storage}

---

* 삼원계 배터리는 니켈, 망간, 코발트 세 가지 금속을 조합해 고에너지 밀도와 성능을 끌어올리는 방식인 반면, 리튬 이온 전지는 저비용, 긴 수명, 안정성 등에서 장점을 지닌다

System 배터리가 성장을 주도했는데, ESS 배터리 수출량은 무려 151.6% 증가해 63.4GWh를 기록했다.

중국은 신재생에너지 발전량을 꾸준히 증가해 왔다. 하지만 태양광 발전은 야간에 생산할 수 없고, 수력발전은 가뭄이 오면 공급이 불안정하기 때문에 전력 공급의 항상성을 유지하기가 어렵다. 따라서 중국에 있어 배터리는 단순한 저장 장치를 넘어 전력 균형 유지의 전략적 수단이 된다.

전기자동차 기술을 장기간 전략적으로 개발해 온 중국은 당연히 2차 전지 기술 개발에도 오랜 시간 노력을 기울여 왔다. 하지만 상업화에 성공한 대표 주체는 의외로 민간기업인 CATL이었다. 시장 조사 업체 SNE 리서치에 따르면 2024년 기준 CATL의 전 세계 전력 배터리 설치 용량은 339.3GWh로, 시장 점유율 37.9%를 기록하며 세계 1위 자리를 굳건히 지켰다. 미국 입장에서는 이 CATL이 눈엣가시 같은 존재다. 결국 2025년 초, 미국 국방부는 CATL을 군사 기업 블랙리스트에 포함시켰다. 그러나 중국 입장에서 보자면, 자국 배터리 기술의 전략 목표는 이미 달성한 셈이다.

이제 중국은 차세대 기술인 전고체 배터리 ASSB, All-Solid-State Battery 개발에 박차를 가하고 있다. ASSB는 기존 리튬 이온 배터리보다 에너지 밀도가 높고 폭발 위험이 낮아, 차세대 배터리로 주목받고 있다. 중국 공업정보화부와 재정부 등 관련 부처는 ASSB 개발에 사상 최대 규모인 60억 위안을 투입해 6개 기업의 기초연구를 지원한다고 밝혔다. 우리나라 돈으로 1조 1,000억 원에 달하는 금액이다.

지원 대상은 CATL, BYD, 이치자동차一汽, 상하이자동차上汽, 웨이란신에너지蔚蓝新能源, 지리자동차吉利汽车 등이며, 고분자와 황화물 계열 기술을 중심으로 7개 프로젝트에 지원이 이루어진다. 이러한 정부의 대규모 지원에 힘입어, 최근 5년간 중국의 ASSB 특허 출원은 연평균 20.8% 증가해 세계 1위를 기록했다. ASSB의 전 단계인 반고체 배터리의 생산 능력은 2023년 12월 기준 누적 300GWh에 육박했다.

배터리 요소 기술 개발은 소재 분야에서도 특히 중요한 과제로 꼽힌다. 모든 배터리 재료 중에서 음극은 제조가 가장 어렵고 에너지 집약적인 공정으로 평가받고 있다. 한편 최근까지 가장 일반적으로 사용된 음극재는 리튬 니켈 코발트 망간산염, 일명 NMC Nickel Manganese Cobalt oxide 음극재였다.

중국은 이러한 광물 자원 확보에도 주력해, 리튬을 비롯한 주요 자원을 자국뿐만 아니라 아프리카, 남미 등지에서 적극적으로 확보해 왔다. 게다가 중국은 세계 최대 희토류 생산국으로, 이 모든 조건을 바탕으로 2차 전지를 가장 저렴하게 생산할 수 있는 국가가 되었다. 전략국제연구센터CSIS의 스콧 케네디Scott Kennedy 수석 고문은 "직접적이든 간접적이든 중국과 어떤 형태의 협력 없이는 전기자동차 시장에서 성공하는 것은 불가능하다"라고 말했을 정도다.

이러한 환경은 테슬라가 ESS 공장을 중국에 설립하게 된 배경이기도 하다. 테슬라는 2024년 5월 상하이에서 ESS 메가공장을 공식 가동했고, 단 9개월 만에 제품 출시까지 완료했다. 이는 테슬라의 상하이 슈퍼 공장보다 3개월을 더 단축한 기록이다. '테슬라의 속도'와 '상하이의 속도'를 다시 한번 입증한 셈이다. 테슬라는 공장의 초기 계획으로 연간 1만 대의 상업용 에너지 저장용 배터리 생산과 총 40GWh에 달하는 에너지 저장 규모를 제시했으며, 이 배터리들은 세계 시장에 공급될 것이라고 밝혔다.

ESS는 'Energy Storage System'라는 의미 그대로, 생산된 전력을 저장해 두었다가 필요할 때 사용할 수 있는 시스템을 말한다. 이 중 가장 널리 활용되는 ESS는 2차 전지, 즉 충전이 가능한 배터리다. 발전된 전력을 수요가 적은 시간대에 저장해 두었다가 필요한 시점에 다시 사용하는 방식이다. ESS는 날씨나 시간에 따라 발전량이 달라지는 신재생에너지의 한계를 보완해 주는 기술적 장치로, 중국 에너지에 있어 매우 중요한 전략적 의미를 지닌다.

2021년 8월 중국 국가에너지국[NEA]이 발표한 '에너지 저장 중장기 발전 계획(2021~2035년)'에 따르면 2025년까지 ESS 누적 설치 용량을 62GW 이상, 2030년까지는 120GW에 도달시키는 것이 목표다.

ESS에 대한 수요는 미국도 예외가 아니다. AI 기술 개발에 필요한 막대한 전력을 공급하려면 전기 공급망을 통합해야 하며, 지역 간 전력 불균형을 해소하기 위해서라도 ESS는 필수다. 이 때문에 미국은 2024년 9월 중국산 전력 배터리에 25%의 관세를 부과했으나, ESS 배터리에 대한 관세는 2026년까지 유예한 상태다. 미국 역시 안정적인 ESS 수급에 어려움을 겪고 있기 때문이다. 반면 중국은 2024년 배터리 총수출량이 전년 대비 약 30% 증가해 197.1GWh에 이르렀고, 이 가운데 ESS 배터리가 성장을 주도했다.

한편, 중국은 전기자동차 기술 중 단기적으로는 충전 및 배터리 교체 기술에 노력하고 있다. 2010년부터 2022년까지 이 분야의 특허 출원 누적 건수는 전 세계 2위인 일본의 1.5배에 달한다. 독일은 3위(16,340건), 미국 4위(14,325건), 한국은 5위(11,281건)를 기록했다. 특허는 통상 출원 1년 반 후 공개되기 때문에, 2021년 이후 출원된 미공개 특허까지 고려하면 실제 수치는 이보다 더 많을 것으로 보인다.

또한 중국의 전기차 보급률이 압도적으로 높다 보니, 이른바 애프터마켓Aftermarket(제품 구매 이후의 부품·서비스 시장)도 먼저 활성화되었고, 관련 기술도 그만큼 앞서가는 선순환 구조가 형성되고 있다.

최근 리튬 이온 배터리의 다음 세대로 나트륨 이온Sodium-ion 배터리가 주목받고 있다. 나트륨 이온 배터리는 에너지 효율이 높지만 크고 무거워서 전기자동차에는 부적절하다. 그러나 고정형 ESS 구성에는 무리가 없다.

2024년 5월, 중국 최초로 나트륨 이온 배터리로 작동하는 대형 ESS가 광시 좡족 자치구의 난닝에서 가동되었다. 이 시설은 태양광, 풍력 등 신재생에너지 프로젝트에서 발생한 잉여 전력을 저장했다가 수요가 높을 때 전력망에 공급한다. 이 시스템은 한 번에 최대 10MWh의 전력을 저장할 수 있으며, 이는 1,500가구의 하루치 전력 수요를 충족하는 규모다. 이 ESS의 가동은 나트륨 이온 배터리가 중국에서 처음으로 대규모로 실용화되었음을 의미한다. 나트륨 이온 배터리가 상대적으로 고가 광물을 사용하는 리튬 이온 배터리를 대체할 수 있다면, 배터리 시장에서 파괴적 기술이 될 수 있다. 다만 현재는 제조 단가가 높다는 문제가 있다. 중국도 정부 주도로 시설을 설치하고 있지만 실제 활용은 제한적이다.

중국의 신재생에너지 발전 지역은 주로 인구 밀도와 산업 밀도가 낮은 서북부에 몰려 있다. 따라서 경제 여건상 고가의 2차 전지를 ESS에 도입하기 어렵다. 이에 대한 대안으로 중국은 양수 ESS를 적극 개발하고 있다. 양수발전은 전력 생산 후 남는 에너지를 사용해 물을 높은 지대로 퍼 올려 저장하고, 전력이 필요할 때 물을 아래로 흘려보내면서 발전기를 돌리는 방식이다. 일종의 '가난한 자의 ESS'라고 할 수 있다.

양수 ESS와 유사하게, 동굴에 압축 공기를 저장해 두었다가 필요할 때 방출해 발전기를 돌리는 풍력 ESS 방식도 있다. 2025년 1월, 화넝그룹華能集團은 장쑤성 창저우에서 압축 공기 에너지 저장 및 발전 2단계 프로젝트를 착공했다. 완공되면 이 시설은 단일 전력, 총용량, 효율 면에서 세계 최대 규모의 발전소가 될 전망이다. 특히 소금 동굴은 넓은 공간, 밀폐성, 자가 치유 기능 등으로 인해 친환경적이고 안전한 저비용 에너지 저장소로 주목받고 있다.

초대형 양수 발전 프로젝트도 이어지고 있다. 야룽강 수력발전 유한공사에 따르면, 151억 위안을 투입해 쓰촨성 해발 4,300m 고지대에 세계에서 가장 높은 고도에 양수발전소를 건설 중이다. 설치 용량은 2.1GW이며, 완공되면 연간 2,994GWh의 전력을 생산할 예정이다.

한편 칭하이 거얼무 난산커우에서도 2023년 8월부터 대형 양수발전소 건설이 시작되었다. 이 시설은 총 240만kW 설치 용량, 30만kW급 유닛 8개로 구성되며, 3,500m 이상 고지에 세워지는 세계 최대 규모의 조절 저수량 양수발전소가 될 것이다. 2030년 완공이 목표이며, 전력 생산에 투입되면 연평균 발전량은 48억 2,400만kWh에 이를 것으로 예상된다.

신재생에너지 발전이 일정한 전략 목표를 달성함에 따라 중국은 신규 신재생에너지 설치를 점차 줄이고 있다. 이에 따라 인센티브 정책도 축소되고 있다. 국가발전개혁위원회와 국가에너지위원회는 기존의 발전 차액 지원 제도를 시장 지향적으로 개편할 계획이라고 밝혔다. 이에 따라 태양광발전과 풍력발전은 고정 가격이 아닌 시장에서 거래되는 가격으로 수익이 결정되며, 전기 요금은 수요와 공급에 따라 유동적으로 변화하게 된다. 또한, 신재생에너지 저장 의무 할당 제도는 폐지된다.

산업정보기관의 '에너지 저장 및 전력 시장 데이터'에 따르면, 2024년 중국의 에너지 저장 설치 용량은 111.6GWh이며, 이 중 신재생에너지 관련 지표에 따라 발생한 저장 수요는 83.2GWh로, 전체의 70% 이상을 차지한다. 이러한 정책 발표는 중국의 신재생에너지 발전이 이미 정부가 설정한 목표 수준에 도달했음을 의미한다. 한마디로 더 이상 보조금은 지원되지 않으며, 앞으로는 시장 논리에 따라 가격이 결정되고 경쟁이 이루어지는 구조로 전환된다는 뜻이다.

중국에는 '잊힌 ESS'도 존재한다. 바로 전기자동차다. 전기차에는 대량의 배터리가 탑재되어 있어, 이 배터리를 다시 전력망과 연결해 활용할 수 있다. 이에 따라 중국 중앙정부는 전기차와 국가 전력망 간 양방향 충전 시스템 구축 계획을 발표했다.

이 시스템에서는 전기차 소유자가 전력 피크 시간대에 충전 기둥을 통해 여분의 전력을 전력망에 공급하고, 반환한 전기에 대한 보상을 받는다. 중국은 2025년까지 '차량-전력망 상호작용 V2G, Vehicle-to-Grid' 시스템을 구축해 시범 사업을 본격적으로 추진할 예정이다. 2025년 말까지 양쯔강 삼각주 지역 등 주요 경제 구역에 최소 5개의 시범 도시와 50개의 시범 프로젝트를 조성할 것으로 예상된다.

그 첫 번째 사례로, 2025년 3월 장쑤성 쑤저우에 전기자동차 충전 기둥을 기반으로 한 대규모 가상 발전소 VPP, Virtual Power Plant가 가동되었다. 이 20MW 규모의 시설은 68개의 전기자동차 충전소를 지역 전력망에 연결하며, 약 1,300만 명의 인구가 거주하는 대도시인 쑤저우의 전기자동차 충전소를 '거대한 보조 배터리'처럼 활용해 여름철 급증하는 전력 수요를 충족시킬 수 있도록 지원한다.

관련 업계 단체인 중국배터리재활용사용협회 CABRCA의 추정에 따르면, 2023년 한 해 동안에만 수명이 다한 배터리 양은 전년 대비 78.3% 증가한 16만 8,000톤에 달한다. 중국산업에너지절약및청정생산협회위원회CAECPC-RCU는 2025년에 폐기될 배터리 양이 30만 톤 미만일 것으로 전망한 반면, 중국산업에너지절약및청정생산협회CAECPC는 37만 톤 수준으로 추정했다. 일부 시장 조사 기관들은 같은 기간 폐기량이 80만 톤에 달하거나, 최대 100만 톤에 육박할 수 있다고 예측하기도 한다.

이렇게 쏟아지는 폐배터리의 재활용을 유도하기 위해 중국 공업정보화부는 재활용 자격 업체 화이트리스트를 만들어 관리에 나섰다. 그러나 기존 배터리 제조업체들이 재고 소진을 위해 원가 이하의 가격으로 신품 배터리를 판매하는 경우가 많아, 소비자들이 굳이 재생 배터리를 사려 하지 않는다는 문제가 있다. 다시 말해, 과잉 공급과 가격 경쟁이 줄어들어야 재활용 배터리 시장도 정상적으로 작동할 수 있을 것으로 보인다.

CATL의 쩡위췬曾毓群 회장은 전기차 산업의 지속 가능성은 재활용 배터리에 달려 있다고 강조했다. 그는 2042년까지 전 세계 리튬 이온 배터리의 절반이 재활용 리튬으로 대체될 수 있으며, 현재 CATL은 연간 27만 톤의 중고 배터리를 처리할 수 있는 능력을 갖추고 있다고 말했다. 또한 조만간 연간 100만 톤 처리 능력에 도달할 것으로 내다봤다고 덧붙였다. 중국이 재활용 배터리 분야에서도 선도하게 되면, 전기차 공급망의 시작부터 폐기까지 모두를 장악하게 되는 셈이다.

나는 이 재활용 배터리 사례에서 중요한 시사점을 읽는다. 중국은 이제 선진국의 뒤를 좇는 나라가 아니라, 아무도 가보지 못한 길에 먼저 들어서고, 그 안에서 새로운 기회를 포착하기 시작했다. 인구, 기업, 시장 규모 등 양적 기반이 크다 보니 다양한 아이디어가 쏟아지고, 그 가운데 성공하는 기술과 산업이 나올 가능성도 그 어떤 국가보다 가장 높다. 우리 역시 2차 전지를 12대 국가 전략기술로 지정했지만, 이제는 진정으로 중국과 정면으로 마주할 시점이 왔다고 생각한다.

동수서산, 서전동송

발전량이 일정하지 않은 신재생에너지 발전에서는 일조량과 날씨의 변화에 따라 전력 공급이 큰 폭으로 변동할 수 있다. 예를 들어, 중국 북서부 전력망에서는 하루에 최대 50GW까지 전력 공급 용량이 변할 수 있으며, 이는 프랑스의 원자력발전소 전체 출력과 맞먹는 수준이다. 이렇게 신재생에너지의 출력은 시간대에 따라 급격히 변화하고, 이로 인해 공급과 수요 간의 불일치가 발생한다.

연구에 따르면 풍력과 태양광의 비중이 15% 수준에 도달하면 전력망 병목 현상이 발생한다. 중국은 2023년 기준 전체 사회 전력 소비 중 풍력과 태양광 비중이 이미 임계점에 도달한 것으로 보인다. 타이밍의 불일치를 조정하기 위해서는 ESS 같은 기술적 대안이 있지만, 아직은 비용 부담이 크다. 지역 간 불균형을 해소하려면 효율적인 송전 기술이 있어야 한다.

중국전력연구원CEPRI 재생에너지연구센터는 2024년 중국 내 신재생에너지 이용률이 95% 이하로 하락하고, 2030년에는 90% 수준까지 떨어질 수 있다고 전망했다. 이용률 저하는 계획된 발전량 대비 실제 전력 생산량이 낮아지는 현상이며, 풍력과 태양광이 낭비되는 비율이 높아진다는 의미다. 산둥, 허베이, 허난 등 옥상 태양광발전 보급이 급증한 지역에서는 공급과 수요의 시간대 불일치가 이미 문제로 나타났다.

문제를 해결하기 위해 중국은 2022년 '동수서산東數西算' 정책을 발표했다. 중국은 산업이 집중된 동부 지역에서는 데이터와 컴퓨팅 수요가 많고, 신재생에너지 발전이 활발한 서부 지역에서는 전력 생산이 수요를 초과하는 상황이다. 전력을 먼 거리까지 송전하는 일은 기술적으로나 경제적으로나 어렵지만, 데이터를 장거리로 전송하는 것은 상대적으로 수월하다. 이러한 배경에서 동부의 데이터를 서부의 클라우드 컴퓨팅 인프라로 보내 처리하자는 동수서산 정책이 추진된 것이다.

이를 위해 중국은 서부 지역에 8개의 국가급 컴퓨팅 허브를 구축하고 전국적으로 10개의 데이터센터 클러스터를 만드는 중이며 특히 신장 위구르, 구이저우 등 서부 낙후 지역에 건설을 장려하고 있다. 텐센트는 구이저우의 산 아래 지하 동굴을 파고 데이터센터를 건설했다. 물론 이러한 방식의 건설은 항온, 항습 관리에 효과적일 뿐 아니라, 핵폭탄 투하 상황에서도 생존이 가능할 만큼 견고하다는 점에서 전시를 대비한 측면도 엿보인다.

정부는 이러한 데이터센터가 네트워크 핵심 기술의 안정성과 보안성, 고효율 운용 체계를 갖추는 것은 물론, 사용 전력의 80% 이상을 친환경 에너지로 충당할 수 있어야 한다고 규정하고 있다. 중국은 2025년까지 300엑사플롭스* 이상의 컴퓨팅 파워 확보를 목표로 하고 있다.

또한 AI 기술이 급속히 확산하면서 고전력 칩과 고밀도 서버의 배치가 증가하고 있다. 서버 장비가 들어 있는 단일 캐비닛(서버 랙)당 전력 밀도가 높아지면서, 2025년 중국의 데이터센터 전력 소비량은 4,000억 kWh에 달할 것으로 보인다. 이는 전체 전력 소비량의 5% 이상을 차지한다는 전망치다. 이에 따라 중국은 다양한 고효율 액체 냉각 솔루션을 도입해 고밀도 컴퓨팅의 열 방출 문제를 해결하고 있다.

이와 함께 추진되는 두 번째 정책이 바로 '서전동송西电东送'이다. 이는 신재생에너지 발전이 집중된 서부 지역에서 생산한 전력을 동부의 수요지로 대규모로 송전하는 계획이다.** 신장과 간쑤의 풍력 및 석탄화력발전을 활용해 화북 지역의 베이징, 텐진 등으로 전력을 공급하고, 윈

---

* ExaFLOPS, 초당 10의 18제곱(100경) 번의 연산을 처리할 수 있는 성능 단위로, 고성능 AI 학습, 기후 시뮬레이션, 과학·공학 계산 등 방대한 연산이 필요한 분야에서 사용된다.

** 중국의 우주 프로그램을 주도한 로켓 과학자 첸쉬센(钱学森)은 일찍이 고비사막의 광대한 풍력과 태양광 자원을 활용해 중국의 전력 수요를 충당한다는 구상을 한 적이 있다. 당시 중국의 기술 수준을 감안하면 이는 공상과학에 가까운 아이디어로 여겨졌다. 하지만 오늘날 진행 중인 남수북조 프로젝트 같은 초대형 국가사업도 처음 계획되었을 당시에는 공상과학보다 더 허무맹랑한 이야기에 불과하다는 평가를 받았다.

난과 구이저우의 수력 및 화력발전은 광둥성 같은 남부 경제 중심지로 보낸다. 쓰촨과 충칭의 수력발전은 후베이, 후난 등 화중 지역과 동부로 전력을 전송한다는 구상이다.

하지만 이러한 장거리 송전은 고비용 구조로 인해 경제적 타당성이 낮기 때문에, 중국은 국가 전략 차원에서 송전 기술 개발에 힘을 쏟아 왔다. 현재 중국은 세계에서 가장 진보한 고전압 장거리 직류 송전 기술을 보유하고 있으며, 이를 통해 송전 과정에서의 전력 손실을 효과적으로 줄이고 있다. 또한 과학자들과 엔지니어들은 AI를 활용해 대규모 센서 데이터를 분석하고, 최대 10일 전에 발전 용량을 예측할 수 있는 시스템을 구축했다. 이러한 기술 발전은 '강전외송疆电外送' 프로젝트를 가능하게 만들었다. 이는 신장 위구르에서 생산된 전력을 외부 지역으로 송전하는 것으로, 실제로 2019년에는 두 번째 구간인 준동-완난 간 송전이 가동되었다.

2023년 6월에는 중국 최초의 초고압 송전 프로젝트인 닝샤에서 후난까지 연결되는 ±800kV UHV DC* 프로젝트가 공식적으로 시작되었다. 이 프로젝트는 2025년 가동을 목표로 하며, 신재생에너지의 송전 비율을 50% 이상으로 예상한다. 완공되면 후난성에 연간 360억kWh 이상의 전력을 공급할 수 있다. 이는 2022년 후난성 전력 소비량의 약 6분

---

* 직류 송전에서 양극(+)과 음극(-) 사이 최대 전압이 800kV에 이르는 초고압 직류 송전(UHV DC, Ultra High Voltage Direct Current)을 말한다.

의 1에 해당하는 양이다.

송전 기술 개발에 있어 중국 국가전망国网(우리나라 한국전력공사에 해당하는 국유 전력 기업)은 시안자오퉁대학교와 협력해 북서부 지역에서 초기 단계의 전력 시스템을 구현했다. 그 대표적인 사례가 창지 변전소에서 구취안 변전소까지 이어지는 대형 프로젝트다. 총길이 3,324km, 송전 용량 1,200만kW에 달하는 이 프로젝트는 세계 최고 전압 수준과 가장 긴 직류 송전 거리, 최강 송전 용량이라는 세 가지 기록을 동시에 갖는다. 3,300km 넘는 거리를 팔뚝만 한 전선으로 연결하고, 평균 높이 80m가 넘는 6,000개 이상, 총 무게 180톤의 철탑을 세운 초대형 국가 사업이다. 창지 변전소에서 송전하는 전력의 절반 이상은 신재생에너지이며 총발전 용량은 770만kW 이상에 이른다.

2025년 2월에는 칭양 북쪽의 750kV 송전 및 변전 프로젝트가 성공적으로 가동되었다. 이 프로젝트는 중국의 14차 5개년 계획에 포함된 '간쑤 전력의 산동 공급陇电入鲁' 사업으로, 600만kW 규모의 신재생에너지를 전력망에 연계함과 동시에 산시와 간쑤를 연결하는 지방 간 고속도로 건설의 핵심 허브 역할도 수행한다. 중국 최초의 대규모 통합 에너지 기지인 '풍력-태양광-화력-저장 통합'을 위한 이 사업은 서쪽의 간쑤 칭양 변환소에서 시작해 동쪽의 산둥 둥핑 변환소에서 끝난다. 이 프로젝트는 2025년 5월 8일 가동되었으며, 매년 산둥 지역에 360억 kWh 이상의 전기를 공급할 수 있다.

이제 중국의 송전 기술은 세계 최고 수준에 이르렀다. 예컨대, 남서부 지역에서 생산된 수력 전력은 초고압 채널을 통해 2,000km 이상 떨어진 장쑤나 저장까지 거의 실시간으로 전송된다. 신장 하미의 징웨취안에서 충칭까지 역시 2,000km 이상 거리지만 전력은 거의 즉시 도달한다.

2024년 기준 중국의 신재생에너지 발전량은 3조 4,000억kWh를 초과해 14차 5개년 계획의 목표를 조기 달성했고, 현재 중국에서 생산되는 전기 10kWh 중 4kWh는 청정에너지로 충당되고 있다. 이로써 중국은 세계 최대 규모의 청정에너지 발전 시스템과 초고압 송전 네트워크를 동시에 구축하며, 세계 최대 전력 공급 시스템을 보유한 국가가 되었다.

여기에 더해 중국은 동부 연안의 전통 산업을 중서부 지역으로 이전하고 있다. 이렇게 함으로써 에너지 공급은 많지만 수요가 적은 중서부 지역의 불균형을 해소하고, 동부 지역에서는 기존 산업 대신 AI 산업 등의 신질생산력 산업을 육성하려는 것이다. 또한, 발전 설비를 추가로 건설하지 않고 기존 인프라를 신산업에 재활용하겠다는 전략으로, 이는 말 그대로 국가 개조 사업에 해당한다.

전력 수송의 대안, 수소

현재 기술 수준에서 장거리까지 송전하는 데는 기술적 어려움보다는 경제적 타당성이 더 큰 문제로 작용한다. 중국 공산당 입장에서는 이미

국가 수요를 충족시킬 수 있는 발전 용량을 갖추고도, 지역 간 불균형으로 인해 전력 수급이 원활하지 않은 상황이 당혹스러울 수밖에 없다. 그렇다면 큰 비용과 시간이 드는 송전 라인 건설 외에 원거리까지 에너지를 보낼 수 있는 경제성 있는 방법은 과연 없는 것일까?

여기서 등장한 아이디어는 발전소에서 저장 가능한 형태의 에너지를 만들어 원거리로 운반한 후, 그곳에서 다시 전력으로 변환해 사용하는 방식이다. 즉, 지금 우리가 휘발유나 디젤유를 주유소에 보내듯이 서부 지역 발전소에서 소비자가 사용할 수 있는 에너지 형태로 만들어 보내면 된다는 개념이다. 이는 온라인이 아닌 오프라인 방식으로 전력을 이동시키는 것이다.

이 오프라인 에너지 운반 수단으로 주목받는 것이 바로 수소다. 수소는 청정에너지이자, 동서 간 에너지 격차를 해소할 수 있는 전략 자원으로 각광받고 있다. 사실 수소는 산소와 만나 연소하면서 에너지를 발생시키기 때문에 오랜 시간 차세대 연료로 주목받아 왔다. 그러나 기체 상태의 수소는 폭발 위험성이 크다는 문제가 있다. 이 때문에 수소는 수소 연료 전지 형태로 많이 활용되고 있다. 수소 연료 전지는 수소를 연소해 전기를 생산하고, 이 전기로 모터를 구동한다. 전기자동차처럼 긴 충전 시간이 필요 없으며, 일반 자동차처럼 수소를 주유하면 된다. 그리고 무겁고 가격은 비싸지만 힘이 좋기 때문에 승용차 대비 고출력을 필요로 하는 곳에서 사용되고 있다. 바로 버스, 트럭, 선박 같은 교통수단이다.

수소를 활용하기 위해서는 우선 수소를 생산해야 한다. 중국 최초의 해수 수소 생산 연구 프로젝트는 2024년 말 중국석유화공中國石油化工의 칭다오 정유소에서 완료되었다. 이 프로젝트는 담수가 아닌 해수를 활용해 녹색 전기와 수전해를 결합한 방식으로, 시간당 20m³의 녹색 수소를 생산한다. 여기에서 말하는 녹색 전기와 녹색 수소는 모두 '생산 과정에서 탄소를 배출하지 않는 에너지'를 말한다.

해수를 이용한 수소 생산은 많은 이점이 있지만, 바닷물의 약 3%에 달하는 염분과 염화물 등의 불순물이 전기분해 장비의 전극에 부식을 일으킬 수 있다. 또한 양이온 침착이 장비의 기공을 막아 효율을 떨어뜨리거나 장비에 심각한 손상을 줄 가능성도 있다. 그럼에도 해수 수소 생산이 각광받는 것은 수소 1kg을 생산하려면 최소 9kg의 물이 필요한 만큼 담수를 대량으로 사용하는 데 따르는 부담이 수소 에너지 확산의 큰 걸림돌이 되기 때문이다.

또 다른 국영 석유 기업인 중국해양석유총공사도 해수를 수소로 전환하는 획기적인 기술을 발표했는데, 시간당 200m³의 재생 수소를 생산할 수 있다고 한다.

해수 수소 생산 비용의 70%는 전력 사용, 15%는 장비 비용, 나머지 15%는 운영 및 유지보수 비용에서 발생한다. 현재 전기 1kWh당 0.4위안으로 계산하면, 해수 수소의 생산 단가는 수소 1kg당 약 22위안이다. 이를 경제적으로 만들기 위해서는 10위안 미만으로 낮춰야 하며, 이는 친환경 전기 비용을 kWh당 0.2위안 이하로 낮춰야 한다는 것을 의미한다. 그러나 이는 아직 현실적으로 달성하기 어려운 목표로 보인다.

이러한 상황에서 2025년 2월 베이징대학교가 새로운 촉매를 이용해 이산화탄소를 발생시키지 않고 고수익 수소 생산을 실현할 수 있는 신기술을 개발했다고 발표했다. 베이징대학교는 중국과학원, 카디프대학교와 함께 10년에 걸쳐 백금-이리듐 기반의 바이메탈 촉매를 개발해 냈으며, 기존의 에탄올-수소 전환 방식이 가진 기술적 병목 현상을 성공적으로 해결했다고 밝혔다. 이 촉매를 활용하면 농업 폐기물에서 얻은 바이오에탄올을 섭씨 270도에서 물 분자와 반응시켜, 이산화탄소 없이 고순도 수소로 직접 전환하는 고효율 수소 생산이 가능하다고 한다.

수소가 생산된 이후에는 이를 운반할 수 있어야 한다. 중국항공우주과학기술공사 제101연구소는 액체 수소를 운반하기 위한 용기인 '싸이다오賽道 1000'을 개발했다. 이는 중국 최초의 100kg급 차량 탑재용 액화 수소 시스템으로, 기존 제품 대비 부피가 20% 증가해 수소 운반 용량이 100kg 늘어났다. 이 시스템은 액화 수소 실린더, 밸브 박스, 기화 완충, 제어, 하중 지지 구조 등 다섯 가지 모듈로 구성되어 있으며, 이를 통해 비용을 30% 이상 절감할 수 있다고 한다. 이 용기를 연료통으로 탑재한 수소 화물차는 한 번 충전으로 최대 1,000km를 달릴 수 있을 것으로 기대된다.

이어 온보드 액체 수소 공급 시스템인 '만부漫步-1200'도 공식 출시되었다. 전체 용량은 1,200L이며, 첨단 충전 기술과 고효율 열관리 기술을 통해 액체 수소 실린더를 15분 이내에 충전할 수 있다고 한다.

개발된 용기는 보통 하루에 1,000km 이상을 달리는 중국의 화물차에 적용하기에 알맞다. 그러나 화물 자동차가 수소를 연료로 사용하려면 많은 주유소에서 수소를 충전할 수 있어야 하며, 그러기 위해서는 주유소까지 수소를 운반할 수단이 다시 필요하다. 바로 휘발유를 운반하는 탱크로리처럼 말이다.

그러나 아직 수소 운반 탱크로리는 경제성 있는 제품이 개발되지 않았다. 이는 중국의 화물 자동차 등의 대형 차량은 아직 탈석유를 하기 어렵다는 말이며, 이제 단순해 보이는 수소 용기 개발이 어떤 국가 전략적 의미를 가지는지 여러분들은 알 수 있을 것이다.

수소 사용의 사례

현재로서 수소 연료는 무거운 운송 체제가 아니면 경제성이 없다. 아니나 다를까 룽청신에너지그룹荣程新能集团의 첫 100대의 200kW 수소 연료 전지 대형 트럭이 2025년 3월 공식 출하되었다. 이 트럭은 중국에서 최초로 구현된 200kW 수소 연료 전지 대형 트럭이다. 총 600대의 차량이 생산될 예정인 이 수소 연료 전지 중형 트럭들이 가동되면, 톈진과 황화 항구에서 허베이의 청더, 산시의 창즈, 내몽골의 바오터우와 같은 지역으로 수소 에너지 운송을 더욱 확장할 수 있으며, 지방 간 장거리 간선 운송의 범위를 계속 확장할 수 있다.

다음 단계에서는 수소 연료 전지 차량의 정비 및 수리 센터를 구축하는 한편, 공기 필터, 탈이온기, 탈이온수 등 주요 부품과 소모품을 독자적으로 개발 및 생산하고 비용 절감을 함께 추진할 계획이다. 아울러 수소 연료 전지 차량의 전체 수명 주기에 대한 서비스 지원 체계도 제공할 예정이다.

무거운 운송 수단이라면 열차를 빼놓을 수 없다. 칭다오스팡中车四方辆股份公司이 개발한 중국 최초의 수소 동력 지능형 도시 간 열차 'CINOVA H2'가 공개되었다. 이 차량은 수소로 구동되며 탄소 배출이 전혀 없다. 또한 시속 200km의 속도로 달릴 수 있으며, 국제 유사 제품보다 우수한 승객 수용 능력과 주행 거리를 자랑한다. 중국중처中国中车가 자체 개발한 수소 연료 전지가 장착되어 있으며 자체 지식재산권을 보유하고 있다. 중국중처는 수소 에너지의 생산, 저장, 전송 및 사용을 위한 토탈 솔루션을 제공할 수 있다.

화물이 아닌 사람을 태우는 무거운 운송 수단이라면 버스다. 밍웬과기洺源科技의 수소 연료 전지 전력 제품인 수소 연료 버스는 수소를 10분간 주입하면 500km 이상의 주행 거리를 갈 수 있다.

대형 수소 용기가 해결되면 이제 수소 충전소만 있으면 된다. 국영 석유 회사인 중국석유화공의 메탄올-수소 수소 충전소는 하루 1톤의 고순도 수소를 안정적으로 제공하는데, 설치 면적이 $64m^2$에 불과해 부지 활용률이 높다. 메탄올은 다른 수소 생산 원료에 비해 공급원이 풍부하고 비용이 저렴하며 상온, 상압에서 액체로 저장 및 운송되기 때문에 안전하고 경제적이다. 수소 충전소에서 수소를 사용하는 기존 방식에 비해 비용을 20% 이상 절감할 수 있다고 한다.

중국의 '2021~2035년 수소 에너지 산업 발전 중장기 계획'은 2035년까지 수소 에너지 산업 시스템을 구축하고, 수송, 에너지 저장, 산업 분야를 아우르는 다차원 수소 에너지 응용 생태계를 형성하겠다고 명시하고 있다. 그러나 현재 중국의 친환경 수소 산업은 중대한 갈림길에 서 있다. 투자와 개발 활동은 활발하지만, 최종 제품 가격이 높아 기업들이 연이어 적자를 내고 있고 이로 인해 기술 혁신도 정체되고 있다.

중국수소에너지연합CHA에 따르면 2023년 중국에서 생산된 약 3,550만 톤의 수소 중 친환경 수소는 단 1%에 불과하다. 중국 내 회색 수소(가장 흔하지만 탄소를 많이 배출하는 방식)의 가격은 킬로그램당 10~20위안 수준인 반면, 녹색 수소는 신장과 내몽골처럼 신재생에너지가 풍부한 지역에서는 킬로그램당 20위안이 최저 가격이며, 다른 지역에서는 최대 40위안까지 올라간다. 가격 차이가 크다 보니, 중국 최초의 수소연료전지 기업인 베이징시노하이텍北京亿华通科技股份有限公司은 4년 연속 적자를 기록하고 있다.

신장 위구르 자치구에 있는 중국석유화공의 공장에서는 현지에서 생산된 저렴한 대규모 신재생에너지를 사용한다. 태양광 모듈의 가격이 0.82위안까지 급락하면서 내몽골 정부는 연간 90만 톤의 그린 수소 생산 능력을 갖춘 40개의 풍력-태양광 통합 수소 생산 이니셔티브를 승인했다. 태양광발전의 한계가 수소 에너지에 도움을 주는 형국이다. 관련 장비 제조에 대한 투자는 2024년 첫 5개월 동안 649억 4,000만 위안에 달해 2023년 같은 기간보다 2.4배로 증가했으며 연간 투자 계획의

65%를 완료했다.

하지만 여전히 수익성 문제는 해결되지 않았다. 가장 큰 문제는 그린 수소에 대한 시장의 규모가 형성되지 않아 원가가 높다는 점이 지적되고 있다. 세계적인 경영 전략 컨설팅 기업 커니Kearney는 2027년이 되어야 그린 수소 비용이 회색 수소와 동등한 수준에 도달할 것으로 예측하고 있다.

물론 수소만이 유일한 오프라인 에너지 매체로 가능한 방안은 아니다. 수소 대체제로 메탄류가 가장 유력한 대안으로 부각되고 있으며 이미 일부 분야에서는 상용화되고 있다. 2025년 2월 중국의 독자적인 연구개발로 세계 최대 동력 메탄올 이중 연료 선박 엔진이 상하이에서 공식 출시되었다. 출시된 엔진은 완전히 독립적인 중국 기술로 산업용 알코올 메탄올을 사용하는 최대 64,500kW의 최대 출력, 무게 1,953톤의 설계를 가지고 있다. 디지털 지능형 제어 시스템을 채택해 기존 디젤 동력의 메탄올 대체율을 95% 이상 구현하고 이산화탄소 배출량을 7.5% 이상 줄였다. 이 엔진은 대형 컨테이너 선박에 탑재될 예정이다.

이처럼 중국은 탈석유를 위해 전력 기술뿐만 아니라 수소와 메탄 같은 물질을 통한 에너지 개발을 하고 있다. 허나 아이러니한 것은 세계적으로 수소 에너지 기술이 뛰어난 기업 중의 하나가 바로 우리나라의 현대자동차라는 사실이다. 국내에서 수소 에너지 산업이 지지부진하기 때문에 현대자동차도 중국에 진출해 시장 기회를 모색하고 있다. 하지만 현대자동차의 수소 기술이 국가 전략 기술로 지정되면서, 중국에서 자유롭게 사업을 펼치는 데 일정한 제약을 받는 것으로 보인다. 이러한 상황은 우리나라가 국가 전략을 명확히 수립하지 못한 채 글로벌 경쟁에 대응하고 있는 현실이, 세계 지정학과 우리 기업의 활동에 얼마나 큰 영향을 미치는지를 단적으로 보여준다.

CHINA TECH

5장

군민융합 기술과 우주 전략

민간에서 군사로 확장되는 기술

트럼프는 2025년 2월 발표한 '아메리카 퍼스트 투자 정책'에서 반도체, AI, 양자, 생명공학, 극초음속, 항공우주, 첨단 제조, 지향성 에너지(레이저나 마이크로파처럼 특정 방향으로 집중이 가능한 에너지) 등을 미국이 집중해야 할 핵심 기술 분야로 지목했다.

이 책에서는 첨단 제조와 로봇을 제외하고는 대부분 트럼프가 언급한 분야를 모두 다루고 있는데, 이 기술들은 하나같이 군사적 용도로 전환될 수 있다는 잠재성을 갖고 있다. 예를 들어 중국은 재료 기술을 활용해 기존 금속 탄환이 아닌 플라스틱 탄환을 개발했다. 이는 파괴력이 더 크면서도 무게가 30%가량 가벼워 작전 효율성을 높일 수 있다.

기업들이 처음부터 군사용 목적으로 기술을 개발하는 경우는 드물다. 그러나 한 번 개발된 기술이 군사적 용도로 사용될 수 있는 경우는 많고, 실제로 군사적 용도로 사용될 가능성이 있음에도 불구하고 이를 전면에 내세우지 않는 경향이 있다. 그렇기에 우리는 중국에서 개발되는 기술들이 갖는 군사적 응용 가능성과 그 함의를 반드시 살펴야 한다. 이 장에서는 공식적으로 군사 기술로 분류된 사례와 군민융합 기술 가운데서도 군사적 목적이 뚜렷한 기술을 중심으로 다룬다. 장거리 무기, 스텔스, 초음속, 드론 등 누구나 군사 기술로 연상할 수 있는 사례들을 통해 중국 기술의 지향점을 들여다보겠다.

A2/AD 전략과 장거리 투사 기술

A2/AD는 오래전부터 중국이 수립한 핵심 군사 전략으로 알려져 있다. 여기서 A2는 Anti-Access(접근 거부), 즉 적군이 특정 지역에 접근하지 못하도록 차단하는 전략을 의미하며, AD는 Area Denial(영역 차단)로, 이미 접근한 적군이 해당 지역 내에서 자유롭게 작전을 수행하지 못하도록 억제하는 전략이다.

중국이 채택한 A2/AD 전략은 쉽게 말해 미군이 대만 해역에 접근하지 못하도록 저지하고, 접근에 성공하더라도 해당 수역 내에서 군사 작전을 자유롭게 수행하지 못하게 막는 것을 목표로 한다. 이러한 전략을 효과적으로 실행하려면 두 가지 전력이 필수적이다. 먼저, 적의 접근을 조기에 식별할 수 있는 '장거리 탐지 능력'이 필요하며, 이는 위성 기술이 핵심이다. 다음으로, 탐지한 적을 원거리에서 타격할 수 있는 '장거리 타격 능력'이 요구되며, 이를 가능하게 하는 수단은 항공기, 미사일, 그리고 잠수함이다.

중국과학원, 중국국가항천국CNSA, 중국유인우주국CMSA 판공실은 2024년 10월 15일에 '국가 우주과학 중장기 발전 계획(2024~2050년)'을 공동으로 발표했다. 이 계획은 '극한의 우주极端宇宙', '시공간의 파문时空涟漪', '태양과 지구의 파노라마日地全景', '거주 가능한 행성宜居行星', '우주 격물太空格物'이라는 다섯 가지 핵심 과학 주제를 중심으로 총 17개의 우선 발전 방향을 제시하고 있다. 해당 계획은 2027년까지의 단기, 2028년부터 2035년까지의 중기, 그리고 2036년부터 2050년까지의 장기로 나뉜 3단계 과제를 통해 중국 우주과학의 중장기 발전 로드맵

| 국가 우주과학 중장기 발전 계획 |

목표 기간(년)	과제
2027	우주정거장 운영, 유인 달 탐사, 제4차 달 탐사 및 행성 탐측 프로젝트, 5~8개의 우주 공간 과학 임무 수행
2028~2035	우주정거장 지속 운영, 유인 달 탐사, 국제 달 탐사 연구 스테이션 등 임무 논증, 15개 정도의 우주 공간 과학 위성 임무
2036~2050	30여 개 과학 임무의 논증 및 실시, 중요 영역에서 세계 선두 수준 도달

출처: 국가 우주과학 중장기 발전 계획(2024~2050년), 중국과학원·국가항천국·중국유인우주프로젝트 판공실 공동 발표

을 구성하고 있으며, 궁극적으로는 2050년까지 세계 최고 수준의 우주 과학 강국이 되겠다는 목표를 담고 있다.

나는 그동안 중국의 규모가 크다는 것은 알고 있었지만, 이런 식으로 우주 진출을 계획하는 장대한 스케일에는 놀랄 수밖에 없었다. 동시에 중국이 벌써 이 정도 수준에 도달했다는 사실에도 놀라움을 느꼈다. 그러나 가만히 생각해 보면 중국에는 항공우주 분야를 이끄는 약 110개의 핵심 전문 연구소가 있고, 3,000개가 넘는 과학 연구 기관에서 수십만 명이 항공우주를 연구하고 있다. 그 방대한 인력과 기관에서 나오는 성과물이 이제 실체화되고 있는 것이다. 중국이 이 정도를 해내지 못할 이유는 전혀 없다는 생각이 든다.

어쩌면 우리는 지금까지 중국의 이런 성장을 일부러 외면해 온 것일지도 모른다. 한국도 항공우주와 해양과학을 12대 국가 전략 기술 중 하나로 지정하고 있지만, 중국과 비교하면 매우 초라해 보인다.

중국의 위성 기술

세계 각국은 군사 위성을 운영하고 있다. 우리나라는 물론이고 중국 역시 군사 위성을 띄우고 있으며, 가장 많은 위성을 운영 중인 국가는 미국이다. 이 가운데 군민융합 전략의 일환으로 중국이 추진해 온 대표적인 위성 시스템이 바로 베이더우北斗 위성 항법 시스템이다.

나는 개인적인 인연으로 베이더우 시스템 계획을 프로젝트 초기부터 알고 있었다. 당시 나는 중국 기상국 산하의 화윈华云이라는 회사와 협력 논의를 진행 중이었는데, 화원은 기상국이 사용하는 다양한 기상 장비를 개발하고 제작·공급하는 역할을 맡고 있었고, 이미 베이더우와의 통신 기능을 탑재하고 있었다.

베이더우는 북두칠성을 뜻하는 말로, 북극성을 찾는 별자리다. 중국이 미국의 GPS 체계에 대응해 독자적인 시스템을 구축하면서 이 이름을 붙였다는 점만 보아도, 이 프로젝트에 담긴 중국의 강한 의지를 짐작할 수 있다.

베이더우는 미국과 러시아의 항법 시스템과는 구조적으로 다르다. 위성 간에 계층 구조로 되어 있으며, 시스템적으로도 다른 설계를 채택하고 있다. 우리가 주목할 부분은 기능과 가격이다. 베이더우는 미국 GPS보다 정밀도가 높고 양방향 통신 기능까지 갖추고 있다. 이는 군사적 필요로 개발된 기능이지만, 특정 조건에서는 민간에서도 사용할 수 있다. 가격 면에서도 중국산 특유의 경쟁력이 있다. 내비게이션 등 일반적인 응용에서는 미국 GPS보다 훨씬 저렴하지만 일반 응용에서 2~5m 수준의 정밀도를 제공하며, 보정 서비스를 통해 센티미터급 정밀도도 구현할 수 있다.

중국은 2000년 이후 3단계에 걸쳐 실험용 위성 4기를 포함해 총 64기의 베이더우 위성을 발사했고, 2020년에는 전 세계 커버리지를 달성했다. 그리고 2024년 9월에는 마지막 '베이더우 3호' 위성 2기가 발사되었다. 이 위성은 고도 약 2만 1,000km의 중궤도에 24기, 고도 3만 6,000km의 정지궤도 및 경사 정지궤도에 6기 등 다양한 궤도에 있는 기존의 30기 베이더우 위성과 함께 운용되며, 이로써 사실상 시스템은 완성되었다.

중국은 2035년까지 보다 포괄적이고 통합적이며 지능화된 국가 종합 위치, 항법, 시간 체계를 구축할 계획이다. 고궤도, 중궤도, 저궤도 위성을 혼합 운용해 지표면부터 심우주까지 다양한 환경에서 사용 가능한 단말기를 제공하며, 전 세계 사용자에게 미터급~데시미터급 고정밀 위치 정보와 실시간 항법, 시간 서비스를 제공할 예정이다. 여기서 '시간 서비스'란 멀리 떨어진 지점 간 시차를 극복하는 기술로, 이를 통해 베이징에 있는 의사가 히말라야산맥에 있는 환자를 원격 수술하거나, 히말라야산맥에서 발사된 미사일이 샌프란시스코에 정확히 도달하도록 지원할 수 있게 된다.

중국 정부뿐 아니라 민간기업도 우주 분야에 적극적으로 나서고 있다. 자동차 제조사 지리는 자회사 지스페이스GeeSpace를 통해 자동차용 위성을 개발하고 있다. 지스페이스는 2021년 중국 동부 도시 타이저우에 연간 500기의 위성을 생산할 수 있는 공장을 준공했으며, 2022년 중반 9기를 궤도에 올린 데 이어 2024년에도 두 번째 발사를 실시했다. 지스페이스의 1단계 목표는 2025년까지 72기를 배치하는 것이다. 이는 테슬라의 스타링크에 대응해 지리자동차에 위성통신 기능을 제공하기 위한 독자 위성망을 600km 상공에 구축하고 있는 것이다. 현재는 위성통신 등 일반적 용도로 활용되고 있지만, 장차 자율주행과 차량 통신 기능과의 결합이 예상된다.

한편 중국은 군사 목적의 스파이 위성을 충분히 확보한 이후, 최근에는 과학 위성 발사에 주력하고 있다. 대표 사례로는 '마카오 과학澳門科學 1호'가 있다. 이 위성 과학 팀은 WM³World Magnetic Model Macao(마카오 세계 지구자기장 모델)라는 실시간 4차원 지구자기장 모델의 첫 번째 버전(1.0)을 발표했다. WM³는 지구자기장의 시공간 변화를 정밀하게 예측할 수 있도록 설계된 모델로, 자기장 구조의 동적 분석에 활용된다.

중국 본토와 마카오가 공동으로 개발한 이 위성은 지구의 해양 조석 운동에 따라 발생하는 유도 자기장을 관측할 수 있는 기능을 갖추고 있다. 해양 유도 자기장은 해양 지형, 해저 구조, 해수의 전도도, 해류 분포 등에 민감하게 반응하며, 이 데이터를 바탕으로 해저 지구물리학, 지질 구조 분석, 대규모 해양 순환 연구 등 다양한 분야에 폭넓게 활용할 수 있다.

2024년 2월, 중국은 세계 최초로 AI 장치를 탑재한 복수의 위성을 성공적으로 발사해 궤도에 안착시켰다. '루오쟈珞珈 3호'라는 이름의 이 AI 위성은 9기의 인공위성과 함께 '창어 3호' 로켓에 실려 발사되었으며, 통합 감지 네트워크와 공감각 융합 AI 알고리즘을 궤도상에서 테스트하는 데 사용된다. 이 위성은 우한대학교가 설계했으며, 향후 원격 통합 플랫폼으로의 발전이 기대된다.

중국은 2024년 12월, '장정長征 2-D' 발사체를 이용해 상업용 레이더 원격탐사 위성 8기를 한 번에 쏘아 올렸다. 이 위성들은 중국 민간 우주 기업이 개발 중인 상업용 위성 군집 시스템 중 '누와女媧성좌' 위성 군집에 속하며, 지상 약 520km 상공의 태양 동기 궤도에 배치되었다. 이처럼 한 번의 발사로 두 개씩 묶어 총 8기의 위성을 실은 것은 중국의 상업용 우주 탐사 능력을 보여주는 사례로 평가된다.

며칠 후에는 '훙투宏图 2호'의 위성군 중 9~12호 위성 4기가 궤도 진입에 성공했다. 총 12기로 구성된 이 누와성좌 위성군은 재난 대응, 농업 모니터링, 해양 관측, 에너지 개발을 위한 고해상도 지구 관측 이미지를 제공하며, '하늘의 눈' 즉, 톈옌天眼*의 역할을 한다. 땅에서 우주를 바라보던 톈옌에 더해 이제는 우주에서 지상을 내려다보는 또 하나의 톈옌을 만든 셈이다.

이 프로젝트를 통해 2025년 말까지 위성 수를 최소 20기로 늘릴 예정이며, 최종적으로 114기까지 확장할 계획이다. '실시간 원격 탐지 관측'이 지닌 의미를 충분히 짐작할 수 있을 것이다.

2024년 한 해 동안 중국은 100기의 위성을 쏘아 올릴 계획을 세웠고, 공식 발표에 따르면 이 목표는 대부분 달성한 것으로 보인다. 우리가 중국을 과소평가하는 동안, 지구 상공은 이미 미국과 중국의 위성으로 가득 차 있다.

이들 위성과의 통신은 속도와 보안 두 요소를 모두 충족해야 한다.

---

* 중국 구이저우성에 위치한 세계 최대 단일구경 전파망원경의 별칭이다. 2016년 가동을 시작했으며, 펄서(pulsar) 관측, 외계 지적 생명체 탐색, 전파천문학 연구 등을 위해 사용된다. '하늘의 눈'이라는 뜻을 지니며, 중국의 과학기술 위상을 상징하는 프로젝트이기도 하다.

이를 위해 중국은 군민 양용이 가능한 최초의 레이저 통신 지상국을 신장 파미르고원에 건설했다. 중국과학원 우주정보혁신연구소^AIR는 자체 개발한 500mm 구경의 레이저 통신 지상 시스템을 2024년 9월, 고도 4,800m에 있는 무즈타그봉 정상에 설치했다.

위성-지구 간 레이저 통신은 기존의 마이크로파 통신과 달리, 사용 가능한 스펙트럼 폭이 넓어 대역폭이 마이크로파 대비 10배에서 최대 1,000배에 달하는 테라헤르츠 수준에 이른다. 이는 비교할 수 없을 정도로 빠른 통신 속도를 의미하며, 통신 보안성 또한 매우 높다. 다만 직선 통신을 기반으로 하기 때문에 비와 눈 등의 기상 요인이나, 조류와 항공기 등의 장애물에 의한 가시선 차단 시 통신이 어려워진다는 단점이 있다. 이러한 조건을 고려해, 연간 강수량이 적고 시야 확보가 탁월하며 인적이 드문 무즈타그봉이 설치지로 선택된 것이다.

재활용 우주 기술

언뜻 보면 중국은 이미 발사체 기술을 보유하고 있으니 더 이상의 기술 개발이 필요 없어 보인다. 하지만 실상은 그렇지 않다. 달에 유인 우주선을 보내거나 화성 탐사를 추진하려면 발사체 기술은 더 강력하고 경제적이어야 한다. 중국운반로켓기술연구원^CALT은 바로 이러한 발사체 개발을 담당하는 기관이다.

2024년 12월 중국은 시창 위성발사 센터에서 '통신 기술 시험위성 12호'를 장성 3호 로켓을 이용해 성공적으로 발사했으며, 이 발사는 장성 로켓의 554번째 비행이었다. 2024년 한 해 동안만 100회의 발사를 통해 300개 이상의 물체를 궤도에 올렸으며, 이는 2023년 67회 대비 약 50% 증가한 수치다. 중국은 이처럼 해마다 자체 기록을 경신하며 우주 강국으로 도약하고 있다.

중국국가항천국은 2024년 10월, 중국 최초의 재사용 가능 시험 위성인 '스첸实践 19호'를 성공적으로 회수했다고 발표했다. 이 위성은 9월 27일 발사되어 재사용성, 무손상 회수, 고중력 조건에서도 안정적으로 작동하는 등 핵심 기술을 시험하는 데 성공했다. 이로써 중국은 차세대 고성능 재사용 귀환형 우주 시험 플랫폼의 핵심 기술을 검증하게 되었다.

한편, 중국항천과학기술공사CASC가 개발 중인 재사용 발사체도 성과를 내고 있다. 2025년 3월 2단계 동력 시스템 시험 운행을 완료했으며, 시험에 사용된 YF-102V 엔진은 상시항천상업동력연구원에서 개발한 진공 버전 엔진이다. 이 엔진은 액체 산소·등유 기반의 개방형 고고도 엔진으로, 저비용 중형 운반 로켓의 2단 추진체에 사용된다. 현재 납품 준비를 마쳤으며 연내 첫 상업 비행이 예정되어 있다.

재사용 발사체와 위성의 등장은 우주 공간에 낮은 비용으로 무력 투사가 가능해졌음을 의미한다. 중국이 이 방향으로 나아간다면, 중국산 저가 우주선이 대량 생산되는 시대도 머지않아 도래할 수 있다. 나는 대량 생산된 중국의 재사용 위성이 재활용 발사체를 타고 지구 상공을 메우는 장면이 그려진다. 우리가 이를 주목하지 않는다면 이 시나리오

| 중국 항공우주 산업 시장 추이 및 전망 |

연도	시장 규모(억 달러)	성장률	주요 특징
2018	350	12%	베이더우 항법 시스템 완성
2020	480	15%	화성 탐사선 '천문-1호' 성공
2022	620	18%	우주정거장 '텐궁' 완공
2023	750	21%	상업용 우주 기업 200+사 설립
2024	900(예상)	20%	달 유인 탐사 프로그램 가속화

출처: 중국국가항천국, 유로컨설턴트(Euroconsult), 브라이스 테크놀로지(Bryce Tech), 미국 위성산업협회(SIA) 보고서

는 곧 현실이 될지도 모른다.

이렇게 수백 번 쏘다 보면 근본적인 변화를 추구하게 되는 법이다. 중국 공산당은 2023년 경제공작회의에서 상업용 항공우주를 전략적 신흥 산업으로 지정했다. 이후 중국 최초의 상업용 우주 발사장인 하이난 상업 우주 발사장이 2024년 11월 첫 발사를 성공적으로 진행했다. 이 발사장은 건설 기간이 단 878일에 불과했는데, 그만큼 중국의 발사 역량이 고도화되었음을 보여준다. 이제 중국은 본격적인 항공우주 상업화 시대에 진입한 것이다.

상업용 발사장 자체는 기술적으로는 큰 의미가 없을 수 있다. 그러나 2024년 3월, 중국은 전자기 발사와 극초음속 비행을 결합한 거대한 레일건(전자기 발사 장치)으로 톈친天琴 우주선을 발사하겠다는 계획을 밝혔다. 이는 철도형 전자기 발사 트랙을 이용해 항공기를 마하 1.6까지

가속하고, 이후 엔진을 점화해 우주에 진입시키겠다는 구상이다. 최종적으로는 음속의 7배에 달하는 속도로 우주에 진입하는 것을 목표로 한다. 실제로 중국항공우주과학산업공사 CASIC는 윈강석굴로 유명한 산시성 다퉁에 길이 2km의 저진공 튜브형 고속 자기부상 시험 시설을 구축했다. 이 시험선은 무거운 물체도 시속 1,000km에 가까운 속도로 올릴 수 있으며, 향후 최대 시속 5,000km의 작동 속도를 달성하기 위해 시험 트랙의 길이를 확장할 계획이다.

미국의 보잉 Boeing은 스타라이너 우주선 개발 과정에서 여러 기술적 문제로 지연을 겪고 있다. 최근에는 액체 로켓 연료를 가압하는 데 사용되는 초경량 가스인 헬륨 누출 문제가 발생하기도 했다. 그런데 이 헬륨 누출 사고에서 아이디어를 얻은 중국 과학자들은 기존보다 추력이 3배 크고 배기가스를 주변 온도에 가깝게 냉각시켜 적외선 센서에 거의 탐지되지 않는 고체 연료 로켓을 개발했다.

그 원리는 헬륨과 같은 초경량 기체를 극소량 micro-inject으로 연소실에 주입해 기존의 연소 부산물보다 훨씬 빠르게 팽창시킴으로써 배기 속도를 크게 높이는 방식이다. 또한 실온의 헬륨은 연소 가스의 열을 효과적으로 흡수해 적외선 신호를 차단하는 동시에, 고온에 노출되는 노즐 재료를 보호하는 데도 유용하다고 한다.

일론 머스크의 스페이스X SpaceX가 발사체 재사용을 통해 우주 비용을 낮춘 것처럼, 중국도 이를 벤치마킹한 란젠항톈 藍箭航天의 주췌 로켓을 개발했다. 주췌는 '주작 朱雀', 즉 남쪽을 상징하는 붉은 불사조의 이름에서 따온 것으로, 부활과 비상을 의미하는 전통적 상징을 현대 우주 기술에 접목한 작명이다. 이 '주췌 1호'는 2024년 1월, 약 1분간 상승한 뒤 다시 착륙하는 시험을 성공적으로 마쳤다. 아직 스페이스X처럼 로켓을 공중에서 포착하는 정교한 기술까지는 이르지 못했지만, 적어도 첫걸음마는 성공한 셈이다.

그리고 약 8개월 뒤인 2024년 9월, 중국은 '주췌 3호'를 발사해 다시 한번 의미 있는 기술 진전을 이뤘다. 이 로켓은 발사 후 약 10km까지 상승한 뒤, 위성발사 센터로 귀환하는 데 성공했다. 이륙 중량은 68톤에 달하며, 이번 임무에서는 중국 최초로 수직 이착륙 시험 로켓이 공중에서 2차 점화(재점화)에 성공한 사례로 기록되었다.

또한 초음속 돌파 환경에서의 자세 제어, 엔진의 유도 제어 기능을 결합한 통합 제어 시스템, 그리고 고고도에서의 강풍 변화에 실시간으로 대응하는 기술도 함께 시험했다. 이러한 일련의 기술 성과는 중국이 본격적으로 재사용형 발사체 기술을 확보해 나가고 있음을 보여준다.

우주선 기술

우주선은 대개 거대한 발사체 위에 자그맣게 실리고 그 안에 사람이 탄다. 그래서 중국의 유인 우주선에는 '선저우神舟('신의 배'라는 뜻)'라는 이름이 붙는다. 이러한 유인 우주선을 독자적으로 제작하고 발사할 수 있는 국가는 지구상에 몇 되지 않는데, 그중 하나인 중국은 유인 우주선을 자국 기술로 만들어 지구 궤도에 반복적으로 쏘아 올리고 있다.

물론 전쟁이 일어나서는 안 되지만, 미중 간 충돌이 벌어진다면 그 시작은 우주 공간이 될 가능성이 크다. 양국 모두 상대국의 군사 위성을 가장 먼저 제거하려 할 것이기 때문이다. 실제로 중국은 우주 외곽에서 특수한 핵폭탄을 터뜨려 적국 위성을 무력화할 수 있는 기술을 개발한 바 있다. 다만 이런 기술은 수많은 위성을 동시에 파괴하기 때문에 적국 위성만을 선별해 제거할 수 없다. 결국 우주 공간에서도 인간이 직접 전쟁을 해야 할 공산이 크다.

2024년 6월, 러시아의 지구 관측 위성 '레수르스Resurs-P1'이 궤도에서 폭발해 100개 이상의 파편을 만들어 냈다. 이때 중국의 '선저우 18호' 우주비행사 2명이 우주 유영을 하며 파편 제거 작업을 수행했다. 중국 항공우주과학기술공사는 이번 우주 유영이 외부 케이블과 파이프라인에 보호 장치를 설치함으로써 우주 파편 충돌 위험을 줄이고, 우주정거장의 장기적인 안정성을 확보하기 위한 목적이라고 설명했다. 그러나 진짜 목적은 러시아 위성의 핵심 기술을 보호하기 위한 것이었을 수도 있다.

중국은 현재 자체 우주정거장인 '톈궁天宮'을 운영 중이다. 이 정거장은 고도 400~450km에서 지구를 선회하며, 180톤급 모듈을 최대 6개까지 결합할 수 있다. 이 가운데 핵심 모듈에는 '톈허天和'라는 이름이 붙어 있다. 2021년 4월 궤도에 올라간 이륙 중량 22.5톤의 톈허는, 중국이 발사한 우주선 중 가장 크고 복잡한 구조를 가진 기체다. 서방은 국제 우주정거장ISS의 비용을 나누어 부담하기 위해 여러 국가가 공동으로 운영하지만, 중국은 홀로 독자적인 우주정거장을 만들고 운영하고 있으며, 지금도 확장을 이어가고 있다.

핵심 모듈의 발사 이후 중국은 우주 화물선을 통해 모듈을 계속 추가했고, 2024년 기준 3개의 모듈이 결합된 상태다. 같은 해, 선저우 18호에 탑승한 3명의 우주인이 상공으로 올라가 톈궁에 진입하면서 중국의 유인 우주정거장 시대가 본격적으로 열렸다.

2024년 10월, 중국은 사상 처음으로 우주과학 중장기 발전 계획을 수립했다. 이 계획은 총 3단계로 구성된다.

- 1단계(2024~2027년): 톈궁 우주정거장을 본격적으로 운영하며, 유인 달 탐사, 달 탐사 공정 4기, 그리고 태양계 내 행성 탐사 임무를 수행
- 2단계(2028~2035년): 달 표면에 과학 연구 기지를 건설하고 태양계 외곽까지 탐사를 확장하며, 금성 대기의 샘플을 채취해 지구로 귀환하는 임무
- 3단계(2036~2050년): 대형 과학 임무 5건과 중소형 임무 25건 등 총 30건의 우주과학 프로젝트를 실행

이러한 흐름 속에서 예산 부족에 시달리는 서방의 국제우주정거장이 폐쇄된다면, 지구 상공에는 중국의 우주정거장만이 유일하게 떠 있게 될지도 모른다.

한편 선저우 18호의 우주인들을 지상으로 귀환시키기 위해서는 새

로운 우주선이 다시 발사되어야 했다. 2024년 10월, '선저우 19호' 유인 우주선이 발사되어 3명의 우주인이 톈궁으로 향했고, 선저우 18호에 탑승해 있던 우주인들과 교대한 후 그들을 무사히 귀환시켰다. 이제 중국에 있어 우주정거장에서의 우주인 교대는 일상적인 일이 되어 가고 있다.

해양 기술

원거리에서 무력을 투사하는 대표적인 수단은 항공모함이다. 현재 세계에서 가장 강력한 항공모함 전단은 미군이 보유하고 있다. 반면 중국의 항공모함은 아직 초기 단계로, 핵추진 기능조차 갖추지 못한 상태다. 물론 지금도 중국 어딘가에서 핵추진 항공모함이 건조 중이라는 이야기가 '도시 전설'처럼 돌고 있긴 하다.

항공모함에서 핵추진이 중요한 이유는 원양 작전 능력 때문이다. 그러나 그에 못지않게 중요한 것은 바로 전자기 투석기, 즉 캐터펄트catapult다. 캐터펄트는 짧은 항공기 갑판에서 전투기를 강하게 밀어내어 이륙을 돕는 장치로, 항공기의 이륙 중량을 좌우한다. 현재 중국의 항공모함에는 캐터펄트가 없어 전투기가 무장을 한 채로는 이륙이 어렵다는 지적이 있다. 그래서 중국의 첫 항공모함 랴오닝함은 경사진 갑판 앞부분을 이용해 전투기를 이륙시키는 방식을 사용했다. 그러나 이 방식은 무기와 연료를 충분히 탑재하기 어려워 실전 대응력이 떨어진다.

캐터펄트 자체도 고도의 기술이지만, 이를 작동시키기 위해서는 막대한 에너지가 필요하다. 인력도 1,000명에 달할 정도로 많이 투입된다. 화석 연료 기반 엔진으로는 이 동력을 감당하기 어렵기 때문에 항공모함은 궁극적으로 핵추진 방식이 요구된다. 그럼에도 불구하고 2024년 12월, 중국은 캐터펄트를 장착한 차세대 076형 강습상륙함 쓰촨함의 첫 진수식을 거행했다. 한 군사 전문가는 "쓰촨함이 전자식 캐터펄트를 활용해 공격 및 정찰용 드론을 이륙시킬 수 있다면, 세계 최초의 '드론 항공모함'이 될 것"이라고 평가했다. 이는 사실상 중국 군부가 076형을 드론 항모로 인정한 발언으로 해석된다.

사실 중국은 이미 핵추진이 아닌 상태에서 캐터펄트를 도입한 바 있다. 국영 방송 뉴스 프로그램에서 최신 항공모함 푸젠함에 탑재된 전자식 캐터펄트를 공식적으로 선보인 것이다. 푸젠함에는 3개의 전자식 캐터펄트가 설치되어 있으며, 갑판 위에는 J-15 전투기로 보이는 함재기가 탑재되어 있었다. 일각에서는 동력 부족으로 기계식 캐터펄트를 탑재했을 것이라는 관측도 있었지만, 푸젠함의 캐터펄트는 전자식으로 확인되었고 이를 통해 연료와 탄약을 충분히 싣고 더 자주 이륙할 수 있게 되었다.

푸젠함은 아직 해상 시험을 거치지 않았으나, 핵추진 없이도 이를 건조했다는 사실은 중국 지도부가 항공모함 확보의 긴급성을 절감하고 있다는 방증이다. 푸젠함이 실전 배치되면 중국은 대양에서 작전할 수 있는 원양 해군을 건설한다는 목표와 2035년까지 최소 6척의 항공모함 전단을 갖추겠다는 목표에 한 발 더 가까워지게 된다.

한편 미국 국방 기술 분석가 알렉산더 게이츠Alexander Gates는 무인 항공기가 공중 우위를 확보할 수 있는 수준에 도달하기 전까지는 드론 항공모함이 본격적인 군사 전략의 전환점이 되기는 어렵다고 평가했다. 방공 시스템과 전자전 능력이 구축된 환경에서는 드론의 작전이 심각하게 제한된다는 이유에서다.

반면 재커리 칼렌본Zachary Kallenborn은 2024년 3월 〈현대전연구소〉 기고에서 드론 군단이 수송선과 상륙정을 공격하고 박격포 역할까지 수행하는 등 거의 모든 임무에 투입될 수 있다고 강조했다. 하지만 그는 동시에 대형 드론 군단은 수송을 위해 특수 설계된 모선에 통합되어야 하며, 이를 유지하기 위해서는 소형 쿼드콥터보다 훨씬 더 많은 기술과 자원, 물류, 유지보수 능력이 필요하다고 지적했다. 결국 중국의 드론 항공모함이 어느 정도 실효성을 발휘할지는 아직 미지수다.

만약 원거리 무력 투사를 위해 항공모함을 보내는 것이 어렵다면, 그 대안으로 고려할 수 있는 것이 바로 대형 드론 선박이다. 중국이 공개한 드론 선박을 보면, 중국국영조선공사CSSC가 건조한 배수량 500톤 규모의 삼중선이 장시간 해상 운항이 가능하다. 범고래라는 뜻을 가진 '후징虎鯨' 함선은 디젤 및 전기 이중 추진 시스템을 탑재해 최대 시속 40노트 이상의 속력으로 4,000해리 이상 항해할 수 있다. 이 무인함은 로켓, 대함 미사일, 함대공 미사일 등 다양한 무기를 탑재할 수 있으며, 후방에는 헬리콥터 이착륙 플랫폼도 갖추고 있다. 말하자면 유인 항공모함에 대응하는 드론 항공모함인 셈이다.

또한 중국은 아직 실용화 이전이지만 잠수함을 구동할 수 있는 새로운 레이저 추진 기술도 개발했다. 이 기술은 머리카락보다 얇은 광섬유를 통해 방출되는 2MW 출력의 레이저로 약 7만 뉴턴의 추력을 발생시킨다. 홍콩의 영문 일간지 〈사우스차이나모닝포스트 South China Morning Post〉 보도에 따르면, 이는 바닷물을 기화시키는 고출력 레이저 펄스를 이용해 발생한 초공동 현상(수중 광섬유 레이저 유도 플라스마 폭발파 추진)으로 작동한다. 이 기술은 물의 저항을 크게 줄이고, 기계적 소음을 제거해 스텔스 능력까지 강화할 수 있는 잠재력을 지닌다. 마치 SF 영화에서 보던 레이저 엔진 기반 잠수함의 모습을 앞으로는 자주 보게 될 것이다.

해양 무력 투사의 마지막 단계는 상륙전이 될 것이다. 대만 해변 가운데 상륙이 가능한 곳은 이른바 '붉은 모래사장'으로 불리는 약 14개 지점뿐이라, 군사적 난도는 매우 높은 편이다. 이에 대비해 중국은 수륙양용 상륙정의 시험 운용을 진행해 왔다. 2025년 1월, 중국 남부의 한 조선소를 촬영한 위성사진에 따르면 상륙정들이 광둥성 잔장시 해안에서 육지까지 뻗어 있는 모습이 포착되었다. 해당 선박들은 이 시기 처음 관측되었으며, 위성 영상에는 다양한 건조 단계에 있는 여러 유형의 바지선 5척이 확인되었다.

해군 분석가 H. I. 서튼 H. I. Sutton은 국제 해군 전문 매체 네이벌뉴스 Naval News에서 이 바지선들의 선체 길이가 최대 180m에 달해 민간용으로 보기에는 과도하게 크다고 평가했다. 이들 바지선은 최대 3척이 결합해 총 850m 길이의 다리를 형성하며, 해저에 정박할 수 있는 접이식 다리를 장착해 악천후에도 작전이 가능하다. 이 장비를 통해 중국인민해방군은 대만 어느 해변으로든 상륙 작전을 벌일 수 있을 것으로 보인다.

항공기와 극초음속 기술

중국은 남중국해 등 원거리 무력 투사를 위해 수륙양용 항공기를 개발했다. 2025년 2월 중국은 독자 개발한 대형 수륙양용 항공기 'AG600 쿤룽鲲龙'이 모든 시험 비행을 성공적으로 마쳤다고 발표했다. AG600은 2년에 걸쳐 연구개발 시험 비행, 적합성 입증 시험 비행, 검증 시험 비행 등 3단계에서 총 2,014회 출격, 1만 648회 시험 포인트, 3,560시간의 비행을 완료해 국내 신형 대형 항공기 시험 비행의 신기록을 세웠다. 중국 정부는 AG600의 개발 성공이 국가 경제 발전은 물론, 항공 및 해양 전력의 강화에도 큰 의의가 있다고 자평했다. 이제 중국은 남중국해, 동중국해의 산호초 기지 등 해상 어디든 무력을 투사할 수 있는 기반을 갖추게 되었다.

중국은 현재 독자적인 제트 엔진 기술도 보유하고 있다. 민수용으로 독자 개발한 1,000kW급 첨단 터보 샤프트 엔진 'AES100'은 고효율, 저연비, 긴 수명, 높은 안전성이라는 특성을 갖추고 있으며, 종합 성능 면에서 국제 수준에 도달했다고 평가된다.

전통적인 엔진 외에도 항공용 하이브리드 동력 시스템도 개발 중이다. 중국항공엔진그룹 中国航空发动机集团 은 독자 개발한 100kW급 하이브리드 동력 시스템의 프로토타입 비행 시험을 2025년 3월 내몽골 자치구 시린궈러 리그 샹황반의 신바오라거 공항에서 성공적으로 수행했다. 전문가들은 해당 시험에서 비행 플랫폼과 하이브리드 시스템이 정상 작동했으며, 모든 지표가 설계 목표를 충족했다고 밝혔다. 이번 시험의 성공은 향후 상용화 및 고출력 하이브리드 전기 추진 시스템 개발의 기술적 기반을 마련한 것으로 평가된다.

항공기와 극초음속 기술은 미중 간 군사 경쟁에서 중요한 분야 중 하나다. 그 이유는 극초음속 미사일이나 전투기를 상대로 효과적인 방어 수단이 존재하지 않기 때문이다. 특히 극초음속 기술에서는 중국과 러시아가 미국보다 앞서 있다는 평가가 많다. 이 속도를 구현하기 위한 가장 핵심적인 요소는 극초음속 엔진과, 그 엔진을 고열로부터 보호하면서도 안정적으로 형태를 유지할 수 있는 소재 기술이다.

2025년 2월, 중국은 표준 항공유를 사용해 마하 16까지 비행 가능한 엔진을 개발했다고 발표했다. 이는 그야말로 게임 체인저라 할 수 있는 기술적 돌파였다. 베이징에 있는 풍동 터널 'JF-12'에서는 고도 40km 이상, 마하 12 이상의 극초음속 비행 환경을 시뮬레이션할 수 있다. 이 시설에서 최근 일반적인 상업용 등유인 RP-3 제트 연료를 사용해 지속적인 경사 폭발파 Oblique Detonation Wave를 생성하는 데 성공했다고 한다. 이를 통해 기존 스크램제트 scramjet 엔진보다 1,000배 빠른 연소 속도와 마하 6에서 마하 16 사이의 작동 능력을 입증했다.

기존 공기 흡입식 엔진은 이 속도에서 안정성을 유지하지 못하고 진동을 일으킨다.* 게다가 새로운 엔진은 스크램제트보다 연소기 길이가 85% 짧아 항공기의 무게를 줄이고 비행 거리를 늘릴 수 있다고 한다. 우리에게 다행스럽게도 이 기술은 아직 실용화 단계는 아닌 것으로 보인다.

중국은 과거 러시아로부터 제트 엔진을 도입한 후 리버스 엔지니어링을 통해 기술을 습득했는데 일부는 기술 도용이라고도 본다. 그러나 러시아는 군사 기술의 지식재산권을 출원하지 않는 전통이 있어, 이를 중국이 이용할 것이라고는 예측하지 못했을 것이다. 트럼프 대통령은 러시아가 미국의 극초음속 기술을 훔쳤다고 주장했지만, 현재로서는 오히려 중국과 러시아의 기술이 미국을 앞서고 있다는 평가도 나온다.

---

* 중국이 적용한 세계 최초의 ODE(Oblique Detonation Engine) 방식은 연소실이 커야 하고 화재의 우려가 있는 스크램제트 방식과 달리 충격파를 활용한다. 중국 엔지니어들은 연소기 벽에 5mm 돌출부를 의도적으로 배치함으로써, 초고속 충격파에 의해 촉발되는 자기 유지형 '폭발 다이아몬드'를 유도할 수 있다는 것을 발견했다. 폭발 다이아몬드란 초고속 충격파에 의해 촉발되는 마이크로초 안에 연소를 완료하는 폭발이다. 마하 9의 테스트 결과, 폭발 지점에서 주변 수준의 20배에 달하는 압력 스파이크가 발생해 대부분의 스크램제트가 거의 구동할 수 없는 속도 영역에서 상당한 추력을 생성할 수 있는 것으로 나타났다.

극초음속 항공기나 미사일은 그 속도에서 발생하는 극심한 열과 진동을 견디기 위해 특수 소재가 필요하다. 이에 중국은 극초음속 비행체 표면 소재 개발에 성공했다고 발표했다. 인민해방군에 따르면 해당 소재는 비행 중에 발생하는 충격파를 양력으로 전환하는 웨이브라이더 waverider 설계를 적용했으며, 매끄러운 표면은 내부 부품의 열을 낮추는 동시에 무선 신호의 자유로운 송수신을 가능하게 해 비행 중에도 목표 식별과 통신이 가능했다고 한다. 이는 미국이 열 문제로 극초음속 기술 개발에 어려움을 겪고 있는 상황과 비교되며, 중국이 기술 경쟁에서 우위를 확보하고 있음을 보여준다고 인민해방군은 강조하고 있다.

또한 인민해방군은 극초음속 비행의 가장 큰 난제인 열을 제어하는 냉각 장치 개발에도 성공했다고 발표했다. 해당 냉각 장치는 최대 2시간 30분 동안 작동할 수 있어 항공기에는 아직 적용이 어려울 수 있지만, 미사일에는 충분한 시간이다. 구조도 간단하고 히트 파이프나 부스터 펌프와 같은 복잡한 부품이 없어 원가가 낮다. 또한 재사용이 가능하며, 비행 전 깨끗한 물만 보충하면 되는 점이 특징이다.

이러한 기술적 성과들이 집약된 사례로 중국은 신형 극초음속 항공기 'GDF-600'을 개발했다. 이 항공기는 마하 7의 속도, 200~600km의 항속거리, 빠른 다중 표적 타격 능력, 전자 공격 능력 등을 갖추고 있어 태평양에서 대만과 미군에 심각한 위협이 될 수 있다.

한편, 칭화대학교는 마하 20으로 날아오는 극초음속 미사일 10발을 정밀하게 추적할 수 있는 레이저 기반 레이더를 개발했다고 발표했다.

지상 기반 시뮬레이션에서 이 레이더는 초당 7km로 이동하는 미사일의 거리를 오차 28cm, 속도는 99.7%의 정확도로 추정했다고 한다. 이 시스템은 레이저를 활용해 주요 노드 간 정보 전송 속도를 빛의 속도로 끌어올렸으며, 이를 통해 미국의 극초음속 미사일도 요격 가능하다는 가능성을 열었다. 우리나라가 탄도미사일 전력의 핵심인 '현무' 미사일만을 믿고 있어서는 안 되는 이유다.

스텔스 기술 공방

보이지 않는 전투의 시작

현대전 시나리오에서 스텔스 전투기는 밤사이 적진 깊숙이 침투해 주요 타격 목표를 제거하는 핵심 전력으로 간주된다. 미국은 'F-22' 시대를 지나, 'F-35'라는 스텔스 전투기를 개발해 자국은 물론 동맹국에도 배치했다. 'B-21 레이더'라는 신형 스텔스 전략 폭격기도 롱 레인지 스트라이크 폭격기Long Range Strike Bomber 프로그램의 일환으로 미국 방위업체 노스럽그러먼Northrop Grumman이 개발 중이다.

러시아뿐 아니라 중국도 스텔스 전투기를 개발했다. 대표적인 기종은 'J-20'이다. J-20의 성능과 스텔스 능력에 대해서는 군사 전문가들 사이에서 평가가 엇갈리지만, 중국이 일정 수준 이상의 스텔스 기술을 확보하고 있음은 부정할 수 없다. 2024년 11월 중국은 신형 스텔스 전투기 'J-35A'를 공개했다. 이로써 중국 공군은 J-20과 J-35A 두 기종의 스텔스기를 동시에 운용하게 되었으며, 이는 미국이 F-22와 F-35를 동시에 보유한 이후 세계에서 두 번째 사례다.

특히 기존에 있던 J-20은 무장을 탑재한 상태로는 항공모함에서 이륙하기 어려웠으나, J-35A는 이륙이 가능한 함재기로 평가되어 향후 양안 전쟁의 향방에 큰 영향을 미칠 수 있다.

중국의 스텔스 기술 수준을 보여주는 또 다른 예는 항공기 전체가 아닌 주요 부위를 보호하는 새로운 플라스마 스텔스 장치다. 과거에는 비행체 전체에 플라스마 구름을 형성해 레이더 반사를 무력화하는 방식이 사용되었지만, 이 기술은 표적 탐지에 특히 취약한 항공기의 특정 부위, 예를 들어 레이더 돔, 조종석, 흡입구 등에 집중해 적용할 수 있다는 점에서 진일보한 방식이다.

이 장치는 두 가지 방식으로 개발되었다. 첫 번째 방식은 항공기 표면에 방사성 동위원소를 코팅한 뒤, 이 동위원소가 고에너지 광선을 방출하도록 유도해 주변 공기를 이온화시키는 것이다. 이렇게 생성된 밀도 높은 플라스마층은 레이더 전파를 산란시킨다. 그 결과 신호 반사가 줄어들어 탐지를 어렵게 만든다.

두 번째 방식은 고주파 고전압 전류를 이용해 항공기 외부의 공기를 직접 이온화해 플라스마 영역을 만드는 방법이다. 이 방식은 플라스마의 생성과 유지가 비교적 안정적이고 유연하다는 장점이 있다. 특히 조절이 가능해 특정 비행 조건이나 작전 환경에 맞춰 플라스마 밀도와 형성 위치를 실시간으로 제어할 수 있다는 점에서 실용성이 높다.

중국은 스텔스 드론 'GJ-11 샤프 소드 Sharp Sword'의 개발에도 박차를 가하고 있다. GJ-11은 타격, 정보, 감시, 정찰 임무를 위해 설계되었으며, 향후 유인 스텔스기 J-20과 연합 작전을 펼칠 가능성이 크다. 이는 한국의 가오리 드론이 보라매와 함께 작전하는 개념과 유사하다. 항공 분석가 파스 사탐 Parth Satam은 꼬리날개가 없는 구조와 상부 흡입구 구조가 고高스텔스성을 뒷받침하며, GJ-11은 중국의 075형 상륙 강습함에서도 작전할 수 있어 활용도가 높다고 평가했다.

2024년 12월에는 중국의 차세대 6세대 전투기로 추정되는 실험기 영상이 SNS에 공개되었다. 해당 기체는 꼬리날개가 없는 가오리형 삼각형 동체를 갖추고 있으며, 청두의 군사 매체 국방시보 國防時報가 은행잎 사진과 함께 "정말 나뭇잎 같다"라는 문구를 게시해 간접적으로 시험 비행 사실을 인정했다는 분석이 나온다.

눈앞에 없는 적을 찾아라

스텔스 기술 발전과 함께 필연적으로 따라붙는 것은 스텔스 탐지 기술이다. 중국은 베이더우 위성 항법 시스템의 신호를 활용해 F-22 등 스텔스 전투기를 탐지하고 추적하는 '신개념 수동 레이더'를 개발하고 있다.

베이더우 위성은 지구 정지궤도에서 강력한 위치 신호를 지구로 송출

한다. 이 전파는 항공기보다 훨씬 높은 고도에서 수직에 가깝게 하향 전파되기 때문에, 일반적인 레이더와 달리 스텔스기가 이를 회피하거나 흡수하기 어려운 각도로 작용한다. 이로 인해 스텔스기는 전파를 굴절시키거나 일부 반사하게 되고, 이러한 미세한 반향 신호를 분석하면 탐지가 가능해진다. 중국은 이러한 미세한 반향 신호를 수집하고 분석해 비행체의 존재 여부와 위치, 형태까지도 유추할 수 있는 기술을 확보했다고 주장하고 있다.

스텔스 항공기는 기본적으로 레이더에서 발사된 전파를 난반사시켜, 레이더 기지로 되돌아가는 반사 신호를 최대한 줄이는 방식으로 탐지를 회피한다. 또한 기체 표면에는 전파 흡수 소재를 적용해 반사 자체를 억제한다. 여기에 더해, 열과 전자기 에너지를 집중적으로 방출하는 제트 엔진의 배기구는 특수 설계 또는 덮개 구조로 처리해 적외선 감지와 레이더 반사를 동시에 줄이도록 한다.

이와 같은 방식으로 스텔스 항공기의 레이더 반사 면적을 극단적으로 줄일 수 있다. 하지만 이러한 기술은 대부분 지상의 레이더로부터 수평 방향으로 날아오는 전파에 대한 대응이다. 위성에서 수직 방향으로 내려오는 전파에 대해서는 스텔스 기체가 거의 무방비 상태다. 위성 레이더에서 수직으로 조사되는 고주파 전파는, 스텔스 항공기라고 해도 구조적으로 피할 수 없는 방향에서의 반사면을 노출하게 된다. 전파가 기체를 완전히 투과하지 않는 한, 위성 감시로부터는 완전한 은폐가 사실상 어렵다.

하지만 신개념 수동 레이더 기술은 관측 장비의 위치를 드러내는 전파를 전혀 송출하지 않기 때문에 기존의 능동형 레이더 기지처럼 역탐지를 당할 위험이 없다. 따라서 스텔스기의 조종사는 자신이 이미 정밀 추적되고 있더라도 이를 전혀 인지하지 못한 채 비행을 계속할 수 있다. 이는 수동형 레이더 기술의 가장 큰 강점 중 하나다.

이 기술은 수신 안테나만으로 구성되어 설치가 간편하고 비용이 저렴하다. 또한 지구상의 거의 모든 지역에 배치가 가능하다는 장점이 있다. 물론 스텔스기에서 굴절된 신호는 나무, 건물, 기타 구조물 등에서 반사되어 강한 간섭과 잡음을 일으킬 수 있다. 이에 따라 중국의 우주마이크로파통신국가핵심연구소 NKLSSM는 기준 안테나 없이 단일 채널로도 스텔스기를 식별할 수 있는 '블라인드 탐지 blind detection' 알고리즘을 개발했다.* 이 알고리즘의 시뮬레이션 결과, 스텔스 표적의 거리, 방향, 속도 세 가지를 무선 잡음과 구분해 내는 데 성공했으며, 현재는 현장 테스트 단계에 있다. 이 기술이 실전에서 유용한 성능을 보일 경우,

---

* 이것은 독특한 알고리즘 덕분에 가능했다고 한다. 1991년 당시 유고슬라비아의 수도 베오그라드의 컴퓨터 과학자였던 고란 지바노비치는 전자기 신호에 숨겨진 주기적 주파수를 감지하는 새로운 방법을 발명했다. 이 알고리즘이 발표된 후 지바노비치는 학계에서 사라졌고, 1년 후 유고슬라비아라는 국가 자체가 없어졌다. 그의 연구는 거의 주목을 받지 못했고 지난 15년 동안 그의 논문을 인용한 서양 과학자는 없었다. 그러나 중국에서는 그의 아이디어가 높이 평가되어 레이더, 통신 및 수중음파탐지기와 같은 분야에서 널리 적용되었다는 것이다. 이 사실은 우리에게는 잘 알려지지 않은 기초 과학 성과가 냉전 시대에 묻혀 있던 것이 지금 재조명될 수 있다는 사실을 깨닫게 해준다. 과연 우리는 구공산권 국가의 과학기술 수준에 대해 얼마나 알고 있을까?

미국이 스텔스 전력을 기반으로 구축한 대중국군사 우위는 본질적으로 재조정될 수밖에 없다. 우리는 지금, 소수 과학자의 성과가 전 세계 지정학을 바꾸는 시대에 살고 있다.

이와 유사한 방법으로, 첨단 적외선 탐지 시스템을 갖춘 성층권 비행선을 띄워 스텔스 항공기를 약 2,000km 떨어진 거리에서 식별하는 기술이 개발되고 있다. 초고도에서 탐지하는 방식은 같지만 기술적으로는 적외선 신호를 감지한다는 점에서 차이가 있다. 왜 적외선 신호일까? 스텔스 전투기 자체는 적외선을 감출 수 있지만, 엔진에서 나오는 배기가스는 열을 감출 수 없다는 점에 중국 과학자들은 주목했다.

중국과학원 산하 창춘광학정밀기계및물리연구소^{CIOMP}의 연구원들은 가상의 전투 시나리오에서 F-35 전투기의 적외선 신호를 분석해 냈다. 스텔스 전투기는 레이더 흡수 코팅과 외부 기체 온도를 섭씨 7.85도까지 낮춰 기존 탐지 방식으로는 효과적인 감지가 어려웠다. 그러나 엔진 배기가스 온도는 약 섭씨 1,000도까지 올라가며, 기체보다 약 3배 강한 중파 적외선^{Mid-Wave Infrared}을 방출한다. 이로 인해 20km 상공을 비행하는 무인 비행선이 항공기의 측면이나 후방에서 나오는 열 신호를 1,800km 이상 거리에서도 포착할 수 있었다고 한다.*

스텔스 도장 기술 측면에서도 흥미로운 접근이 있다. 중국은 한^漢나

---

* 대기 간섭이 최소화된 2.8~4.3 마이크로미터 파장 범위에 초점을 맞추고 수은-카드뮴-텔루르 검출기와 300mm 구경 망원경을 배치함으로써 감지할 수 있었다고 한다.

라 시대 직조기에서 이와 관련한 새로운 해법을 찾아냈다. 전투기의 경우 고속 비행이나 사막의 모래폭풍 등으로 인한 미세한 마모만으로도 스텔스 성능이 급격히 저하될 수 있다. 실제로 비행시간당 6만 달러 이상이 소요되는 레이더 흡수성 물질을 약 3주마다 다시 발라야 하는 실정이다.

이에 대해 중국항공우주과학공업공사와 천진공업대학교의 연구진은 전기를 흐르게 하는 특수한 실을 사용해, 양면에서 전파를 흡수할 수 있는 정밀한 직물 구조를 만들었다. 이 구조는 8~26GHz 범위의 레이더 전파를 90.6% 흡수하는 뛰어난 성능을 보인다. 이 소재는 '고대 패턴과 현대 전자기학의 결합'이라 불린다. 이들은 전통 자카드 직조기처럼 레이더를 무력화하는 기하학적 구조를 직물의 매트릭스에 직접 내장했는데, 바로 한나라 시대 직조기가 사용하던 구조다. 이 구조에서 석영 섬유는 유전체 기반층을 형성하고, 스테인리스 스틸 실은 전자기 에너지를 열로 변환해 방출하는 공진 회로를 형성한다.

수중 전쟁의 미래

스텔스 기술은 하늘뿐 아니라 육지와 바다에서도 적용되고 있다. 원래 중국 핵잠수함은 소리가 너무 시끄러워 트랙터라는 별명이 있었는데 이제는 제대로 된 스텔스 잠수함이 나오고 있다고 한다. 중국의 잠수함 기술과 탐지 능력의 급속한 발전은 미국의 오랜 해저 전쟁 우위에 도전하고 있으며 실제로 태평양에서의 주요 잠수함 작전에 위협이

되고 있다. 최근 중국의 신형 핵추진 공격 잠수함에는 이전에는 미국의 최신 잠수함에서만 볼 수 있었던 소음 저감 기술인 '제트 펌프 추진 시스템'이 장착된 것이 관측되었다고 한다.

중국의 039C형 위안급 잠수함은 능동형 소나Sonar 탐지를 피하고자 각진 외형으로 설계되었고, 이러한 스텔스 AIPAir Independent Propulsion(수중 무부상 작전 시스템) 잠수함은 세계 최초라고 한다. 039C형의 설계는 중주파 소나(중간 주파수의 수중 음파를 이용한 탐지 장비)에 효과적으로 대응할 수 있게 설계되어, 적 함선의 탐색과 판별을 어렵게 만든다.

또한 중국 연구진은 테라헤르츠 대역의 전파를 이용한 새로운 잠수함 탐지 기술을 개발했다. 테라헤르츠 대역은 전파 생성 자체가 어려웠지만, 중국의 6G 기술이 앞서 나가면서 이제는 구현이 가능해진 것이다. 이를 기반으로 컴퓨터 모델링을 통해 핵잠수함에서 발생하는 미세한 기포를 감지할 수 있게 되었다. 이는 6G가 단순한 통신 수단을 넘어서, 국가안보를 위한 핵심 기술이며 상대 시스템을 파괴할 수 있는 수단이기도 하다는 인식을 준다. 따라서 우주 공간에서의 작전 능력도 불가피하게 요구된다.

현재 잠수함 탐지 기술은 음향뿐 아니라 다양한 방식이 동원되고 있다. 미국, 중국, 대만 등은 이미 수중 드론을 실전에 배치했다. 중국은 남중국해와 괌 인근 등 전략적 해역에 '수중 만리장성Underwater Great Wall'이라 불리는 수중 센서 네트워크를 구축해 적의 잠수함을 탐지하는 능력을 높였다. 또한 미국 해군은 세계 곳곳에 수중 인터넷을 포설 중이며 동아시아 해역은 이미 미국과 중국의 통신 신호가 교차하는 공간이 되었다.

이뿐만 아니라 중국은 '벡터 수중 청음기Vector Hydrophone'도 개발했다. 이 장비는 음파의 압력과 입자 운동을 모두 감지할 수 있도록 다양한 방향으로 배열된 센서를 장착하고 있다. 이 기술은 북극해에 적용되고 있으며, 수집된 신호가 베이더우 위성을 통해 실시간으로 전송될 가능성도 제기되고 있다. 현재 남중국해, 동중국해, 대만 해협 해저에는 중국의 수중 청음기가 광범위하게 설치되어 있을 가능성이 크다.

음향 외에도 중국은 비음향 대잠수함 탐지 기술로 자기 잔류Magnetic Residual를 추적하는 방법을 개발했다. 중국 연구진은 미 해군의 시울프급 잠수함이 항해 중 남기는 자기장을 공중 자력계Aeromagnetic Gradiometer를 통해 감지할 수 있다는 사실을 밝혀냈다. 이 기술은 잠수함이 해수 속에서 유발하는 이온 흐름과 해역 주변의 미세한 자기장(지자기장) 간의 자기 상호작용을 추적하는 방식으로, 앞서 소개된 스텔스 전투기의 배기가스를 추적하는 방식과 유사하다.

연구 결과에 따르면, 잠수함의 속도, 크기, 잠항 깊이는 이러한 자기 신호의 강도에 영향을 미친다. 기존의 음향 탐지 방식과 달리 자기 흔적은 쉽게 사라지지 않고 지속되므로 장기적인 추적이 가능하다. 특히 수심이 150m를 넘지 않는 대만 해협과 같은 얕은 바다에서는 음파가 잘 퍼지지 않고 해저와 수면에 반사되어 흡수되는 '음파 채널링Acoustic Channeling' 현상이 발생해 저주파 탐지기의 효과가 떨어진다. 반면 자기 탐지는 이런 수심 조건에서도 안정적인 탐지가 가능하다. 단, 잠수함의 움직임과 자기장의 복잡한 상호 관계로 인해 정확한 위치 추정이 어려웠는데, 중국은 이를 기술적으로 해결해 낸 것이다. 이는 중국이 최근 쏘아 올린 자기장 감지 위성과도 연결된다.

호주국립대학교 국립안보대학원 명예교수 로저 브래드버리Roger Bradbury 등은 AI, 센서, 수중 통신 기술의 발전으로 인해 2050년경에는 잠수함이 쉽게 탐지되어 무용지물이 될 수 있다고 전망하고 있다. 해양 안보 칼럼니스트 라이언 노이하트Ryan Noighart는 미국이 방해 전파, 무인 차량, 자율 시스템을 활용한 방어와 지휘 체계 전환을 통해 잠수함의 생존성과 효율성을 높일 수 있다고 제시했다. 그러나 자기 탐지 같은 신기술이 발전하면서 스텔스 잠수함의 미래가 낙관적이지만은 않다는 평가가 나온다.

그런 가운데 중국은 수중 탐지와 추진 기술을 넘어 수중에서 위성을 공격할 수 있는 고체 레이저 무기 기술까지 개발하고 있다. 중국 해군 잠수함에 메가와트급 고체 레이저를 장착해, 잠항 상태에서 스페이스X의 스타링크와 같은 궤도 위성을 격추할 수 있다는 것이다. 중국 해군 잠수함사관학교는 이러한 유형의 레이저 무장 잠수함이 향후 대량으로 생산되어 다양한 해역에 배치될 수 있다고 전망하고 있다. 이제 잠수함이 위성을 격추하는 시대가 도래하고 있는 셈이다.

공중 기술의
전면전

하늘 위의 전시 인프라, 드론

드론은 중국이 일찍이 전략 기술로 육성해야 할 분야로 주목한 영역이다. 그 핵심 배경은 양안 전쟁 발생 시 대만과 미 함대에 대량 화력을 신속히 투입해야 하지만, 중국의 유인 항공기 성능과 수량이 충분치 않기 때문이다. 더불어 항공모함이 부족하고, 중무장 전투기의 이착륙이 어려운 랴오닝함과 같은 항모는 유인 전투기의 모함으로는 적합하지 않았다. 이로 인해 랴오닝함을 드론 모함으로 전환하는 것이 더 현실적인 선택이었다. 여기에 민간기업 DJI가 세계적인 기술력을 바탕으로 드론의 대량 개발 및 생산 체계를 갖추면서 드론은 곧 중국 전략 기술의 핵심으로 자리 잡았다.

2024년 말 기준, 중국에는 600개 이상의 드론 기업이 활동하고 있으며, 등록된 드론 제품은 1,800여 종, 누적 생산 수량은 170만 대에 달한다. 또한 2024년 1월부터 8월까지 민간 드론의 누적 비행시간이 전년 대비 15.6% 증가한 1억 9,461만 시간을 기록할 정도로 드론은 물류, 농업 지도, 기상 감지 등 다양한 분야에서 이용되고 있다.

2024년 3월에는 기상형 드론 '이룽翼龙-2H'가 구이저우 서부에서 처음으로 인공강우 증강 작전에 투입되어 약 5시간 비행하며 비제, 류판수이, 안순 등의 기타 지역에서 작전을 수행했다. 이는 구이저우 지역에서 기상 무인기가 인공강우 작업을 성공적으로 수행한 첫 사례로, 이후 정기적인 임무 수행도 계획되어 있다. 표면상으로는 민수용 드론이지만, 사실상 군용 목적으로 활용되는 전형적인 군민 양용 기술이다.

화물 운송 드론 분야에서도 발전이 있다. 2024년 8월 쓰촨 자공평민통항공항에서는 날개 길이 16.1m, 높이 4.6m, 적재 용적 12m³, 상업용 적재 용량 2톤의 대형 쌍발 엔진 드론이 첫 비행에 성공했다. 이는 중국 내에서 개발된 국가급 대형 드론 중 최대 규모로, 적재 및 하역의 편리성, 높은 신뢰도, 안전성, 지능형 운용 능력을 특징으로 한다.

중국 항공공업집단공사 AVIC는 2025년 2월 산시 루이랑대무공항에서 중형 화물 드론인 TP500의 2022년형 인증 기체인 'UAV 2002'의 첫 비행을 성공적으로 마쳤다. 이 프로젝트는 무인 화물 물류 및 긴급 구조 등 군민 겸용 목적으로 개발되었으며, 500kg 이상의 화물을 500km 이상 운반 가능하고 자율 비행 시스템을 탑재하고 있다. 저렴한 수명 주기 비용, 안정된 전력 시스템, 이중화 비행 제어 장치를 기반으로 높은 신뢰성과 가용성을 제공한다는 평가다.

군사 작전이라면 일반적인 드론은 속도가 느려 전투가 벌어지고 있는 지역에서 활동하기 어렵다. 이에 따라 중국은 회전 날개를 수직 또는 수평으로 기울일 수 있는 구조의 틸트로터 방식으로 'UR6000' 드론을 개발했다. 민간용으로 설계되었지만, 실제로는 남중국해와 대만 해협의 군사 물류 및 감시 작전을 지원하기 위한 플랫폼이다. 안후이 우후 항공 산업 단지에서 공개된 UR6000은 최대 이륙 중량 6.1톤, 탑재량

2톤, 순항 속도 시속 695km, 항속 거리 1,500km를 자랑하는 본격 수송 드론이다. 이는 미국의 '벨 V-247 비질런트'에 대응하는 기체로 평가된다.

수직 이착륙이 가능한 다른 유형의 드론도 등장했다. 중국과학원 창춘광학역학연구소^{CIOMP}는 세계 최초의 이중 날개 수직 이착륙 고정익^{fixed-wing} 무인 항공기를 독자 개발했다. 이 기체는 80개 이상의 독립적 핵심 특허를 보유하고 있으며, '이중 날개+다중 로터'라는 독창적 공기역학 레이아웃을 적용한 것이 특징이다.

이보다 더 높은 기술 수준의 드론으로는 극초음속 무인기 MD 시리즈가 있다. 2024년 12월 중국과학원은 'MD-22'를 고고도 기구에서 발사해 마하 7에 도달한 뒤 안전하게 착륙해 재사용하는 장면을 공개했다. 추진체는 정확히 밝혀지지 않았지만, 듀얼 모드 램제트 또는 스크램제트일 가능성이 제기된다. 이 드론은 2022년 주하이 에어쇼에서 최초 공개되었으며 항속 거리 8,000km, 탑재 능력 600kg을 갖추었다. 불규칙한 비행경로로 방어가 어려우며, 마하 7의 속도만으로도 이미 기존 방공체계로는 요격이 어려운 수준이다.

이 드론이 실전에 배치되면, 중국 인근 상공에서 마하 7의 속도로 미국 본토까지 비행해 폭탄을 투하한 뒤 다시 중국 내 비행장으로 귀환하는 것도 가능해질 것으로 보인다.

가성비 높은 상업용 드론으로 세계 시장을 장악해 온 중국은 일찍부터 '벌집 드론 전술' 전략을 공언해 왔다. 그리고 마침내 2024년, 군집 공격을 위한 새로운 클러스터 드론을 실물로 개발해 공개했다. 이 새로운 드론은 DJI의 멀티로터multi-rotor 드론과 유사한 외형을 가지고 있으며, 전투 상황에 따라 2대, 3대, 심지어 6대의 소형 드론으로 분리될 수 있도록 설계되었다.

각 소형 드론은 블레이드를 하나씩 장착하고 있음에도 불구하고 일반 드론처럼 공중에서 정지하거나 자유롭게 이동하며, 서로 간에 통신도 가능하다. 또 각각은 명령 수신, 감시, 추적, 공격 등 역할을 나눠 수행하며, 협업을 통해 임무를 완수할 수 있다. 연구 팀은 분리 이후의 비행 효율이 기존 소형 드론보다 40% 이상 높다고 밝혔으며, 이는 하나의 결합 드론이 어떤 비행 상태에서도 단일 드론보다 우수한 성능을 발휘할 수 있음을 처음으로 입증한 결과라고 강조했다.

본격적인 군용 드론으로는 GJ-11 샤프 소드가 있다. 위성 사진에 따르면 신장 서부의 말란 공군 기지에서 두 대의 GJ-11이 포착되었으며, 이는 유인 플랫폼과 항모 작전의 통합을 위한 실전 배치를 의미한다. 중국 해군은 GJ-11을 항모에 통합 중이며, 이는 무인 드론이 해전과 공중전에서 핵심적 임무를 수행하게 될 징후로 읽힌다.

또한 중국은 참수 작전을 위한 고속 회전 날개 드론을 개발 중이다. 이 드론은 5,000m 고도에서 비행하며, 전투 정밀 공격과 미사일 탑재가 가능하다. 2025년 5월 시험 비행 예정이며, 평평한 유선형 기체에 앞뒤 날개 길이가 9m, 10.4m이고 하이브리드 동력 시스템, 4개의 팬, 후방 프로펠러로 구성되어 있다. 최대 탑재량은 180kg이며, 단거리~중거리 공대지 미사일 2기를 장착할 수 있다.

중국 항공공업집단공사의 신형 대형 제트 드론 주톈九天은 총 8개의 무장 포드(무기 장착 장치)를 장착할 수 있으며, 여기에 벽력 12AE 공대공 미사일과 TL17 공대지-대해 미사일을 포함해 다양한 무기들을 탑재할 수 있다. 아직 구체적인 데이터가 공개되지 않은 대형 순항미사일 LYV501 모델과 초음속에 가까운 CM400AKG 공중 발사 탄도미사일 등도 탑재 가능하다는 점이 확인되었다.

이 중 CM400AKG 공대지 탄도미사일은 극초음속급에 가까운 속도로, 정밀 타격 및 방어 회피 능력을 갖춘 최신형 무기다. 관계자에 따르면 "주톈은 6톤의 적재 능력을 가지고 있으며, 동체 중앙에는 이형 벌집형 미션 베이(임무용 격실)를 갖추고 있어 소형 자살 드론 군집을 탑재할 수 있을 것으로 예상된다. 공중에서 이를 전개할 경우 작전 반경과 타격 규모가 크게 확장될 수 있어 '드론의 공중 모함' 역할을 할 수 있다"라고 전했다.

드론과 헬기에 사용되는 엔진 개발도 기술적으로 독립적으로 이루어지고 있다. 'AES100'과 'AES20'은 중국이 독자적으로 개발한 첨단 민간용 터보 샤프트 엔진으로, 주로 민간 헬리콥터에 설치되어 농업과 임업 식물 보호, 대기 오염 모니터링, 교통 감독 등의 분야에 활용된다. 중국 항공개발AECC 항공엔진연구소에 따르면, AES100은 2025년 생산 라이선스를 취득할 예정이며, AES20 역시 곧 첫 비행을 앞두고 있다. 이와 함께 3톤에서 10톤 사이 드론에 장착 가능한 'AEP100' 엔진도 2025년 첫 비행 예정에 있다. 이 엔진은 10.8톤급 드론에 탑재될 세계 최대 규모의 엔진으로 평가받는다.

이제 미국의 최신 스텔스 드론 개발이 중국에 비해 상당히 뒤처졌다는 평가가 나오고 있다. 차세대 항공 우위를 결정짓는 핵심은 바로 항공기의 '표면 통제 기술'이다. 이는 기체 표면에서 레이더 반사 면적과 적외선 방출을 최소화하면서 기동성과 에너지 효율을 높이는 기술로, 기존의 방향타, 플랩, 꼬리 날개 같은 구조물 대신 유체 시스템을 이용해 제어하는 방식을 의미한다.

미 국방부도 이 점을 인지하고 있었지만, 2023년에 이르러서야 국방고등연구계획국DARPA이 X-65 프로그램을 승인하는 등 대응 속도가 매우 더뎠다. 중국 국방과학기술대학교의 뤄정빙罗振兵 교수는 "미국은 이미 중국의 유체 시스템 기술에 몇 년이나 뒤처져 있다"라고 말했다.

전시에는 물류 인프라가 될 저고도 경제

중국 정부는 양회, 삼중전회 같은 국가 전략 문서에서 반드시 '저고도 경제'라는 키워드를 집어넣는다. 저고도는 지표면에서 1,000m, 즉 1km 이하의 고도를 뜻한다. 항공기는 날 수 없지만 드론 같은 소형 기체는 이 공간에서 자유롭게 비행할 수 있다. 중국은 이 공간을 차세대 경제가 꽃필 '하늘의 땅'으로 보며, 2023년 5,060억 위안 규모였던 시장이 2030년에는 2조 위안 규모로 성장할 것이라 내다보고 있다.

이를 위해 중국은 국가발전개혁위원회 산하에 저고도경제발전국을 신설했다. 지방 정부 중에는 이 저고도 공간의 30년 독점 경영권을 민간에 팔고 있는 사례도 있다고 하니 현대판 봉이 김선달이 따로 없다.

중국의 저고도 경제는 이미 해외로도 번져가고 있다. 중국의 한 드론 배송 회사는 아랍에미리트에서 상업 운영 자격 증명서를 받았고, 분석가들은 상업용 드론 배송 시스템의 세계 시장이 향후 연간 40% 이상 성장할 것으로 예측하고 있다. 우리나라도 '첨단 모빌리티'라는 이름으로 저고도 경제를 12대 국가 전략 기술 중 하나로 지정해 두고 있지만, 이런 쓰나미 같은 중국의 기술 개발에 제대로 대응하고 있는지는 솔직히 의문이다.

저고도 항공기 산업은 전기에너지로 구동되는 eVTOL(전기 수직이착륙 항공기) 분야를 통해 새로운 돌파구를 찾고 있다. 주하이 에어쇼에서 저고도 담당자는 앞으로 eVTOL 유인 항공기가 도시와 도시 사이를 오가는 새로운 교통수단이 될 것이라며, 광둥-홍콩-마카오를 묶는 그레이터 베이 지역 Greater Bay Area에 수백 개의 eVTOL 경로와 수천 개의 이착륙 지점을 설치해 1시간 생활권을 실현할 것이라고 밝혔다.

선전처럼 첨단기술에 진심인 도시는 이미 eVTOL 산업을 본격적으로 밀고 있다. '선전시 저고도 경제의 고품질 발전을 지원하는 특정 조치'를 발표해, eVTOL 및 비행 자동차 산업의 육성, 핵심 부품의 연구개발, 새로운 항공기의 감항 인증, 상업 노선 개설과 운영, 관련 인프라 건설, 산업 지도 기금 설립 등까지 전폭적인 지원 제공을 약속했다.

사실 선전시의 이런 과감한 조치는 광둥성에 본사를 둔 이항亿航이

저고도 무인항공기 개발의 대표 주자이기 때문일 것이다. 현재 이항은 중국민용항공국CAAC의 운항사 인증을 받기 위해 노력 중이다. 텐센트의 한 연구소에 따르면, 미국과 유럽 기업이 인증을 얻고 양산하는 데 20억 달러 이상이 드는 데 비해 중국은 10억 달러 수준이면 된다고 한다. 그만큼 중국이 저고도 경제에 전력을 다하고 있다는 뜻이다. 이항은 자사 제품을 이미 태국 등 해외에 들고 나가 마케팅을 펼치고 있다. 초반에는 관광객 운송용으로 활용되겠지만, 미국이나 중국처럼 국토가 넓거나 육상 교통이 불편한 나라에서는 다양한 용도로 활용될 수 있다.

전기차로 유명한 샤오펑小鹏도 2023년 1월 중국민용항공국으로부터 유인 비행 테스트를 위한 특별 허가를 받았다. 이들이 개발한 '샤오펑 X2'는 8개의 프로펠러로 구동되며 2명이 탑승할 수 있는 드론형 항공기로 최대 고도는 1,000m, 최고 속도는 시속 130km에 이른다.

스타트업들도 속속 시장에 뛰어들고 있다. 2023년 10월, 2톤급 eVTOL 모델 '매트릭스 1'의 처녀비행에 성공한 지리그룹 산하의 워페이창쿵沃飞长空은 2억 위안 넘는 투자를 유치했고, 펑차오콰이디丰巢快递는 중산에 연구·생산 기지를 착공하며 중산시 최초의 eVTOL 프로젝트를 시작했다.

샹윈祥云의 'AS700'은 항공산업특수비행연구소에서 독자 개발한 민간 유인 비행선이다. 최대 항속거리 700km, 최대 비행시간 10시간, 최고 비행 속도는 시속 100km이며, 최대 비행 고도는 3,100m이다. 한 번에 최대 10명을 태울 수 있는 이 비행선은 2024년 3월 첫 비행에 성공했고, 8월에는 장거리 비행까지 마쳤다.

지금 극초음속 전투기가 하늘을 가르는 시대에 무슨 비행선이냐 싶지만, 비행선은 저렴한 비용으로 한 지점에 장시간 머물 수 있어 나름 고유한 쓰임새가 있다. 관광, 항공 광고, 항공 탐사, 테러 방지, 안정 유지, 구조 활동, 해양 감시, 화물 운송 등에서 다양하게 활용된다. 이 회사는 2024년 10월에 이미 12대의 구매 계약을 체결했고, 개발, 생산, 인증, 납품의 전 과정을 모두 마쳤다. 이는 상업 운항이 임박했음을 뜻한다.

저고도 인프라가 속속 갖춰지면서 중국은 인구 밀집 지역과 재난 위험 지역을 중심으로 항공 구조망을 구성해, 도시는 30분, 재난 지역은 1시간 안에 대응할 수 있도록 한다는 계획이다. 이미 베이징에는 중국방재협회 산하의 항공긴급구조지부가 설립되었다. 중국 국무원 산하의 공학 분야 최고 학술기관 중국공정원의 류다중刘大中은 2025년부터 2030년까지 전국 인구 밀집 지역에 대해 30분~1시간 이내 항공 구조 체제를 실현하자고 제안했다.

결국 저고도 경제는 중국 정부의 미래 산업 전략일 뿐 아니라, 도로 없이도 움직일 수 있는 전시 물류 인프라다. 즉 도로나 철도가 끊기더라도 물자와 인력을 수송할 수 있는 체계인 셈이다. 저고도 경제가 충분히 발달해 있다면, 전시 산업 체제도 더 이상 걱정할 필요가 없어진다.

CHINA TECH

6장

겉과 속이 다른 통신 기술

통신전의
전면화

통신은 대표적인 군민 양용 기술이다. 현대전에서 미군의 'EA-18G 그라울러'와 같은 전자전 항공기가 각광을 받는다는 사실은, 역설적으로 정보통신이 전쟁에서 얼마나 중요한지를 보여주는 방증이다.

2023년 12월, 남중국해에 배치된 칼빈슨 항공모함 소속 제136 미 전자 공격대대 지휘관 윌리엄 콜터William Coulter는 지휘 능력에 대한 신뢰 상실을 이유로 미 해군으로부터 해임되었다. 당시 미군은 중국의 055형 구축함인 난창호에 전투기 2대를 접근시켰는데, 그중 1대가 바로 그라울러였다. 그런데 중국인민해방군의 레이더가 EA-18G 그라울러의 전파 방해를 이겨내고, 수직 발사 시스템의 보호 덮개를 여는 방식으로 즉각 대응에 나선 것이다. 이에 따라 미군 전투기와 함정은 물러났다고 한다.

이 사건의 자세한 내용은 공개되지 않았지만, 결과적으로 윌리엄 콜터는 징계를 받았고 반대로 055형 구축함에 탑승한 인민해방군 장교와 수병들은 미국 항공모함 함대를 상대해 성공적으로 대응한 공로를 인정받아 '시대의 사표(모범)'로 중국 정부로부터 표창을 받았다. 누가 이겼는지는 명확하다. 중국인민해방군의 전자 시스템이 미군의 전파 방해 기술을 극복했다고 판단할 수 있다.

물론 단지 시스템의 성능 문제였다면 지휘관까지 처벌받지는 않았을 것이다. 이 사건은 기술적 열세보다는 사람의 판단 문제, 즉 지휘 판단의 실패가 상당 부분 작용했을 가능성이 크다고 생각한다.

하지만 기술적으로도 중국이 일정한 성과를 거둔 것은 사실인 듯하다. 중국 해군은 자국의 레이더가 EA-18G의 복잡하고 다양한 전자기 전파 방해에 효과적으로 대응할 수 있다고 자평했다. EA-18G가 중국 해군 함정을 공격해 올 경우, 각 함정 간 정보가 공유되면서 거대한 킬웹kill web(네트워크 기반 통합 타격 체계)이 형성되고, 이를 통해 단일 자원 간 대결이 아닌 '체계 대 체계'의 탐지 전으로 전환할 수 있다는 것이다.

이러한 설명을 바탕으로 추정하건대, 인민해방군은 자체 레이더 장비들을 통해 그라울러의 전파 방해 공격에서도 각 함정 간 전자 정보를 교환하며 상대의 신호를 해석해 정확한 정보를 조합해 낼 수 있었던 것으로 보인다. 실제로 난창호의 레이더 시스템은 그라울러의 전자 공격에도 불구하고 정상적으로 작동해, 미군 함대의 주요 표적을 탐지했다고 알려졌다.

이처럼 통신 분야에서 미국과의 격차를 점차 줄여가던 중국에 충격으로 다가온 것은 다름 아닌 일론 머스크의 스타링크, 즉 6G 기술이었다. 우크라이나 전쟁 당시 통신 인프라가 붕괴된 우크라이나는 스타링크를 통해 민간은 물론 군사 통신까지 수행할 수 있었고, 이는 전 세계를 놀라게 했다.

만약 중국이 미국과 전쟁을 벌이게 된다면, 스타링크는 중국은 사용할 수 없는 기술일 뿐 아니라, 미국 측은 물론 중국 내에서 미국에 동조하는 세력들이 활용하게 될 가능성도 배제할 수 없다. 그렇게 되면 지금까지 중국이 구축해 온 '인터넷 만리장성Great Firewall'이나 국가 데이터 보안 체계 전반에 심각한 균열이 생길 수도 있다.

중국 내 전문가들은 이에 대비해야 한다는 주장이다. 미국 정부 기관의 대규모 도·감청 작전에 대응할 수 있도록 중국 정부는 물론, 중소기업, 과학 연구 기관, 중요 인프라 운영 기관들이 AI 시대에 걸맞은 정보 보안 체계를 시급히 점검하고 방어 시스템을 구축해야 한다고 강조하고 있다. 이들은 중국이 장기 방어 시스템을 점진적으로 마련함과 동시에, 실제 적용 가능한 보안 모델을 개발해 종합적이고 체계적인 지능형 예방 및 통제를 이루어야 AI 시대의 고도화된 위협에 맞설 수 있다고 주장한다.

물론 미국이 이런 중국의 움직임을 가만히 지켜보고만 있지는 않을 것이다. 그러나 미국이 당장 현실적인 대응책을 내놓기는 쉽지 않아 보인다. 그렇다면 우리나라는 어떨까? 말할 것도 없이, 지금 6G와 같은 첨단 통신 기술 분야에서 거의 무력한 상황에 놓여 있다.

나는 국내 기업들을 탓할 생각은 없다. 지금의 문제는 한두 기업이 어떻게 해결할 수 있는 사안이 아니기 때문이다. 전략 없이 하루하루를 흘려보낸 우리 사회 전체가 각성하지 않는 이상 이 상황은 결코 나아지지 않을 것이다.

사이버 보안은 우리 정부가 지정한 12대 국가 전략 기술 중 하나다. 그러나 미중 간 소리 없는 전쟁이 이미 본격화되고 있는 현실 속에서, 과연 우리가 그것을 국가 전략 기술로서 진지하게 개발하고 있는지는 여전히 의문이다.

곳곳에서 펼쳐지는 정보통신 전쟁

우주 공간의 정보통신 전쟁

중국은 군사적 시각에서 통신 방식에 대한 시뮬레이션 분석을 수행했는데, 저궤도 위성을 활용한 우주 공간의 전자전이 향후 정보 전쟁에서 중요한 수단이 될 것이라는 결론에 도달했다.

시뮬레이션에서는 미국 항공모함 전단이 전속력으로 해상을 질주하고 있다는 가정하에, 항공모함의 작전 반경을 1,000km로 설정했다. 그리고 1,200km 떨어진 거리, 즉 아직 미 항모의 공격 범위에 들어오지 않은 지점에서 중국이 극초음속 대함 미사일을 발사하는 것으로 설정되었다. 이 미사일은 고도 200km 이상으로 상승한 후 미군 군함을 향해 돌입하는데, 미군은 발사 후 10분이 지나야 이를 레이더로 포착할수 있으며, 그때면 미사일은 이미 50km 지점까지 접근한 상태가 된다.

이 과정에서 중국의 미사일은 미국 항모 상공에 배치된 복수의 저궤도 전자전 위성의 지원을 받는 것으로 설정되어 있었다. 미 합참의장 마크 밀리Mark Milley는 중국의 극초음속 무기 실험에 대해 "우리의 모든 관심을 끌고 있다"라고 발언한 바 있는데, 이는 장차 양안 충돌 시 실질적인 승패가 6G 기반의 전자전 기술에 의해 결정될 수 있다는 말로 해석할 수 있다.

대표적인 6G 저궤도 위성통신 시스템인 일론 머스크의 스타링크는 전 세계에 충격을 주었다. 스타링크는 우크라이나가 전쟁으로 국가 통신망이 붕괴된 상황에서도 민간과 군사 양쪽의 통신 수단으로 활용되었다. 이로 인해 저궤도 위성통신을 보유한 국가와 그렇지 않은 국가 사이의 격차가 어떤 양상으로 벌어질 수 있는지를 명확히 보여주었다.

스타링크는 일주일에 45기의 위성을 제작할 수 있으며, 한 달 기준으로는 240기 이상의 위성을 발사할 수 있는 능력을 갖추고 있는 것으로 알려져 있다. 스페이스X는 수백 개의 정찰 위성으로 구성된 스파이 위성 네트워크를 구축 중인데, 이는 미국 국가정찰국NRO과 2021년에 체결한 18억 달러 규모의 계약에 따라 스페이스X의 스타쉴드Starshield 사업부에서 수행되고 있다. 현재 미국 국방부는 팰컨Falcon 9 로켓을 통해 군용 탑재물을 우주로 운반하는 스페이스X의 주요 고객 중 하나다.

이처럼 스타링크가 예상치 못한 방식으로 활용되는 모습을 지켜본 중국은 커다란 위기감을 느꼈다. 이에 대응해 중국은 5만 기 이상의 저궤도 위성을 발사해 독자적인 글로벌 통신 네트워크를 구축하겠다는 계획을 세웠다. 이는 중국의 지상파 이동통신망 커버리지가 전국 기준 30%를 넘지 못하는 현실적인 한계도 함께 반영한 대응으로 보인다.

동시에 중국은 스타링크를 무력화하기 위한 전략도 병행하고 있는데, 그중 하나가 우주 공간을 향해 특수 제작된 핵폭탄을 보내는 방식이다. 성층권 밖, 즉 스타링크 위성들이 떠 있는 방향을 향해 영향력을 집중시켜 폭발시키면, 대기권 안에는 피해를 주지 않으면서도 미국의 위성들을 무력화할 수 있다. 이 방식은 이미 실험이 이루어졌고 실용화 작업에 돌입한 것으로 알려져 있다.

중국의 저궤도 6G 위성통신 핵심 프로젝트는 중국위성통신집단CSNC이 슝안신구에서 주관하는 '궈왕성좌国网星座'다. 이 프로젝트를 통해 2035년까지 약 1만 3,000기의 저궤도 위성을 발사할 계획이며, 중국의 베이더우 위성항법 시스템과 결합해 드론 관제 등 다양한 군사 목적에도 활용될 전망이다. 2024년 12월, 궈왕성좌 프로젝트의 첫 번째 위성이 발사되었으나 구체적인 발사 수량은 공개되지 않았다.

궈왕성좌 위성은 스타링크와 몇 가지 중요한 차이를 갖는다. 스타링크가 주로 고도 340~550km의 저궤도에서 운용되는 데 비해, 궈왕성좌 위성은 약 1,100km의 높은 궤도를 돈다. 지표면과의 거리가 멀어지면 통신 능력이 더 강력해야 하고, 이를 위해 위성 자체도 더 커지고 무거워져야 한다. 실제로 스타링크 1세대 위성의 무게는 60~295kg, 최신형 스타링크 V2 미니는 약 800kg에 이른다. 반면 궈왕성좌 위성의 무게는 공개되지 않았지만, 전문가들은 1톤 이상으로 추측한다.

이처럼 대형 위성을 궤도에 안정적으로 안착시키기 위해서는 새로운 설계가 필요하다. 궈왕성좌 위성의 탑재체는 동심원형의 2개 층으로 구성되어 있으며, 중앙 지지 실린더를 중심으로 수직 및 방사형의 특별한 공간을 갖춘 페어링 구조로 설계되었다. 1차 위성을 분리한 이후에는 자세를 조정해 2차 위성을 추가 배출하는 방식이다. 위성이 작든 크든, 각각의 조건에 맞는 발사 기술이 따로 요구된다는 점을 시사한다.

중국은 스타링크에 대항하기 위해 궈왕성좌 외에도 상하이에서 '첸판千帆' 프로젝트를 추진하고 있다. 이 사업은 국영기업인 상하이치신위성과학기술유한공사 上海垣信卫星科技有限公司가 주도하고 있으며, 2024년 말 기준으로 이미 54기의 인터넷 위성을 발사했다.* 첸판 프로젝트는 한 번에 18기씩 위성을 우주 궤도에 쏘아 올렸으며, 2025년까지 약 650기의 위성을 추가 발사하고 2027년에는 본격적으로 인터넷 서비스를 시

---

* 처음 이 위성체가 발사되었을 때, 위성체를 궤도에 성공적으로 배출한 직후 로켓이 폭발하는 사고가 발생한 적이 있다. 우주 폐기물을 추적·모니터링하는 미국의 민간 기관 스페이스 트래커스(Space Trackers)는 현재까지 최소 700개 이상의 파편이 발생한 것으로 추정하고 있으며, 또 다른 우주 감시 기업인 레오랩스(LeoLabs)는 그 수가 900개를 넘을 수 있다고 보고하고 있다.

작할 계획이다.

중국 언론은 이 프로젝트를 '중국판 스타링크'라고 부르기도 한다. 누군가는 '공식 짝퉁 스타링크인가?'라고 생각할 수도 있지만, 정식 명칭은 'G60 스타링크 프로그램'이다. 이 계획은 1,296기의 위성 발사가 확정되어 있고, 장기적으로는 1만 4,000기까지 발사를 확대해 광대역 멀티미디어 네트워크를 구축하겠다는 구상을 담고 있다.

이러한 인터넷 위성통신 이외에도 중국은 저궤도 데이터 통신 위성 시스템인 '텐치성좌天啟星座' 프로젝트도 병행하고 있다. 이는 중국 최초의 협대역 사물인터넷 위성 시스템으로 총 38기의 저궤도 위성으로 구성되어 있다. 2024년 5월, 중국은 산둥 앞바다에서 해상 발사형 로켓 '구션싱谷神星 1호'를 이용해 텐치성좌의 25~28번 위성을 예정된 궤도에 성공적으로 진입시켰다.

텐치성좌는 사람 간의 통신이 아니라 기계 간 통신을 위한 위성 시스템이다. 그렇다면 중국이 위성을 통해 통신할 기계란 과연 무엇일까? 나는 자연스럽게 미사일이나 각종 무기 시스템이 떠오른다.

이처럼 위성 발사는 항공우주 기업만의 영역이 아니다. 2024년 2월에는 자동차 기업인 지리그룹의 자회사인 지스페이스가 제작한 위성 11기를 쓰촨성 시창 위성발사 센터에서 '장정 2C' 로켓에 실어 발사했다. 이는 2022년 중반에 9기를 발사한 데 이은 두 번째 발사다.

지스페이스는 무인 자동차와의 연결을 통해 다양한 부가 기능을 제공할 목적으로 위성 네트워크를 구축 중이며, 위성은 지구 상공 약

600km 궤도에 배치되고 있다. 지스페이스는 2025년까지 총 72기의 위성을 배치하는 1단계 목표를 세우고 있다. 이처럼 일론 머스크와 경쟁하려면 이제 자동차 회사조차 위성통신망을 갖춰야 하는 시대가 되었다.

민간기업인 베이징란젠훙커과학기술 北京蓝箭鸿擎科技도 이 흐름에 뛰어들었다. 이 기업은 '훙후 鸿鹄 3호'라는 이름의 저궤도 위성통신망 구축 계획을 국제전기통신연합에 제출했는데, 그 목표 수량은 무려 1만 기에 달한다.

중국이 막대한 자금을 투입해 이러한 저궤도 위성을 쏘아 올리고는 있으나, 스타링크와 같은 글로벌 시스템과 경쟁할 수 있을지는 불확실하다. 왜냐하면 일론 머스크에게는 '재사용 로켓'이라는 강력한 무기가 있기 때문이다. 위성을 궤도에 올리는 데 드는 비용에서 엄청난 격차가 발생하기 때문에, 이 경쟁 구도에서 중국이 따라잡기란 현실적으로 쉽지 않다. 그래서 중국도 결국 자국산 재사용 로켓 개발로 방향을 잡는 것이다.

저궤도 위성이 지상과의 통신에 집중하고 있다면, 기존 위성 기술의 발전 또한 멈추지 않고 있다. 인허항공우주 银河航天는 차세대 통신 위성의 축소 모델과 위상 배열 안테나 등을 개발 중이며, 이는 위성과 직접 연결되는 휴대전화 및 첨단 통신 기술을 지원하는 데 사용될 수 있다. 해당 위성은 비행기에서도 통신이 가능하며, 안테나와 태양 전지판이 일체화된 구조로 설계되었다. 유연한 태양열 날개를 통해 에너지를 공급받는 대형 에너지 위성도 곧 현실화될 수 있다는 의미다. 이처럼 우주에서도 정보 고속도로 구축은 가속화되고 있다.

겉으로 보기에는 중국의 위성 발사 규모가 미국을 압도하는 듯하지만, 실제로는 그렇지 않다. 업계 전문가들에 따르면 현재 6G 통신에 필요한 핵심 반도체는 최소 5나노미터 이하의 정밀도가 요구된다. 참고로 5G 단말기 경쟁력을 갖추려면 7나노미터 이상의 기술이 필요했으며, 이는 현재 상황과 유사하다. 그러나 미국의 기술 제재로 인해 중국의 반도체 생산 기술은 7나노미터가 한계다.

이로 인해 중국의 6G 장비는 더 큰 반도체를 탑재해야 하며, 이를 보완하려면 위성이 더욱 저궤도로 내려와야 하고, 지상과의 거리를 줄여야 한다. 하지만 이렇게 되면 필요한 위성의 수가 기하급수적으로 늘어나며, 회전 속도도 빨라져 위성 자체의 부담이 커진다. 즉, 기술적 병목 현상을 해결하지 못하면 중국은 스타링크와 같은 체계를 갖춘 미국과의 경쟁에서 불리할 수밖에 없다.

이러한 흐름에 따라 위성 데이터 통신 단말기 분야의 기술 개발도 빠르게 진행되고 있다. 중국의 위성 인터넷 단말기 제조업체인 네트워크 플룸 网翎이 개발한 민간용 위성 인터넷 단말기의 무게는 4.5kg에 불과하며, 가격은 기존 위성 안테나의 10분의 1 수준이다. 기존 위성의 통신 속도가 10Gbps 미만이지만, 이 고속 단말기의 속도는 수십 Gbps에서 최대 수백 Gbps에 이를 수 있다고 한다.

이 단말기의 안테나는 방위각과 피치pitch 각도 조정이 완전히 자동화되어 전체 연결 및 조정 과정이 몇 분 이내에 완료된다. 설치와 사용이 간편하면서도 고속, 고정밀의 통신을 제공할 수 있다는 점에서 향후 군사, 민간 분야 모두에서 활용도가 높아질 것으로 보인다.

중국은 이러한 자체 위성통신 시스템을 이용해 세계 최초로 위성을 통한 원격 수술에 성공하기도 했다. 사람의 생명을 다루는 수술에서 가장 큰 위험 요소 중 하나는 바로 시간 지연이다. 의사의 손끝 신호가 위성을 거쳐 수술 기계에 도달하기까지 미세한 시차라도 생기면, 아차 하는 순간 환자의 생명을 잃을 수도 있다. 그러나 중국의 위성통신 기술은 이러한 시차 문제를 수술이 가능할 수준으로 획기적으로 개선했다. 이는 단지 의료 분야에 그치지 않는다. 중국이 향후 공중, 육상, 해양에서 무인기들을 집단으로 조종해 작전을 펼치는 '벌집 드론 전쟁'도 현실화할 수 있다는 점을 시사한다.

무시무시하지 않은가? 나는 마치 저벅저벅 우주로 진격하는 중국의 군홧발 소리가 귓가에 들리는 듯하다. 그리고 내가 이 글을 쓰고 있던 베이징 시간 2025년 2월 11일 오후 5시 30분, 중국은 장정 8호 개조형 운반 로켓을 이용해 원창 우주 발사장에서 위성 인터넷 저궤도 02 그룹 위성을 성공적으로 발사했다. 이 위성은 예정된 궤도에 정확히 진입했고, 발사 임무는 완전히 성공했다. 이 임무는 장정 운반 로켓 시리즈의 559번째 비행이었다.

지상의 정보통신 전쟁

아직 전쟁이 전면적으로 벌어진 것은 아니지만, 미국과 유럽, 중국 간의 스파이 전쟁은 점점 더 치열해지고 있다. 미국 언론에 따르면, 연방수사국FBI이 수사 중인 중국 관련 스파이 사건은 수천 건에 달한다. 이들 간의 주요 전장은 사이버 분야다. 2023년 여름에는 중국 해커 집단의 공격으로 인해 미 행정부 고위 인사들의 이메일이 유출되었고, 미국 내 주요 인프라 시설들이 중국 해커에게 침입당한 사실도 드러났다.

이에 대해 중국 국가안전부는 미국 중앙정보국CIA과 영국 국방정보국DNI 관련 간첩 사건을 거론하며, "반간첩 투쟁의 정세는 엄중하고 복잡하다. 국가안전 당국은 직책을 다하며 우리나라의 주권과 안전을 강력히 지켜냈다"라고 성과를 자랑했다.

중국은 이러한 정보전을 국가적 차원에서 체계적으로 대응하고 있다. 국가 기밀법을 개정해 적용 범위를 첨단기술 산업 전반으로 확대하고, 군사 시설 인근 지역의 보안도 한층 강화했다. 2024년 5월부터 시행된 개정안은 국가 기밀 보호에 도움이 될 수 있는 신기술의 연구와 적용을 장려하고 지원하며, 정보 보안 제품 업체의 지식재산권 보호에 법적 근거를 마련해 주었다. 국가 기밀법과 데이터 보안법 간의 연계도 더욱 강화되었다.

2021년 6월에 제정된 데이터 보안법에 따르면, 외국의 사법 기관은 중국 당국의 허가 없이 중국 국민에 대한 데이터를 요청할 수 없다. 개정된 국가 기밀법은 이러한 흐름에 따라 모든 국민이 국가 기밀을 보호

할 책임이 있다는 점을 분명히 하고 있다. 특히, 국가 기밀은 아니지만 유출 시 심각한 영향을 줄 수 있는 '업무상 비밀'에 대해서도 예방 조치가 적용되도록 했다. 이로써 중국 내 기업은 미국 정부의 정보 요구를 사실상 거부할 수 있게 되었다.

미국은 중국의 대만 침공 가능성을 파악하기 위해 중국 내 정보 수집이 필수적이라고 주장하지만, 시진핑 정권은 집권 2기부터 반간첩법 등 국가안전 관련 법률을 통해 통제를 더욱 강화하고 있다. 나 역시 개인적인 사정으로 중국 통신 인프라와 깊이 관련된 이들과 접촉할 기회가 있었는데, 그들 말에 따르면 미중 간의 상호 해킹은 규모와 빈도 면에서 사실상 전쟁 상태나 다름없다고 했다. 내가 "이건 전쟁 같군요"라고 말했더니, 그들은 "같군요가 아니라, 우리는 전쟁 중입니다. 적어도 사이버 공간에서는 말이죠"라고 대답했다.

미국의 싱크탱크인 민주주의수호재단 FDD은 국가의 사이버전 능력을 강화하기 위해 미 사이버군 창설을 촉구하는 보고서를 발표했다. 이 보고서에서는 미국 사이버군을 미국 우주군과 유사한 독립 부대로 설립할 것을 권고했는데, 그 모델로는 이스라엘의 8200부대가 언급되고 있다. 이 부대는 신호정보 SIGINT를 담당하는 정보 수집 부서에서 출발해, 외국 적들의 동향을 감시하고 공격 시점을 파악하는 임무를 수행한다. 현재는 수천 명의 병력이 상시 근무하는 이스라엘군 내 최대 규모 부서 중 하나로, 정보기관 아만 Aman의 일원으로 기능하고 있다.

러시아, 중국, 이란, 북한 등 정부의 후원을 받는 해커 집단들이 챗

GPT를 포함한 생성형 AI를 사이버전에 활용하고 있다는 점도 주목할 만하다. 마이크로소프트와 오픈AI는 이러한 국가 주도의 사이버 공격에 대한 보고서를 통해, 챗봇이 안티바이러스 소프트웨어를 우회하거나 공격 대상을 속이는 데 사용되고 있다고 밝혔다. 북한 해커 그룹 '에메랄드 슬릿Emerald Sleet'과 이란 혁명수비대 계열 '크림슨 샌드스톰Crimson Sandstorm'은 피싱에 활용할 수 있는 대화형 스크립트를 생성하기 위해 챗GPT를 사용한 것으로 확인되었고, 중국과 연계된 것으로 알려진 '차콜 타이푼Charcoal Typhoon' 조직은 취약점 탐지 및 공격 가능성 예측에 챗GPT를 활용하고 있다.

군 부대 외 민간 영역에서도 정보 전쟁과 스파이 전쟁은 실재한다. AP통신은 2024년 2월, 중국 국가안전부, 공안부, 인민해방군을 위해 활동해 온 상하이 소재 정보 보안 회사 안쉰安洵이 내부 문건 수십 건을 유출당했다고 보도했다. 이 문건들은 중국의 대규모 사이버 공격, 해외 스파이 활동, 대만·영국·태국·북대서양조약기구NATO 등의 기관에 대한 해킹 사례를 상세히 담고 있는데, 내부 고발자가 유출한 것으로 추정된다. 해당 문서에는 중국 정부가 반체제 인사들을 감시하고, 해커를 동원해 외국 정부를 공격하며, 소셜미디어를 통해 친중 여론을 확산시키는 구체적인 방법들이 서술되어 있었다. 안쉰은 중앙아시아, 동남아시아, 홍콩, 대만 등의 네트워크를 해킹하고 국가로부터 대가를 받은 정황도 확인되었다. 공개 이전까지 안쉰은 자사 웹사이트에 공안부, 11개 성 보안국, 40여 개 대도시 공안기관을 고객으로 기재하고 있었다.

이처럼 현대의 전자전과 정보전은 단순한 해킹을 넘어서 위성, 암호화 기술, 양자 통신, 해독을 위한 AI까지 포괄하는 복합적 양상으로 전개된다. 미국이 중국의 기술 발전을 저지하고, 화웨이 등의 관련 기업들을 제재하는 이유도 여기에 있다.

이런 정보전에 일반 시민들도 예외는 아니다. 이제는 누구나 스마트폰으로 고화질 사진을 찍으며, 일상에서 '픽셀pixel'이라는 말을 흔히 접한다. 픽셀은 이미지의 최소 단위이기 때문에 더 이상 세분화할 수 없다고 여겨져 왔다. 그러나 위성에서 지상 군사 이동을 촬영하는 고해상도 스파이 카메라에는 훨씬 더 정밀한 픽셀이 필요하다.

중국과학원 우주정보혁신연구소는 2024년 11월, 픽셀 분할 이미징, 즉 오버샘플링over-sampling 기술 개발에 성공했다고 발표했다. 이 기술은 기존 픽셀 해상도의 한계를 넘어서, 일부 픽셀 센서를 사용하더라도 고정밀 이미지를 구현할 수 있도록 한다. 1,000×1,000 해상도의 센서를 이용해 5,000×5,000 픽셀 수준의 영상을 실현할 수 있다는 것이다. 앞서 언급한 고고도 정찰 위성이나 스텔스 탐지 기술과 맞물려 볼 때, 매우 중요한 기술적 진전이다.

화웨이는 2023년 8월에 출시한 '메이트 60 프로' 스마트폰에 7나노미터 반도체와 더불어 위성통신 기능을 탑재했다. 화웨이의 경쟁사인 아너디바이스荣耀终端의 '매직 6 프로'와 오포欧珀의 '파인드 X7 울트라' 역시 2024년 1월 출시되며 위성통신 기능을 선보였다. 위성 통화 서비스는 아직 기술적 제약과 높은 비용으로 인해 대중화되기엔 이르지만, 이들 신제품이 위성 기능을 탑재한 배경은 주목할 만하다.

메이트 60 프로는 중국 내에서만 사용할 수 있으며, 위성 통화를 이용하려면 차이나텔레콤中国电信 가입이 필요하다. 기본료 월 10위안에 통화 요금은 50분 기준 200위안부터 시작하는 요금제가 책정되어 위성 통신 단말기로서는 비교적 저렴한 편이다. 그리고 지상파 통신 기준으로는 무제한 5G 데이터와 음성 통화를 훨씬 저렴하게 이용할 수 있기 때문에 전략적 목적이 크다고 볼 수 있다.

국제 시장 조사 기관 IDC는 "위성통신은 지금은 큰 문제가 아닌 것처럼 보이지만, 이미 민간뿐만 아니라 국가 간 우주 경쟁이 시작되고 있기 때문에 깊은 의미를 지닌다"라고 평가했다. IDC는 이러한 기술을 자동차 산업에 접목해 차량 통신 시장에서 새로운 가치 제안을 가능하게 할 것이라고 덧붙였다. 이는 사실상 일론 머스크의 구상과 동일하며, 지리가 자사 위성을 발사하는 이유이기도 하다.

그러나 한 전문가는 중국 위성 기업들이 여전히 해외에 대규모 기지국을 설치하는 데 어려움을 겪고 있으며, 위성 통화는 지상국 없이는 실현될 수 없다고 지적했다. 상대방과 위성 통화를 하려면 지상 기지국의 위성 접시 안테나가 상대방의 전화 신호를 포착하고 위성과 연계되어야 하기 때문이다. 해외에 기지국이 없다면 현지 통신 사업자의 인프라를 활용해야 한다. 외국과 협력하지 않는다면, 이러한 위성 폰은 사실상 중국 내 통화나 같은 중국 위성 폰 간 통신으로 한정된다. 결국 중국의 위성 폰은 해외 파견자, 바다와 섬에 있는 자국민이 현지 통신망을 거치지 않고 본국과 직접 연결하는 용도로 설계된 것이다.

특히 주목할 점은 차이나텔레콤 산하의 퀀텀그룹量子集团이 화웨이의 메이트 60 프로에 탑재한 양자 비밀 통화 기능이다. 이 기술은 중국산 칩과 자국에서 독자적으로 개발한 양자 보안 미들웨어quantum-secure middleware를 기반으로 통화 내용이 실시간 암호화되는데, 이는 미국이나 첩보 동맹인 파이브 아이즈의 도청 시도에도 저항할 수 있는 수준이라는 것이 중국의 주장이다.

중국이 이런 통신 장비를 개발하는 목적은 무엇일까? 나의 판단으로는 위성 폰이 중국 정부 고위 관계자나 전략 부대에 우선 보급될 것이고, 궁극적으로는 수만 명 규모의 해상 민병대에게도 제공될 가능성이 크다. 이들은 동중국해와 남중국해 일대에서 정찰과 초기 작전의 선봉 역할을 담당하고 있으며, 위성 폰은 이들에게 매우 중요한 통신 수단이 될 것이다. 단순한 기능 추가가 아니라, 해상과 도서에서의 실시간 작전 능력을 확보하기 위한 국가적 무장이라는 점에서, 이 기술은 앞으로 중국의 전략을 실현하는 데 중추적 역할을 할 것이다.

러시아와 우크라이나의 전쟁 중에도 통신 안보 문제는 주요 이슈로 떠올랐다. 러시아 하원인 국가두마Duma의 정보정책·기술·통신위원회 부위원장 안톤 고렐킨Anton Gorelkin은 애플과 구글의 스마트폰이 원격으로 차단될 가능성을 언급하며, 도난 기기를 차단하는 것과 유사한 메커니즘으로 자국의 통신기기가 무력화될 수 있다고 경고했다. 실제로 애플은 2022년 3월 1일, 우크라이나에서 군사 특별 작전이 시작된 직후 러시아에 대한 제품 공급을 중단했고, 구글의 러시아 자회사는 같은 해 5월에 파산 절차에 들어갔다. 이런 사례를 보더라도, 중국이 통신 안보에 집착하는 것은 결코 기우라고 할 수 없다.

나 역시 과거 중국 공안 소속 통신 연구 기관과 협의했던 많은 경험을 돌이켜 보면, 그들의 대비는 단지 통신 수단의 보호를 넘어서는 것이었다. 예컨대 은하우주방주연구소银河航天方舟实验室가 차세대 통신 위성을 개발 중이라는 보도가 나왔을 때, 관련 사진은 공개되지 않았다. "너무 발전된 기술이라 보여줄 수 없다"라는 설명이 붙었지만, 내가 보기에 진짜 이유는 해당 위성에 탑재된 군사적 기능이 이미지 자체로 드러날 수 있기 때문이었다. 이 위성은 위상 배열 안테나와 태양열 집열 날개가 통합된 형태로, 차세대 6G 위성의 중핵이 될 가능성이 높다.

연관된 기술로, 중국은 '우주선 광 스위칭 기술'이라는 첨단 장비를 Y7 운반 로켓으로 궤도에 올려 테스트한 바 있다. 이 기술은 광신호를 전기 신호로 변환하지 않고 빛 자체를 거울처럼 반사해 다른 지점으로 전달한다. 실험 결과 이미지 데이터는 손실 없이 전송되었으며, 초당 40Gbps의 속도를 구현했다. 전파가 아닌 광학 기반이기에 도청 가능성이 매우 낮고, 전송 속도 또한 월등하다.

2021년 7월, 중국군사 전문 매체인 〈중국군사공업中国军工〉은 재사용 가능 우주선의 시범 비행 도중에 통신 성공 소식을 보도했는데, 영상에는 단 세 줄의 텍스트와 배경음만 담겨 있었다. 이에 대해 중국 측은 "너무 발전된 기술이라 보여줄 수 없다"라고 재차 설명했다. 이 일련의 흐름은 위성 기술이 평화로운 시기에도 중요하지만, 전시에는 결정적인 전략 자산이 된다는 점을 시사한다.

하지만 전시 상황에서는 위성통신만으로는 충분하지 않다. 국지전 환경에서는 현장 밀착형 고성능 통신 체계가 필수적이다. 중국은 이를 대비해 세계 최초의 모바일 전장용 5G 기지국을 차이나모바일中国移动과 인민해방군이 공동 개발해 공개했다. 이 기지국은 반경 3km 내에서 최소 1만 명에게 고속, 저지연, 안정적인 통신 서비스를 제공할 수 있으며, 복잡한 산악이나 도시 지형에서도 시속 80km로 기동 중인 병력에 10Gbps의 총처리량과 15밀리초 이하의 지연 시간을 유지할 수 있도록 설계되었다.

중국은 이 통신 체계를 기반으로 대규모 무인 전투 병력을 운용하려 한다. 현재 중국은 세계 최대 규모의 무인 군대를 구축 중이며, 이 네트워크를 통해 드론, 로봇 군견, 자동화 병기 등 1만 개 이상의 무인 플랫폼을 하나의 전장에 투입할 수 있는 능력을 확보하고자 한다.

군에서 사용하는 데이터 링크는 무기 체계의 통합과 지능화가 고도화될수록 없어서는 안 될 필수 불가결한 기술이다. 만일 적국의 선제공격으로 우리 측 통신 체계가 무력화된다면, 그 자체로 사실상 반격이 불가능한 상태가 될 수 있다.

이처럼 통신 장비의 방어력 확보는 군사 작전의 성패를 좌우하는 요소이며, 이에 따라 중국군은 자국 데이터 링크 하드웨어가 핵 공격 상황에서도 생존할 수 있는지를 검증하기 위한 엄격한 장비 성능 테스트를 실시했다. 이 테스트에서는 기존 군사 표준의 한계를 훨씬 뛰어넘는 조건이 적용되었다.

테스트 시나리오는 고고도 전자기 펄스^{HEMP, High-altitude Electromagnetic Pulse} 공격을 가정한 것이었다. 이는 성층권, 즉 지상 수십 킬로미터 상공에서 핵폭탄이 폭발하는 상황으로, 사람에게는 해를 끼치지 않지만 지상의 전자 장비에는 치명적인 피해를 줄 수 있다. 고에너지 전자는 핵폭발과 함께 생성되어 안테나, 케이블, 심지어 환기구를 통해 통신 대피소 내부로 침투하게 되며, 전선, 반도체 칩, 기타 전자 부품에 광범위한 손상을 유발할 수 있다.

중국은 이 시나리오를 바탕으로 한 현장 실험에서 전자기 펄스의 강도를 미터당 80kV로 설정했다. 이는 미국과 중국 양국의 군사용 EMP 내성 통신 장비 기준인 미터당 50kV보다 60%나 더 높은 수준이다. 이 강도는 실제 핵폭발 환경을 모의하는 데 있어 상당히 높은 수치로 간주한다.

시뮬레이션 결과, 중국의 통신 시스템은 강한 전자기 펄스에 일시적으로 중단되었으나 빠르게 복구되는 것으로 나타났다. 이는 곧 중국이 고고도 전자기 펄스 공격에서도 작전 통신 체계를 유지할 수 있는 기술적 능력을 갖췄다는 것을 의미한다.

만약 이 기술이 실전에서도 유효하다면, 중국이 고고도 전자기 펄스 공격을 감행할 경우 서방 국가 대부분의 통신 체계는 큰 타격을 입을 수 있다. 특히 우리나라처럼 미군과 동일한 통신 시스템을 사용하는 국가들은 반드시 이에 대한 방어 능력을 갖추고 대비해야 할 것이다.

중국의 새로운 전략, 차세대 인터넷

중국은 2024년 10월, 세계 최초로 테라헤르츠 대역 무선 통신 기술을 사용해 1.2km 떨어진 곳에 고화질 비디오 신호를 전송하는 데 성공했다. 우리가 일반적으로 사용하는 와이파이Wi-Fi의 주파수 대역은 2.4GHz이다. 주파수 대역이 높을수록 더 빠른 전송 속도를 낼 수 있지만, 주파수 대역이 높아질수록 파장이 짧아져 빛에 가까워지고, 그로 인해 직진성이 강해져 송수신 장비가 서로 마주 보아야 하는 한계가 생긴다. 반면, 직진성이 강해지면 에너지 손실은 줄어들고 효율은 높아진다. 동시에 정보 보안성도 향상된다.

이번 실험에서의 신호 전송 강도는 10마이크로와트μW에 불과했는데, 이는 일반적인 휴대전화 기지국 출력의 약 100만분의 1 수준이다. 그만큼 저전력으로도 효율적인 통신이 가능하다는 의미다. 이는 곧 중국이 차세대 무선 통신 기술을 선도하고 있다는 강력한 증거 중 하나다.

중국이 추진하는 또 다른 핵심 프로젝트는 '산업 인터넷'이다. 2024년

1월, 중국 정부는 산업 인터넷 식별 및 분석 시스템 구축을 위한 '관통 贯通 행동 계획(2024~2026년)'을 발표했다.* 이는 산업 인터넷 식별 및 분석 시스템을 경제와 사회 전반에 적용하려는 야심 찬 계획이다.

이 시스템은 크게 두 부분으로 구성된다. 첫 번째는 식별 코드 시스템이다. 이는 산업 인터넷의 각 물리적 개체(예: 부품, 기계, 제품)와 디지털 개체(예: 알고리즘, 프로세스 기록, 핵심 데이터)에 전 세계에서 고유하게 부여되는 '신분증' 혹은 '출입 번호'에 해당한다. 두 번째는 분석 시스템이다. 이 식별 코드로 네트워크 주소를 인식하고 관련 정보를 통합 조회해 정확한 위치를 파악한다. 이 시스템은 서로 다른 시스템 간, 기업 간, 지역 간 공급망 전반의 프로세스를 관리하고 추적하며, 네트워크 기반의 정밀 협업까지 지원한다. 이 시스템이 전면 도입되면 중국의 산업 체계는 언제, 어디서나, 누구와도 실시간으로 통신하고 협업할 수 있게 된다.

중국정보통신연구원CAICT에 따르면 현재까지 산업 인터넷 식별 및 분석 시스템을 위한 '5+2'** 구조의 국가 상위 노드가 모두 완성되었다. 2차 노드는 국가 상위 노드에 370개가 연결되어 있으며, 기업 노드는 45만

---

* 《工业互联网标识解析体系"贯通"行动计划(2024—2026年)》

** '5+2'는 중국이 구축한 산업 인터넷 식별 및 분석 시스템의 국가 상위 노드 체계를 의미한다. 여기서 '5'는 베이징, 상하이, 광둥, 장쑤, 저장 등에 설치된 5개의 일반 국가급 최상위 노드를, '2'는 특정 산업이나 지역 수요에 대응하는 2개의 특수 응용 노드를 가리킨다. 이 체계는 산업 전반에 걸친 식별 코드의 발급과 관리, 데이터 흐름의 통합과 추적, 공급망 협업을 가능하게 하는 핵심 인프라로 작동한다.

개 이상이 접속되어 있다. 이 가운데 2차 노드는 31개 성省과 47개 산업을 포괄하고 있고, 등록된 식별 로고는 총 6,130억 건에 이른다. 또한 국가 최상위 노드의 하루 평균 해상도 처리 건수는 1억 5,000만 회에 달한다. 이는 산업 인터넷이 이미 중국 내에서 빠르게 현실화되고 있음을 보여주는 수치다. 곧바로 중국의 산업 생산성 향상으로 이어질 것이며, 우리 기업들이 이미 경쟁에서 밀리고 있는 가운데 이러한 기술 격차는 점점 더 벌어질 수밖에 없다.

중국은 이제 인터넷 기술을 수중 영역으로까지 확장하고 있다. 2024년

| 중국의 수중 통신 개념도 |

출처: 360doc.com

8월, 중국 과학자들은 화웨이가 개발한 데이터 인코딩 방식을 이용해 수중 통신 테스트를 진행했고, 30km 떨어진 곳에서 전송된 데이터를 성공적으로 수신하는 데 성공했다. 이는 당시까지 세계 최장 거리였던 NATO의 28km 기록을 넘어선 것이다.

실험이 진행된 해역의 수심은 약 3,000m였으며, 해수면 아래 1,000m 지점에 소형 수중 청음기를 설치해 30km 떨어진 선박에서 전송된 신호를 성공적으로 수신했다. 데이터 전송 속도는 초당 4,000bps에 달했다고 한다.

매우 긴 이름을 가진 '3GPP(3세대 이동통신 표준화 기구)의 비즈니스 및 시스템 기술 규격 그룹 SA 제105차 총회'에서 첫 번째 6G 표준화 프로젝트인 '6G 시나리오 사용 사례 및 요구사항 연구 프로젝트'가 공식 채택되었다. 이는 글로벌 6G 표준화 작업이 마침내 실질적인 단계에 들어섰음을 뜻한다. 더불어 중국이 6G 표준을 주도하게 되었다는 점도 의미한다. 결국 차세대 정보통신 시대의 주도권을 중국이 쥘 가능성이 커졌다는 말이다.

나는 예전 어딘가에서 우리나라가 4G, 5G를 선도한다는 이야기를 들은 기억이 있다. 아마도 그건 지난 세기의 일이었을 것이다. 지금 우리는 더 이상 정보통신 강국이 아니다. 우리가 글로벌 과학기술 생태계에서 어떤 위치에 있는지를 뼈저리게 자각해야 할 때다.

유선 인터넷에서도 우리는 중국에 역전되고 있다. 중국은 전국의 데이터를 빠르게 전달하기 위해, 인터넷의 중추 역할을 하는 백본 네트워크backbone network를 북부의 베이징에서 중부의 우한을 거쳐 남부의 광저우까지 구축했다. 이 국가급 고속 데이터망은 총길이 3,000km 이상에 달하며, 1.2Tbps(초당 1.2테라비트), 즉 1,200Gbps의 전송 속도를 자랑한다. 이는 전문가들이 예측했던 '2025년경 1Tbps 시대 도래'보다 앞선 결과로, 중국이 초고속 유선 통신 분야에서 기술적 돌파를 이미 이뤘음을 보여준다.

한편 한국은 2024년 11월, KT가 서울-부산 간 구간에 1.2Tbps 속도를 시범 적용한 상태에 불과하다. 유선 통신 인프라에서도 이제는 중국이 우리보다 한발 앞서고 있다.

중국은 매년 저장성 우전에서 세계인터넷대회 메인 포럼을 개최한다. 이 회의에는 주요 국제기구 수장, 중국 및 외국 정부 부처 대표, 글로벌 인터넷 기업의 리더들, 저명한 전문가와 학자, 언론계 인사 등 약 1,800명이 현장에 직접 참석한다.

이 자리에서는 '글로벌 영 리더 프로그램' 선발자 시상식, '세계인터넷회의 디지털 교육원' 발족식, '세계인터넷회의 싱크탱크 협력 프로그램' 출범식 등이 진행된다. 중국은 이를 통해 자국이 인터넷 분야에서 세계를 이끄는 국가라는 이미지를 전 세계에 각인시키려 한다.

그뿐만이 아니다. 이 대회에서 대규모 상금이 걸린 해커 대회를 열어 전 세계 최고 수준의 해커들을 초청한다. 이들을 고용하기도 하고, 그들이 구사하는 기술을 관찰하며 자국 보안 역량에 활용한다. 말하자면, 중국은 이 과정을 통해 '인터넷 시대의 선도국'으로 자리매김하고자 한다.

양자 컴퓨팅 패권 전쟁

양자 기술 분야에 있어 미국은 독보적인 선두 주자다. 우리나라도 양자 기술을 12대 국가 전략 기술 중 하나로 지정하고 있지만, 양자 컴퓨터, 양자 통신, 양자 센서 등 모든 세부 분야에서 12위에 머무르고 있다.

미국이 1위로 100점 만점을 받은 상태에서, 중국은 양자 컴퓨터 분야 2위(35.0점), 양자 통신 분야 2위(82.5점)로 평가받고 있다. 특히 양자 통신 분야의 경우, 미국이 84.8점으로 평가되어 미중 간 격차가 거의 없을 정도다. 반면 양자 센서 분야에서는 미국이 100점, 중국이 40.9점이며, 한국은 2.9점에 불과하다. 수치만 보아도 기술 격차는 비교 가능한 수준이 아니다.

최근에는 암호화폐, 군민 양용 통신, 인터넷 금융, 스위프트SWIFT와 같은 단어들이 지정학적 의미를 띠기 시작하면서, 양자 기술은 기존과는 다른 전략적 의미를 갖게 되었다. 양자 기술이 발전하면 현재 전 세계적으로 사용되는 암호 기술을 해독할 수 있게 되기 때문이다. 따라서 먼저 양자 기술을 확보하고 암호 키를 해독할 수 있는 능력을 갖추는 국가나 세력이, 글로벌 질서에서 압도적인 영향력을 행사하게 될 가능성이 있다.

양자 컴퓨터

양자 기술의 기반은 결국 양자 알고리즘을 구현할 수 있는 하드웨어, 즉 양자 컴퓨터다.

중국 최초의 24큐비트qubit 양자 컴퓨터 '우위엔悟源'은 초전도 칩 기술을 기반으로 개발되었으며, 2022년경 아직 이름이 공개되지 않은 고객에게 납품된 것으로 알려졌다. 이 컴퓨터를 만든 곳은 오리진퀀텀本源量子으로, 저명한 양자 과학자인 궈궈핑郭国平과 궈광찬郭光灿이 2017년에 설립했다. 오리진퀀텀은 운영 체제, 소프트웨어, 클라우드 컴퓨팅 플랫폼까지 포함된 양자 생태계를 자체적으로 구축했으며, 다양한 초전도 양자 칩도 개발한 바 있다.

중국의 중뎬신양자데이터中电信量子数据有限公司는 2024년 디지털 과학기술 에코 콘퍼런스에서, 최대 비트 수를 자랑하는 단일 초전도 양자 컴퓨터 '톈옌天衍 504'를 공식 발표했다. 이 시스템은 세계 최고 수준의 양자 컴퓨팅 역량을 갖추고 있다.

이어 2024년 4월, 중국과학원의 양자정보및양자과학기술혁신연구소QII는 504비트 초전도 양자 컴퓨팅 반도체 '샤오훙骁鸿'을 퀀텀시테크量子通信科技에 공급했다. 이는 이 회사가 자체 개발한 1,000비트급 측정 및 제어 시스템의 검증용으로 활용되었다.

중국 최대 규모로 알려진 이 양자 컴퓨팅 클러스터는 양자비트(큐비트) 수 기준으로 24큐비트 시스템 1대, 176큐비트 시스템 2대, 504큐비트 시스템 1대로 구성되어 있다. 이 클러스터는 세계 최고 수준의 연산 성능과 함께, 씨큐엘립Cqlib 양자 프로그래밍 프레임워크를 기반으로 한 다섯 종류의 고성능 양자 시뮬레이터를 제공한다. 이 회사는 4개 융합* 컴퓨팅 센터에 톈옌 시리즈 양자 컴퓨터를 공급하고 직접 운영하고 있다.

이제 미국과 중국의 경쟁은 본격적으로 불붙고 있다. 구글이 새로운 양자 컴퓨팅 기술을 발표하면, 곧이어 중국도 연구 결과를 내놓는 등 양국 간 기술 경쟁은 그야말로 치열하다.

2024년 12월, 구글은 슈퍼컴퓨터가 10셉틸리언**년 걸려야 풀 수 있는 문제를 단 5분 만에 해결한 양자 컴퓨터를 개발했다고 발표했다. 셉

---

* 중국에서는 이를 '사산융합(四算融合)'이라는 개념으로 부른다. 여기서 '사산'이란 네 가지 계산 방식을 뜻하는데, 각각 다음과 같다.
  - 통산(通算, Traditional Computing): 전통적인 컴퓨터 계산 방식으로, 일반적인 중앙처리장치(CPU)와 그래픽처리장치(GPU)를 이용한 디지털 연산을 의미한다.
  - 지산(智算, Intelligent Computing): AI, 머신러닝, 빅데이터 분석 등 지능형 계산 방식이다.
  - 초산(超算, Supercomputing): 과학, 천문학, 기후 예측, 신약 개발 등에서 사용하는 대규모 고속 수치 계산 방식이다.
  - 양산(量算, Quantum Computing): 양자 얽힘과 중첩 원리를 이용해 극도로 복잡한 문제를 병렬적으로 처리할 수 있는 차세대 계산 기술이다.

** 1셉틸리언(septillion) = 10^{24}

틸리언은 우주의 나이보다 훨씬 긴 시간으로, 상상조차 어려운 수치다. 구글이 자체 개발한 양자 칩 '윌로우Willow'를 탑재한 이 컴퓨터는, 세계 최강 슈퍼컴퓨터 '프런티어Frontier'가 풀어야 할 문제를 단 몇 분 만에 해결해 냈고, 이 발표 직후 구글의 주가가 급등했다.

구글의 양자 컴퓨터 성과가 눈에 거슬렸던 걸까. 중국 과학자들은 곧바로 구글과 동등한 수준이라고 강조하며 105큐비트 양자 프로세서인 '주총즈祖冲之 3.0'을 공개했다. 중국 연구 팀이 발표한 논문에 따르면, 주총즈 3.0과 구글의 윌로우는 모두 105큐비트를 탑재하고 있으며, 주총즈 3.0은 83큐비트, 32층의 랜덤 양자 회로에서 샘플링을 완료할 수 있는 성능을 입증했다고 한다.

연구진은 이 성능이 현재 최고 수준의 고전 알고리즘과 비교했을 때, 세계에서 가장 빠른 슈퍼컴퓨터보다 1천억 배 빠르며, 2024년 10월 구

| 중국 양자 기술 분야 발전 현황(2023년 기준) |

분야	현황	글로벌 순위
양자 통신	광자 통신 상용화: 4,600km(베이징-상하이 간 양자망 구축)	1위
양자 컴퓨팅	큐비트 보유: 주총즈 2호(56큐비트), 주장(광자, 76큐비트)	2위(미국 다음)
양자 암호	양자 키 분배(QKD) 시장 점유율: 62%	1위
특허 출원	누적 특허 수: 1만 5,000건(전 세계의 40%)	1위

출처: 중국과학원, 중국과학기술대학, 메켄지(McKinsey), 네이처 인덱스(Nature Index)

| 세계 양자 보안 통신 지식재산권 순위 |

2024년 순위	2020년 순위	국가	기업	지식재산권 수
1	4	중국	국방과학기술대 양자기술	210
2	1	중국	루방양자기술	198
3	2	중국	베이징우전대학교	174
4	3	일본	도시바	146
5	5	중국	국가전망공사	117
6	-	중국	매트릭스타임	109
7	6	일본	일본전기주식회사	102
8	12	중국	본위엔양자컴퓨팅기술	99
9	7	일본	일본전신전화공사	98
10	13	중국	칭화대학교	90

출처: 이 자료는 〈닛케이〉 중국어판 웹사이트에 실린 다양한 출처를 바탕으로, 2020년과 2024년의 데이터를 발췌해 저자가 재구성한 것이다.

글이 발표한 최신 결과보다도 100만 배 더 빠르다고 주장했다.

 양자 컴퓨팅 기술은 현재까지 개발된 모든 암호화 기술을 무력화할 수 있는 잠재력이 있다. 그 때문에 이를 먼저 확보한 국가는 금융 보안 체계뿐 아니라 타국의 군사 비밀까지도 해킹할 수 있는 능력을 가질 수 있다. 그래서 미국과 중국이 이 기술에 전력을 다하는 것이다. 현재 중국은 캐나다, 미국에 이어 세 번째로 양자 기술을 기반으로 한 완전한 컴퓨터 시스템을 제공할 수 있는 국가로 평가받고 있다.

초고속 양자 컴퓨팅 기술 관련 특허 공개 건수에서도 이제 중국이 미국을 제치고 세계 1위 자리에 올라섰다. 특히 주목할 만한 사례는, 손오공에서 이름을 따온 양자 컴퓨터 '본위엔오공本源悟空'이다. 이 양자 컴퓨터는 무려 33개국에서 보내온 27만 건의 연산 요청을 실제로 처리해 냈다. 상상 이상의 실전 운용 사례다. 이 기술을 개발한 곳은 중국 안후이에 위치한 본위엔양자컴퓨팅기술本源量子计算科技이라는, 한때 무명에 가까웠던 민간기업이다. 하지만 지금은 중국 양자 기술을 상징하는 대표 주자로 떠올랐다.

국가 전체 차원에서도 중국은 3,217건의 양자 관련 특허를 등록해, 2,740건을 보유한 미국을 공식적으로 앞질렀다. 명실상부하게 '양자 특허 강국'의 타이틀을 거머쥔 것이다.

양자 알고리즘

양자 컴퓨터가 양자 기술을 실행하기 위한 하드웨어적 도구라면, 양자 알고리즘은 양자 기술을 양자 컴퓨터에서 실제로 구현할 수 있게 해 주는 소프트웨어라고 할 수 있다. 즉, 양자 컴퓨터의 계산 능력을 실질적인 응용으로 전환해 주는 핵심 구성 요소다.

양자 알고리즘 이론과 관련해 주목할 만한 연구는 베이징대학교 물리학부 쑨칭펑孙庆丰 교수 팀과 베이징사범대학교 물리천문학부 허린何林 교수 팀에 의해 이루어졌다. 이들은 인공 원자에서 궤도 혼성화orbital hybridisation를 구현한 최초의 연구자로서, 양자 세계에서 원자 조율atomic tuning의 새로운 가능성을 밝혀냈다.

이를 조금 더 풀어 설명하면, 원자들이 결합해 물질을 형성할 때 두 가지 중요한 과정이 동반된다. 첫째는 원자들 사이에 화학 결합이 형성되는 것이고, 둘째는 원자 내부에서 궤도 혼성화가 발생하는 것이다. 쑨 칭펑 교수 팀은 인공 원자의 외형을 조정해 그 대칭성을 깨뜨리는 방식으로, 원자 내부에서 궤도 혼성화를 유도하는 혁신적인 전략을 제안했다. 실제 연구에서는 그래핀의 인공 원자가 원형 구조에서 타원형으로 변화할 때, 전자 궤도가 혼성화되며 새로운 전자 상태가 형성되는 현상을 확인했다. 이는 인공 원자 내에서 궤도 혼성화를 실현한 최초의 사례로 인공 원자 분야의 역사적인 공백을 메운 연구로 평가된다. 동시에 이 결과는 지능형 재료 및 인공 물질 설계에 있어 완전히 새로운 차원의 제어 가능성을 제시하는 성과다.

이론 연구뿐 아니라 실용 측면에서도 눈에 띄는 진전이 있다. 상하이 대학교는 캐나다 디웨이브시스템즈D-Wave Systems가 제작한 양자 컴퓨터를 이용해, 오랫동안 은행과 군사 부문 등에서 널리 사용되어 온 암호화 알고리즘을 뚫는 데 성공했다고 밝혔다. 이 기술은 기존의 보안 체계를 위협할 수 있는 실제적 가능성을 제시했다.*

---

* 이들은 디웨이브 어드밴티지(D-Wave Advantage)를 활용해, AES(Advanced Encryption Standard)의 기반이 되는 SPN(Substitution-Permutation Network, 대체-변이 네트워크) 구조를 가진 대표적인 알고리즘인 프레젠트(Present), 기프트-64(Gift-64), 렉탱글(Rectangle) 알고리즘을 공격하는 데 성공했다.

또한 칭화대학교는 2차원 이온 배열을 기반으로, 국제적으로 알려진 최대 규모의 다중 이온 양자 시뮬레이션 계산을 성공적으로 수행했다. 이는 단일 비트 해상도에서 300개의 이온을 측정한 최초의 실험으로, 대규모 양자 연산 실현을 위한 새로운 기술적 기반을 마련했다는 평가를 받는다.

수학 이론에서도 돌파구가 있었다. 시안교통대학교 수학과 딩진타이 丁津泰 교수 팀은 세계적으로 유명한 양자 저항 암호화 경쟁인 '다름슈타트 국제 공개 최단 벡터 문제 챌린지 Darmstadt SVP Challenge'에서 무려 200차원 퍼즐을 해결하는 데 성공했다. 이와 관련해 중국 양자 암호학계의 권위자인 시요우민 席酉民은 "이번 결과는 양자 저항 암호화 분야에서 의미 있는 돌파구이며, 글로벌 네트워크 보안과 디지털 인프라 구축에 중요한 기술적 수단을 제공한다"라고 평가했다. 딩진타이 교수는 "격자 기반 암호의 보안 수준은 최단 벡터 문제 해결에 필요한 계산 복잡도에 직접적으로 의존한다"라며, 이번 성과의 의미를 강조했다.

또 다른 중요한 성과는 중국과학기술대학에서 이루어졌다. 이 연구팀은 양자 정밀 측정 기술을 활용해, 암흑 물질 dark matter에 의한 스핀-상관 상호작용 spin-dependent interaction을 검출하는 데 성공했으며, 기존 국제 검출 한계를 50배 이상 끌어올렸다.

연구진은 일련의 기술 혁신을 통해 '액시온 창 axion window' 내부에서, 세계 최고 수준의 중성자-중성자 결합 한계를 새롭게 제시했다. 이에 대해 미국 인디애나대학교의 마이클 스노 Michael Snow 교수는 "이번 연구는 자기 증폭magnetic amplification과 신호 템플릿signal template이라는 두 가지 혁신 기술을 도입해, 기존 국제 최첨단 기술 수준을 뛰어넘었다"라고 평가했다.

양자 통신

베이징양자정보과학원BQIS은 2024년 2월 22일, 중국 과학 연구 팀이 단방향 양자 직접 통신 이론을 제시하고, 104.8km 표준 광섬유 구간에서 168시간 연속 통신 실험을 성공적으로 수행했다고 발표했다. 이 실험은 전송 속도가 초당 2.38kbps로 유지되었을 뿐만 아니라, 양자 직접 통신 개념을 실용적인 시스템으로 구현하는 데 성공했다는 점에서 의미가 크다. 이로써 양자 직접 통신은 단순한 이론적 개념에서 실제 응용 가능한 통신 기술로 전환되기 시작했다.

양자 직접 통신은 칭화대학교의 롱구이루龙桂鲁 교수 팀이 처음 제안한 개념이다. 이 방식은 양자 상태를 이용해 통신 내용을 직접 전달함으로써, 도청 감지와 차단, 기존 네트워크와의 호환성, 관리 프로세스의 간소화, 은밀한 전송 등 다섯 가지의 주요 보안 특징을 갖는다. 따라서 정보 전송에 있어 근본적으로 새로운 보안 해법을 제시할 수 있는 기술로 평가받는다.

양자 채널은 에너지가 매우 낮고 외부 간섭에 취약하며, 신호 잡음과 손실이 크다는 특성을 가진다. 또 도청의 위험성도 항상 존재해, 이를 어떻게 극복할 것인가가 양자 통신 기술의 핵심 과제였다. 이번 연구에서 중국 연구진은 고잡음·고손실 환경에서도 통신을 안정적으로 유지하는 기술을 개발했다. 구체적으로는 채널 코딩 기술, 마스크 증강, 고속 양자 상태 변조 및 복조 기술을 통해 단방향 양자 직접 통신을 실현하는 핵심 요소들을 확보했다. 동일한 광학 양자 상태 집합을 기반으로 정보 전송과 암호 키 분배를 동시에 수행하는 방식이 적용되었고, 이에 따라 실질적인 통신 단말기 개발까지 완료되었다. 기존 2022년 시스템과 비교하면 전송 속도가 무려 4,760배 향상되었다.

한편, 중국 연구 팀은 세계 최초로 광 양자 칩 기반의 연속 가변 양자 얽힘 클러스터 상태를 구현하는 데도 성공했다. 전문가들은 이 성과가 광 양자 칩에서 가장 큰 기술 난제 중 하나였던 연속 가변 인코딩 기술 격차를 극복한 것이라고 평가한다. 연구 팀은 광학장 기반의 연속 가변 부호화 방식을 채택해, 기존에 확률적으로만 구현 가능했던 양자 얽힘을 결정론적으로 생성하는 데 성공했다. 이는 양자 컴퓨팅과 양자 네트워크 분야에서 광 양자 칩의 대규모 확장을 위한 중요한 기술적 토대를 마련한 것이다.

지금까지 이론적인 발전을 살폈다. 현실 세계에서는 2024년 말 차이나텔레콤이 양자 위성 키 분배Quantum Key Distribution와 고용량 위성통신 능력을 결합한 세계 최초의 통합 5G 양자 암호화 보안 혁신 테스트를 완료했다. 이는 양자 암호화를 기반으로 5G 위성통신 능력을 달성한 것이다. 차이나텔레콤은 지난 1호 양자 위성, 중싱 2호, 야타이 6D 등 고용량 위성들을 사용해 테스트까지 마쳤다.

이 테스트는 5G 이동통신망, 양자 위성 키 분배망, 위성 광대역 통신망이라는 3중 네트워크 융합 애플리케이션을 구축하고, 양자 위성 키 분배와 고처리량 위성을 기반으로 한 양자 암호화된 5G VoNR^{Voice over New Radio} 음성 통화, 5G 메시징, 5G 데이터 통신을 최초로 실현한 것이다.

그리고 2025년 3월, 드디어 중국이 초안전 통신의 이정표인 양자 통신 연결을 남아프리카공화국과 최초로 구축했다. 중국과학기술대학교의 인쥐안尹娟 교수는 전국인민대표대회에서 이 위업을 공개하며, 2016년에 발사된 모즈墨子위성을 통해 이루어진 1만 2,800km 링크의 양자 키 분배 실험이라고 설명했다. 이는 남반구에서 최초로 시도된 대륙 간 양자 통신 실험으로, 도청에 영향을 받지 않는 통신망 구축을 목표로 하고 있다.

인쥐안은 저비용 양자 마이크로-나노 위성과 이동식 지상국을 통해 안전한 통신이 가능해졌다고 강조했다. 또한 중국은 브릭스BRICS 국가들과 양자 기술을 공동 개발하고 표준화함으로써, 전략적 협력과 국제적 영향력 확대를 도모하고 있다.

한편, 국내 유명 대학에서 양자 기술을 연구하는 한 교수는, 과거 중국 대학에서 교환 교수로 활동한 경험을 언급하며 "우리나라의 양자 기술 수준은 중국의 10분의 1에 불과하다"라고 담담하게 평가했다.

CHINA TECH

7장

전략이 된 생명과학, 중국의 바이오 기술

생명을 위한
기술 주권

바이오는 미래 지향적인 첨단기술 분야로 각광받고 있다. 특히 생명과 관계 있는 대상을 다룬다는 점에서 바이오는 지금까지의 기술들과 구별된다. 그리고 식량과 의약품 또한 어느 나라에 있어서나 비상시 필수적인 전략 물자이며, 생명과 연결된다. 예를 들어 한반도에 (그래서는 안 되겠지만) 전쟁이 난다면 갑자기 대량의 의약품이 필요할 것이고, 동시에 식량 수급도 문제가 될 것이다.

우리나라는 근본적으로 식량의 자급자족이 안 되는 나라다. 우리는 상당한 양의 식자재를 중국에서 수입하고 있으며, 이로 인해 대부분의 한국인은 중국이 식량 자급이 가능한 나라라고 인식하고 있다. 그러나 실제로는 중국도 식량, 특히 사료의 경우 자급자족이 되지 않는다. 의약품 또한 중국은 복제약 생산 대국이지만, 신약은 대부분 서방 기업에 의존하는 게 현실이다.

그럼에도 중국은 미국만큼은 아니지만 다양한 인종이 공존하고 있어 유전자 스펙트럼이 넓다. 이는 신약 개발에 유리하게 작용한다. 생물 종 또한 우리나라와는 비교할 수 없을 만큼 다양하다. 중국은 세계에서 유일하게 지구상의 다양한 기후 조건이 모두 자국 영토 안에 나타난다고 한다. 이처럼 방대한 생물 자원을 가진 중국은 엄청난 연구 자원을 투입해 미국을 추격하고 있다. 중국의 바이오 기술 개발은 식량 안보와 의약품 안보라는 전략적 배경을 기반으로 한다.

식량 안보와 유전자 기술

시진핑 주석은 기회가 있을 때마다 식량 안보를 강조하고 있다. 의외로 중국이 식량 자급이 완전하지 않아서다. 곡물류의 경우 국가적 노력으로 자급률이 90%를 넘지만, 사료의 경우 거의 자급이 불가능하다. 중국은 대두와 옥수수를 대규모로 수입해 식용유를 만들고(중국 음식에 들어가는 기름의 양을 생각해 보자), 남은 찌꺼기로 사료를 만든다. 2023년 중국은 전년 대비 11.4% 증가한 9,941만 톤의 대두를 수입했다. 이는 전체 식품 수입의 60% 이상을 차지하며, 대부분 유전자 변형 대두이다. 이 대두를 중국 자국에서 생산하려면 8억 무가 넘는 경작지가 필요하다. 이는 한반도 면적의 8배에 해당한다.

중국의 대두와 옥수수 주요 수입국은 미국과 브라질로, 대두 수입의 약 90%, 옥수수 수입의 약 67%를 차지하고 있다. 따라서 중국의 식량 안보는 구조적으로 매우 취약하다. 중국은 '소규모 농민이 있는 큰 나라'에서 '크고 강한 농업 국가'로 전환하고자 한다. 그래서 시진핑 주석과 정책 입안자들은 식량 안보를 국지대자国之大者 즉, '국가의 최우선 과제'로 간주하고 있다.

2025년 1호 중앙 문서는 국가 식량 안보 보장을 다시 한번 강조하며, 2025년 청사진에서 다음의 6대 분야를 핵심으로 짚었다. 곡물 및 필수 농산물 안정 공급 보장, 빈곤 완화 성과 강화, 지역 산업 발전, 농촌 건설 진전, 농촌 거버넌스 개선, 농촌 자원 배분 최적화 등으로, 식량 안보 전략의 핵심 우선순위는 곡물 공급 보장과 농업 기술 혁신이다.

중국 정부는 이를 위해 AI, 5G, 빅데이터, 저고도 항공 시스템 등을 포함한 첨단기술을 접목해 스마트 농업 시스템과 국산 농기계의 연구와 적용을 가속화하고 있다. 2025년까지 국가 차원의 농업 산업화 컨소시엄 500개를 설립하는 것을 목표로 하며, 아울러 품종 개량과 농업 현대화를 위한 디지털 기술 도입에 힘쓰고 있다.

가장 유망한 기술로는 유전자 공학이 꼽힌다. 중국 공산당은 무신론적 세계관을 기반으로 하고 있어 유전자 변형에 대한 윤리적 저항이 크지 않다. 유전자 변형 식품은 일반적으로 규제의 대상이지만, 중국은 그런 여유가 없다. 2023년 중국 농업농촌부는 유전자 변형 대두와 옥수수의 산업화 시범 범위를 허베이, 내몽골, 지린, 쓰촨, 윈난 등 5개 성 20개 현으로 확대했으며, 간쑤에서는 종자 생산을 준비 중이라고 발표했다.

또한 일부 유전자 변형 대두와 옥수수 품종에 대해 검증을 완료하고, 26개 기업에 해당 종자의 생산 및 운영 면허를 발급했다고 밝혔다. 실제로 중국의 유전자 변형 대두와 옥수수 산업화는 우리가 생각했던 것보다 훨씬 빠르게 진척되고 있다. 중신증권中信证券 연구 보고서에 따르면, 중국의 유전자 변형 옥수수 보급률은 해외보다 빠르게 증가해, 자유화 5년 후인 2028년에는 보급률이 90%에 이를 것으로 예상된다. 대두와 옥수수가 집중된 이유는 명확할 것이다.

그 결과 식량 안보 상황은 지속적으로 개선되고 있다. 곡물 총생산량은 9년 연속 1조 3,000억 진斤(중국식 중량 단위) 이상을 유지하고 있으며, 밀과 쌀 두 품목은 자급률 100%를 달성했다. 곡물 재고량은 국제 식량 안보 기준인 17~18%를 넘어 풍부하며, 밀과 쌀 재고는 1년 이상 중국 전체 소비 수요를 충족할 수 있다. 또한 베이징, 톈진, 상하이, 충칭 등 주요 도시와 중소 도시 36곳은 15일 이상 소비 가능한 완제품 식품 비축량을 보유하고 있다. 전국적으로 5,100개 이상의 비상 곡물 저장 및 운송 기업, 6,900개 이상의 가공 기업, 3,900개 이상의 유통 센터, 5만 9,000개 이상의 비상 공급처가 있어 위기 상황에서도 자립이 가능하다.

2025년 트럼프 대통령이 중국에 관세를 부과했을 때, 중국은 곧바로 미국산 농산물에 보복 관세를 부과했다. 이는 미국의 식량 공급망 압박에 대비할 준비가 되어 있다는 의미이며, 미국에 대한 전략적 메시지로 해석할 수 있다. 특히 가장 민감한 품목인 대두의 경우, 2016년에는 미국과 브라질에서 각각 40% 정도씩 수입했으나, 2024년에는 브라질 비중이 70%로 상승했고 미국은 20%로 하락했다. 또 유전자 변형으로 단백질 함량을 높인 옥수수는, 미국산 대두가 제재에 포함될 때 중국산 옥수수로 사료를 대체할 수 있다는 신호로 볼 수 있다.

식량 증산을 위한 국토 개조

중국 수자원 당국은 2024년 양쯔강 유역의 상황을 "홍수와 가뭄 사이의 드물고 갑작스러운 전환"이라고 지적했다. 실제로 2024년 8월에는 양쯔강 유역에 극적인 강우량 부족이 발생했는데, 2022년 극심한 가뭄이 발생했을 때도 유사한 극단적 변화가 있었다. 지구 기후 변화의 영향이 점점 심각해지며, 자연의 리듬이 깨지고 있는 것이다. 양쯔강 유역의 수위가 급격히 낮아진 것은 상류 댐의 물 저장으로 인해 상류에서 자연적으로 흘러들던 수량이 크게 줄어든 것과도 관련이 있다.

북부 황허강도 해마다 여러 차례 강의 흐름이 끊긴다. 강이 끊긴다는 것은 생물에게 곧 죽음을 의미한다. 중국 대지는 워낙 광활하고, 지역 간 상호 영향도 크다. 기후 변화와 산업화는 중국의 생존 환경을 극단적으로 바꾸고 있으며, 여기에 대처하는 인간의 노력도 그만큼 거대하고 치열하다. 이와 같은 노력에 결정적인 이바지를 하는 것은 다름 아닌 과학기술이다.

자원 부족은 중국에 사막화를 초래했다. 중국은 세계에서 사막화 면적이 가장 넓고, 피해 인구가 가장 많으며, 바람과 모래로 인한 피해 위험이 가장 심각한 나라다. 주변 토지까지 황무지로 만드는 사막은 우리나라에 불어오는 황사의 근원이 되기도 한다.

중국의 사막화 면적은 257만km²로 국토의 26.8%를 차지한다. 그중 모래사막 면적은 169만km²로 국토의 17.6%에 이른다. 이 사막을 관리하기 위해 추진된 것이 삼북三北 프로젝트다. 삼북은 중국 북부 지역인 화북, 서북, 동북을 통칭하는 말로, 이 지역은 사막과 황무지가 많은 곳이다. 사막의 '사', 고비사막의 '고', 황무지의 '황'을 딴 '샤거황沙戈荒 불모지'라는 말도 있다. 이는 중국 북부와 서부의 거칠고 황량한 땅을 가리키는 표현이다.

중국은 수십 년에 걸쳐 삼북 지역에 총 4억 8,000만 무의 숲을 조성했다. 그 결과 황폐한 초지 12억 8,000만 무가 정비되었고, 산림화율은 1978년 5.05%에서 13.84%로 증가했다. 특히 2004년까지의 복원 사업을 통해 전체 황무지의 약 85%가 초지 또는 산림으로 전환되었으며, 황무지 비율은 약 70% 수준까지 줄어든 것으로 평가된다.

신장 남부, 타클라마칸사막 남단에서는 거의 100대에 달하는 건설기계가 쉼 없이 움직이며, 최초의 1,000만kW급 풍력·태양광·화력 통합

발전기지를 완성했다. 완공되면 쓰촨·충칭 지역에 500만kW의 전력을 공급할 수 있게 된다.

내몽골은 사막화와 모래사막이 가장 집중적으로 분포하며, 동시에 가장 심각한 위협을 받고 있는 지역 중 하나다. 이곳의 사막화 면적은 8억 8,900만 무로 전국 사막화 면적의 약 20%, 모래사막 면적은 5억 9,700만 무로 전국 모래사막 면적의 약 28%를 차지한다. 자치구의 계획에 따르면 2030년까지 종합적으로 처리할 수 있는 사막 면적은 6,993만 무에 이를 것으로 보이며, 이는 삼북 프로젝트에서 결정적 돌파구가 될 강력한 동력이라 할 수 있다.

이뿐만이 아니다. 중국은 세계에서 두 번째로 큰 타클라마칸사막을 녹지로 바꾸고 있다. 2023년 11월, 중국은 타클라마칸사막의 확산을 막기 위한 전면전을 공식적으로 시작했다. 사막 주변 모래를 공학적으로 고정시키는 전략이다. 우선 나무를 심어 모래의 확산을 차단했고, 이후에는 태양광을 활용한 사막화 제어 방식으로 사막 생태계를 점차 변화시켜 나갔다. 2024년 12월, 중국 정부는 이 타클라마칸사막 봉쇄 프로젝트가 곧 완공될 예정이라고 발표했다.

하지만 이것이 끝이 아니다. 중국은 이 타클라마칸사막에 막대한 양의 물을 들여보낼 계획이다. 농담이 아니다. 중국 전체를 개조하는 남수북조 프로젝트 안에서 100년, 200백 년을 바라보며, 티베트 및 신장 지역의 지하수 자원을 타클라마칸사막으로 흐르게 하려는 장기 전략이 이미 세워져 있다. 수백 년을 내다보는, 우주에서 바라보아도 보일 정도의 거대한 규모의 국가 개조, 이것이 바로 중국이다.

남수북조 프로젝트는 남쪽의 물을 북쪽으로 끌어올리는 사업으로, 수자원이 풍부한 중국 남부의 물을 수자원이 부족한 북부로 공급하는 초대형 인프라 프로젝트다. 남부 양쯔강 유역은 5만 개 이상의 저수지를 포함한 광범위한 수자원 인프라를 보유하고 있으며, 이 중 300개 이상이 대규모 저수지다.

이 가운데 동선東線(동부 라인)은 장쑤의 양저우에서 톈진 근처까지 이어지는 옛 운하들을 연결해 태산을 넘는 수로를 만든 것이다. 그다음은 우한 근처 단장커우에서 수로를 파 허난을 거쳐 베이징까지 물을 보

| 남부북조 프로젝트 노선도 |

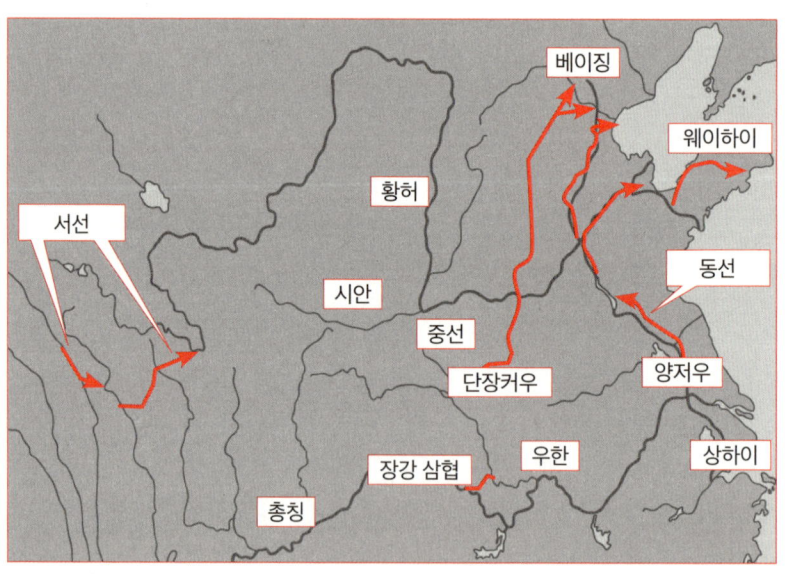

내는 중선中線(중부 라인)이다. 그리고 현재 가장 큰 과업은 서선西線(서부 라인)이다. 티베트와 신장 위구르 자치구를 거쳐 칭하이 일부까지, 고원의 황무지를 관통해 황허로 물을 끌어오는 대공사가 진행 중이다. 이 프로젝트는 현재 45개 대도시와 중소 도시에 서비스를 제공하고 있으며, 노선을 따라 1억 8,500만 명이 혜택을 받고 있다.

이 중 가장 먼저 개통된 동선의 경우, 장쑤는 2024년부터 2025년까지 연간 1억 125만m^3의 물을 산둥 상수도에 공급할 예정이다. 이 공사 구간은 수양제 시기의 대운하 노선과 유사하며, 지금까지 남아 있는 옛 운하들이 있어 공사가 상대적으로 쉬워 보인다. 그러나 이 지대의 토양을 고려하면 실상은 그렇지 않다.

동부 지역, 특히 화이허 일대는 거의 전 구간이 미끄러운 진흙이다. 땅을 파면 곧바로 무너져 내리는 연약 지반이기 때문에 결코 쉬운 공사가 아니다. 더욱이 이 운하 구간을 지나고 나면 물길이 태산을 넘어야 한다. 이를 위해 계단형 갑문과 초대형 양수기가 투입되었다.

양수 프로젝트 외에도 수로를 정밀하게 제어하기 위해 전역에 걸쳐 900개 이상의 수문이 설치되었고, 수질을 보호하기 위한 410km 이상의 지선 프로젝트도 병행되고 있다. 중국 수자원부의 물 공급 계획에 따르면 장쑤와 안후이에는 각각 5억 2,700만m^3, 4,600만m^3의 물을 추가로 공급할 예정이다.

중선의 경우, 우한부터 남부 지역의 지명이 '한강漢江'으로, 우리나라의 한강과 한자가 같다. 중국은 이 지역에서부터 수로를 뚫어 중원 지역을 관통하는 대운하를 건설했다.

　대규모 토목 공사에 강한 중국의 역량에도 불구하고, 현재 진행 중인 서선 프로젝트는 여러 어려움에 부딪히고 있다. 티베트고원은 해발 4,000m 이상의 고지대로 인구가 희박하다. 날씨 변화가 심해 강물이 불었다가 급격히 줄기를 반복하며 안정적인 수량 확보가 어렵다. 또한 계곡과 협곡 등 험준한 지형도 즐비하다. 그럼에도 불구하고 중국은 이 서선 공사를 멈추지 않고 계속 진행하고 있다.

　서선 공사가 완성되면, 중국 서남부 티베트고원 지역의 지형에 막대한 수자원이 모이게 된다. 나는 이를 '티베트 물탱크'라고 부른다. 이 물은 장기적으로 신장 위구르 자치구로 조금씩 확산할 것이다. 백 년이 걸리든, 천 년이 걸리든 말이다.

　신장 위구르 자치구에는 타클라마칸사막이 있다. 앞서 언급했듯, 중국은 이 사막을 둘러 울타리를 설치해 사막이 더 이상 확산하지 않도록 조치해 두었다. 이제 유구한 세월 동안 지하수가 지속적으로 공급된다면, 언젠가는 타클라마칸사막이 타클라마칸 초원으로 변할 날도 올 것이다.

　동시에 황허 쪽으로 물길을 돌리는 작업도 병행된다. 지금은 서해로 흘러가는 황허가 중간중간 물길이 끊기는 문제를 겪고 있지만, 물이 차게 되면 1만 톤급 화물선이 지날 수 있게 된다. 이는 중국 북부 지역의 물류에 근본적인 변화를 불러오게 될 것이다. 최근 1만 톤급 전기 화물선이 개발된 것도 이러한 장기 계획의 일환이다.

남수북조 프로젝트가 본격화되면서, 이제는 중국의 많은 지방 정부가 자체적인 운하 계획을 발표하고 있다. 남수북조라는 큰 물길이 완성되어 가자, 실핏줄 역할을 할 지방 수로를 각 지역에서 직접 건설하겠다는 것이다.

수상 운송의 가장 큰 장점은 매우 저렴한 운송비다. 1,000톤급 내륙 수로용 벌크 운반선의 건조 비용은 약 200만 위안이다. 반면, 화물 트럭의 비용은 1톤당 3만 위안에 가까워 훨씬 비싸다. 동일한 화물을 같은 거리로 운송한다고 가정할 때, 철도 운송은 100달러, 도로 운송은 260달러, 해상 운송은 단 13달러에 불과하다.

중국은 2035년까지 1,000톤급 이상의 고등급 내륙 수로망을 2만 5,000km까지 확장할 계획이다. 현재 자국의 고등급 수로망을 두고 중국은 "3,000톤급 화물선이 통과할 수 있는 1등급 수로는 2,192km, 2,000톤급 화물선을 위한 2등급 수로는 4,471km, 1,000톤급 화물선을 위한 3등급 수로는 8,741km에 불과하다"라고 말한다. 8,741km에 '불과'하다니, 그 규모에도 놀라지 않을 수 없다. 참고로 우리나라 수도권의 물류난 해소를 위해 1995년에 개통된 경인 운하는 15km에 불과하다.

하지만 중국의 시각은 다르다. 수로 인프라가 잘 구축된 국가들은 고등급 수로 비중이 50%를 넘는다. 예컨대 독일은 69%, 미국은 61%에 달하는데, 중국은 겨우 11%에 불과하다는 것이 그들의 인식이다. 다시 말해, 중국의 현재 수로 인프라는 물류용으로 쓰기엔 좁고 얕은 수로의 비중이 많다는 뜻이다.

이에 반해 유럽연합EU은 25개 회원국 중 16개국이 라인강을 통해 내륙 수로로 서로 연결되어 있다. 미국의 미시시피강은 양쯔강보다 운송 능력은 떨어지지만, 41개 주를 아우르는 총 2만 5,900km의 수로를 갖추고 있다. 이제 중국도 자신들의 광대한 국토에 촘촘하게 수로망을 구축하려는 것이다.

이런 국가 계획이 가장 반가운 것은 각 지방 정부다. 운하 프로젝트는 대규모 예산이 투입되는 인프라 사업이면서, 동시에 지역 경기를 크게 활성화할 기회이기 때문이다.

가장 먼저 장강 물류에서 이미 병목 현상이 나타나고 있는 싼샤댐 구간의 화물량 문제를 해결하기 위해, 후베이성은 우한에서 싼샤댐까지 새 운하를 건설하겠다고 발표했다. 상하이·장쑤·저장 상류에 있는 안후이성도 장화이江淮 운하 계획을 내놓았다. 이는 경제가 발달한 장강 삼각주 지역과의 물류 통합을 통해 반사 이익을 얻기 위한 전략이다.

안후이 남쪽에 인접한 장시성도 이에 뒤질세라 자체 수운 계획을 발표했다. 광둥 서쪽의 외진 지역인 광시 좡족 자치구 역시 핑루平陆 운하 계획을 추진하고 있다.

광시의 운하 사업은 나와도 개인적인 인연이 있다. 나는 2010년 국내 모 그룹의 요청으로 광시 정부와의 협력 가능성을 타진하기 위해 현지를 방문한 적이 있었다. 당시 광시 정부는 베이하이, 팡청강, 친저우 등 세 항구 도시를 하나로 통합해 대도시로 재편하고, 이 지역을 '남부만南

部灣'이라 명명해 광둥을 잇는 새로운 경제 구역으로 육성하고자 했다.

중앙 정부도 광시가 아세안 국가들과 전략적 경제 블록을 형성하기를 바랐으며, 이를 위해 아세안에서 위안화 결제로 광시에 수출하는 경우에는 관세 면제 혜택을 제공했다. 당시 광시 정부는 한국 대기업이 대규모 투자를 해주기를 기대하고 있었다. 하지만 한국 기업인 입장에서 보기에 당시의 광시는 그저 드넓은 땅만 정비해 놓고 일부 공사장에 철근 몇 개가 올라가 있는 수준에 불과해 투자 매력이 크지 않았다. 지금의 광시는 그때와 비교할 수 없을 만큼 발전했지만 말이다.

그때 광시 정부의 한 공무원이 내게 흥미로운 이야기를 꺼냈다. "혹시 한국 그룹이 1조 원 정도의 투자를 할 수 있는 능력이 있습니까?"라고 물은 것이다. 가능하다고 하자, 곧장 내륙 운하 사업에 투자해 달라는 요청이 이어졌다.

광시는 우리나라 강원도처럼 산이 많고 물도 많은 지역이어서 물류 인프라가 부족했다. 그렇기에 물류 인프라 구축은 광시 경제 발전의 핵심이자 숙원 사업이었다. 문제는 지형 특성상 단순한 수로 공사만으로는 해결이 어렵고, 최소 12개 이상의 갑문을 설치해 수위 차이를 조정해야 했다.

결과적으로 소요 예산이 너무 커서 사업이 지연되고 있었다. 나는 "1조 원을 투자하면 그 대가로 무엇을 얻을 수 있습니까?"라고 물었고, 처음에는 "알아서 수익을 내라"라고 하더니, 나중에는 운하 양쪽으로 각각 1km씩의 땅을 주겠다고 했다. 물론 소유권이 아닌, 토지 사용권이었다.

이 운하 아이디어가 바로 지금의 핑루 운하라는 이름으로 다시 추진되고 있는 것이다. 5,000톤급 이상의 선박이 134.2km 구간을 오갈 수 있도록 하는 프로젝트로, 내가 당시 제안받았던 구간은 이보다 3~5배 정도 길었다. 운하 길이를 500km로 잡고 당시 제안했던 조건으로 계산하면 약 1만km²의 땅, 우리 식으로 환산하면 30억 2,500만 평에 해당하는 면적이다.

중국 수자원부는 제14차 5개년 계획에서 '장강 및 황허를 비롯한 주요 강 유역 수자원 및 수질 환경 통합 관리'를 주요 국가 중점 연구개발 과제로 채택했다. 수자원부는 이 과제를 위해 158개 프로젝트에 자금을 지원했고, 243개의 주요 과학기술 프로젝트를 추진하고 있다.

중국이 이처럼 수자원에 관한 과학기술 개발에 집중하는 것은 그만큼 문제 상황이 많기 때문이다. 중국은 자연재해가 많은 나라로 알려져 있다. 세계적으로 유명한 싼샤댐도 사실상 홍수 방지를 최우선 목적으로 건설되었다. 최근에는 중국 최대 호수인 포양호가 가뭄으로 바닥을 드러내는 현상까지 발생했다. 중국 정부의 눈에 잘 띄지 않는 이러한 과학기술 개발 프로젝트는 사실상 가장 현실적인 민생 사업이며, 동시에 식량 안보를 위한 핵심 전략이라 할 수 있다.

중국은 강, 호수, 댐, 운하 등 주요 물길을 따라 센서를 설치하고 이를 모니터링해 홍수나 가뭄 발생을 예측하려 한다. 나는 2023년도 중관춘 포럼에 참석해, 칭화대학교가 우리나라와 함께 이런 홍수 및 가뭄 예측

모델을 공동 연구하고 있다는 발표를 듣고 매우 기뻤다. 중국과의 관계가 다소 악화된 상황이라 해도 이러한 협력을 무조건 중단해서는 안 된다. 자연재해의 경우, 중국의 기후 변화가 하루 뒤 곧장 우리나라에 영향을 미치기 때문이다. 중국의 재난 예측 수준이 향상되면, 우리나라의 재난 대응력도 그만큼 개선된다.

문제는 스케일이다. 중국은 어마어마한 수의 센서를 설치해야 하며, 이들 센서 간의 통신 문제도 함께 해결해야 한다. 이를 위해 중국은 앞서 언급한 사물인터넷 위성 기술 같은 해결책을 고려하고 있다. 만약 한중 양국이 이런 문제들을 공동으로 연구하고 개발할 수 있다면, 적어도 기후와 재난 분야에서는 더욱더 능동적이고 실질적인 협력이 가능하지 않을까?

지금 남중국해는 미국과 중국 함대가 오가며, 언제 충돌이 일어날지 모를 긴장감이 가득하다. 해상 전력에서 열세인 중국은 이를 보완하기 위해 남중국해의 산호초를 점령하고 그 위에 비행장과 항구를 건설해 군사 거점으로 활용하고 있다. 과연 이 시설들이 유사시 방어 거점이 될 수 있을지는 의문이지만, 중국은 '쓸 수 있을 때까지는 쓰겠다'는 실용적 전략을 고수하는 것으로 보인다.

하지만 최근 보도에 따르면, 이렇게 급조된 산호초 기반 섬들의 건물과 비행장들이 섬 자체의 침하로 인해 물에 잠기고 있다고 한다. 이에 많은 이들이 '메이드 인 차이나 아일랜드'라며 비웃었다. 하지만 과연 그럴까?

중국 과학자들은 연약한 산호모래 위에 섬을 안정적으로 건설할 수 있는 새로운 기술을 고안했다고 밝혔다. 산호초 중심부에서 산호를 추출해 분쇄한 후, 이를 다시 쌓아 올려 다양한 시설을 수용할 수 있는 인공 지반을 조성한다는 것이다.

일부 과학자는 이 섬들에서 해저로 대형 터널을 뚫자는 제안까지 내놓았다. 이들은 미세한 시멘트 입자가 섞인 슬러리slurry를 수직 파이프를 통해 지반에 주입하고, 산호모래 입자 사이의 틈을 메운 후 시멘트를 굳혀 암석처럼 단단한 기반을 만드는 공법을 개발했다. 실험 결과, 외부 해수의 침입이나 지반 침하 없이 인공 지반에서 해저 터널을 뚫을 수 있다는 게 확인되었다고 한다.

우리는 삼면이 바다다. 만약 중국이 이와 같은 공법을 활용해 우리 바다 아래 이곳저곳에 터널을 파고 있다면, 생각만으로도 섬뜩하다.

날씨를 바꾸고 환경을 통제하다

2024년 말, 중국은 중대형 관개 구역을 7,300개 이상 건설했다고 밝혔다. 현재 중국의 관개 면적은 총 10억 7,500만 무로, 전체 경작지의 약 56%를 차지한다. 14차 5개년 계획 이후에는 1,880개 이상의 중대형 관개 지구 개조와 190개 이상의 신규 관개 프로젝트를 시행해 왔으며,

이로써 약 2억 무의 관개 면적을 추가해 복원 및 개선할 것으로 보인다. 그러나 이렇게 많은 기반 시설을 만들고 있음에도 관개 면적이 전체의 절반 남짓에 그친다는 점을 보면 앞으로는 더 효율적이고 경제적인 방식의 관개 시스템 구축이 요구된다.

그뿐 아니다. 중국 신장 초원에는 광활한 염해 사막이 펼쳐져 있고, 이 문제를 해결하기 위한 노력이 이어져 왔다. 수년간의 연구 끝에 염분이 많은 황무지는 점차 식량을 생산할 수 있는 평원으로 탈바꿈하고 있다. 특히 파미르고원에서 8년에 걸친 집중 작업을 실행한 결과, 타슈쿠르간 타지크 자치현의 약 1만 9,500무에 달하는 염해 사막이 생산할 수 있는 평야로 변모했다. 이번 성과는 건조하고 염분이 많은 고원 지대에서 고품질 사료 재배에 성공한 최초의 대규모 사례로 평가되고 있다.

이 타클라마칸사막에서는 원래 농사짓기가 거의 불가능하다. 하지만 중국 과학자들은 이 사막에 비닐하우스를 세우고, 쌀농사를 짓는 데 성공했다. 게다가 일반적인 쌀 재배 기간의 절반 정도 시간만으로도 수확할 수 있다고 한다. 이 실험은 신장 위구르 자치구 남서부에 있는 호탄에서 진행되었으며, 중국농업과학원은 전통적인 쌀 품종의 모종을 심은 지 60일 만에 수확이 가능하다는 사실을 확인했다. 연구진은 타클라마칸사막의 가장자리에 있는 대규모 밭에 염분에 강한 쌀 품종을 심었고, 이는 다른 지역에서 재배한 염분 내성 쌀보다 훨씬 높은 수확량을 기록한 것으로 나타났다.

나 역시 과거 농업과학원과 함께 비닐하우스 환경 감지 기술을 검토한 적이 있었다. 당시에는 왜 중국이 신장 위구르 자치구의 황무지에 대규모 비닐하우스를 설치하는지 이해하지 못했다. 알고 보니 이는 식량 생산 가능 지역을 확대하려는 국가 전략의 일환이었다. 사막인 신장 지역에서 새로운 농업 기술을 실험하고 있었던 것이다.

이처럼 중국에서는 논이 아닌 밭에서 쌀을 재배하려는 시도가 활발하다. 인류가 최초로 쌀을 재배한 장소 역시 논이 아닌 마른 땅이었을 가능성이 높다. 물론 논에서 대량 생산되는 쌀보다 더 많은 수확을 기대하긴 어렵지만, 사막에서 쌀 재배에 성공한 것만으로도 타클라마칸 사막에 물을 대려는 중국의 장기 계획에 큰 의미를 더한다. 이는 100년, 200년 뒤의 중국인들에게 귀중한 유산이 될 수 있다.

중국이 날씨에 특별한 관심을 두는 또 하나의 이유는 자국 내에 거의 모든 기후 조건이 존재하기 때문이다. 극지 기후를 제외하고는 영구 동토층, 사막, 밀림, 평야, 산맥, 고지, 분지 등 다양한 지형과 그에 따른 기후를 보유하고 있어, 전 세계 기상 패턴을 분석하기에 이상적인 조건을 갖추고 있다. 이로 인해 다른 나라에서는 보기 드문 기상 현상도 중국에서는 종종 발생한다.

예를 들어, 2024년 12월 3일 헤이룽장성 슝커현 상공에서는 마치 세 개의 태양이 뜬 듯한 광경이 관측되었다. CCTV 뉴스는 이를 '환일幻日'이라 불리는 대기 광학 현상으로, 구름 속 얼음 결정에서 굴절된 햇빛이 높은 구름을 통해 만들어지는 현상이라고 설명했다. 기이한 기상 현상이 잦은 중국에서는 날씨가 사람들의 관심사다. 국가적인 큰 행사를 앞두고 비가 내리면 '하늘이 노했다'라는 말까지 나올 정도다. 이에 따라 중국은 중요한 행사 때 실제로 날씨를 만든다.

2004년 베이징 올림픽 당시에도 개막식 당일 비가 예보되자, 중국 기상국은 수백 km 떨어진 허난성 상공에 기상 통제 로켓을 발사해 비를 미리 내리게 했다는 일화가 있다. 그만큼 중국의 기상 조절 능력은 세계 최고 수준이다. 조절할 일이 많아 풍부한 경험이 축적된 결과다. 실제로 중국 기상국의 기관 임무에는 '날씨를 잘 통제할 것'이라는 항목이 포함되어 있다고 한다. 적어도 중국에서 날씨는 더 이상 하늘의 뜻이 아니다.

중국의 과학기술을 접목한 농업 혁신 정책은 많은 농가에 영향을 미치고 있다. 일부 농가에는 전자동 수확기가 설치되어 있으며, 대규모 농업 관개 지구에서는 자동 관개 시스템과 정밀 비료 살포 기술이 적용되고 있다.

예를 들어, 홍허하니족 자치주의 미러시에서는 스프링클러 관개 설비를 밭에 설치해 작물 성장 상태에 따라 물 공급을 조절한다. 츄슝이족 자치주 위안무현에서는 지능형 비료 시비기를 통해 물, 비료, 약제의 투입량을 정밀하게 제어하며, 이로 인해 자원 절약과 품질 향상, 인건비 절감 효과를 거두고 있다. 닝샤 지역의 절수형 관개 설비는 수용성 비료를 파이프 흐름을 따라 묘목 뿌리까지 정확하게 공급할 수 있도록 설계되어 있다. 작물의 생장 주기에 따라 비료량을 조절함으로써 농업 생산 비용을 효과적으로 절감하고 있다.

또한, 식물과 미생물 간 상호작용 연구 분야에서도 중국은 세계적인 선두 주자로 평가받는다. 우한의 옵틱스밸리는 중국 정부가 지정한 국가급 기술 산업 개발구로, 바이오, 광전자, 정보기술 등이 집중된 첨단 기술 클러스터다. 이곳에서 국가 작물 생장 현상 연구용 첨단기술 인프라가 구축되고 있으며, 완공 후에는 연간 50만~100만 개의 식물 유전자형과 표현형 관련 데이터를 수집하고 분석할 수 있는 능력을 갖추게 된다. 이 데이터를 활용해 육종 과정을 설계, 예측, 제어할 수 있으며, 육종 효율을 훨씬 향상시킬 수 있는 기술적 기반도 마련될 것이다.

기술로 높이는 식량 생산 효율

2025년에 발표된 중앙 1호 문건에서 중국은 농업 과학기술의 진흥을 핵심 과제로 삼고, 첨단과학 농업 분야에서의 연구 협력을 적극 추진하겠다고 밝혔다. 신질생산력 정책을 농업에도 적용하려는 움직임의 일환이다. 특히 중국은 농업 생산성을 높이기 위해 '토지 유전 정책', 즉 토지의 소유권은 국가나 지역 공동 소유로 두되 사용권은 시장에서 양도, 임대할 수 있도록 하는 제도를 확대하고 있다. 이 정책을 통해 흩어진 소농 중심의 농지를 통합해 대규모 경작지로 개조한 뒤, 전문 농업 기업에 위탁 경영을 맡기는 방식으로 식량 생산의 효율성을 높이려는 것이다.

이러한 식량 생산 효율 제고에 과학기술의 기여는 필수적이다. 예를 들어 농촌 합작사에는 지능형 농업 관리 시스템이 설치되어, 각 농지의 실시간 토양 상태, 작업 진행 상황, 작물 생장 상태를 파악할 수 있다. 자동 배수 시스템도 도입되어 관개와 배수를 자동화하고 있으며 수확기에는 지휘 시스템의 역할도 한다. 지린성의 한 합작사에서는 1무당 1,000위안 이상을 절감하는 효과를 보았고, 지린성은 이러한 디지털 농촌 모델을 전체 마을의 35% 이상에 도입할 계획을 추진 중이다.

묘목 생산 역시 자동화되고 있다. 저장성 진화시 장탕진의 묘목 공장에서는 3개 생산 라인에 자동 시스템을 도입해 하루 2만 4,000개의 묘목 판을 생산하고 있다. 이는 논 면적으로 환산하면 약 800무에 해당한다. 또 다른 사례로는 저장성 하이닝의 한 농장에서 현장에 배치된 센서와 지능형 장비가 빛, 습도, 풍향 등의 데이터를 실시간으로 데이터센터에 전송하고 있다. 농부는 휴대전화를 통해 농지 정보를 확인하고 지침을 받을 수 있으며, AI 에이전트를 통해 발생하는 문제에 대해 언제든지 질문할 수 있다.

또한 베이더우 위성항법 시스템을 탑재한 드론이 비료 살포 작업에 투입되어 정밀한 가변 살포 기술을 구현하고 있다. 기존 방식에 비해 비료를 30% 절약할 수 있으며, 기상 데이터를 바탕으로 매개변수를 동적으로 조정해 인공 살포 효율은 약 60배 향상되었다. 이러한 자동화,

정보화, AI화를 개별 농가가 독자적으로 실현하는 것은 불가능하다. 중국 정부의 조직적 지원이 있었기에 가능한 일이다. 그 배경에는 식량 안보가 국가 전략의 중심 과제로 부상한 사실이 있다.

중국의 식량 안보는 육종 분야의 관심과 투자를 자연스럽게 이끈다. 중국은 신품종 보호 제도를 도입해 누적 승인 건수가 3만 건을 돌파했고, 이 중 94%는 자체 개발 품종이다. 결국 식량 자립도를 높이고 국가 안보의 원천을 강화하는 데 기여하고 있다.

2021년부터 2023년까지 중국 농업농촌부는 제3차 농작물 종자세포 자원 조사 및 수집 작업을 시행했다. 총 140만 명이 동원된 이 조사는 중국 역사상 최대 규모였으며, 이를 통해 53만 개 이상의 종자 자원이 새로 수집되었다. 이 중 작물 종자는 약 13만 9,000개가 새롭게 수집되었고, 장기 보존 자원 종 수는 370개가 증가했다. 가축 및 가금류 분야에서는 잠재적 활용 가치가 있는 자원 51종이 새롭게 발굴 및 감정되었으며, 유전자 샘플 107만 개가 수집되었다.

농업농촌부는 최고인민법원과 함께 종자 산업의 지식재산권 보호를 위한 협약을 체결하고, 관련 분쟁의 사법 해석 및 형사 재판 지침을 강화하고 있다. 검찰청 및 사법 당국과도 협력해 위조 방지, 행정 집행, 사법 보호 통합 체계를 구축하고 있다.

AI 기술과 육종 기술의 결합은 기존 농업 생산 방식을 혁신하고 있다. AI는 원격 감지 기술, 드론, 사물인터넷 장비와 결합해 현장부터 실험실까지 방대한 데이터를 수집하고 분석한다. 우수한 작물 형질과 관련된 유전자를 더욱 빠르게 탐색하고 선택할 수 있게 되었고 그 결과 육종 주기가 단축되었다. 지능형 육종 분야에서 중국은 세계 최전선에 서게 되었다. 일부 영역에서는 "세계보다 반 발짝 앞서 있다"라는 평가도 나온다.

이러한 성과의 배경에는 화웨이의 AI 기술이 있다. 2021년 중국농업대학교와 화웨이는 지능형 육종 공동 연구를 위한 전략적 협약을 체결했고, 현재 화웨이의 기술이 중국 농업의 디지털화를 견인하고 있다.

구체적인 성과도 있다. 화중농업대학교의 옌젠빙严建兵 연구 팀은 옥수수 알갱이의 수분 함량을 줄이는 핵심 유전자를 발견해, 수확 시 옥수수가 빠르게 탈수되어 기계화 수확 효율이 크게 향상되는 기술을 개발했다. 이 연구는 겉보기에 크게 주목받는 주제는 아니다. 하지만 미중 무력 충돌 가능성이 존재하는 상황에서 사료 자급률이 취약한 중국에는 전략적으로 매우 중요한 기술이다. 특히 사료 원료인 대두와 옥수수를 안정적으로 확보하는 것이 식량 안보의 핵심 과제로 떠오른 지금, 옥수수의 수분 함량을 줄이는 연구는 실질적인 돌파구로 평가받고 있다.

합성 생물학부터 유전자 치료까지

우리나라는 첨단 바이오를 12대 국가 전략 기술 중 하나로 지정하고 있다. 한국의 바이오 기술 수준은 합성 생물학 분야 세계 7위, 유전자·세포 치료는 9위, 감염병 백신·치료는 11위, 디지털 헬스 데이터 분석·활용 영역은 7위로 평가된다. 미국이 독보적인 1위이며, 영국과 독일이 2군, 스위스·일본·싱가포르가 3군으로 뒤따른다. 전통적인 제약 강국들이 유전자 기술에서도 앞서 있는 셈이다.

한국과 중국은 이들에 비해 상당히 뒤처져 있다. 합성 생물학 분야에서 미국이 100이라면 중국은 49.4 수준이다. 그러나 웃을 수만은 없다. 이 49.4라는 수치로도 중국은 세계 2위다. 반면 7위인 한국은 고작 11.5에 불과하다. 중국은 1.5군이나 다름없다.

이처럼 큰 격차는 유전자·세포 치료, 감염병 대응 기술, 디지털 헬스 데이터 활용에서도 유사하게 나타난다. 유전자·세포 치료 기술에서 미국은 100, 2위인 중국은 26.5, 9위인 한국은 6.4다. 감염병 백신·치료 분야는 미국이 100, 중국은 4위로 27.4, 한국은 4.1이며, 디지털 헬스 데이터 분석·활용에서도 미국은 100, 중국은 28.5, 한국은 9에 그친다.

우리나라는 바이오 분야에서 서방 각국과의 협력을 기대할 수 있지만 중국은 그렇지 못하다. 결국 중국이 이 격차를 해소하기 위한 방법은 과감한 기술 자립 외에는 없는 것이다. 그래도 중국은 광범위한 생물학적 자원이 있고 다양한 인종이 있어 미국만큼이나 바이오 연구에 탁월한 환경이다. 이제 중국이 바이오에 투자를 시작한 이상 시간이 조금 지나면 성과가 나오기 시작할 것이다.

중국은 한발 더 나아가, 바이러스를 맞춤형으로 설계하는 연구까지 진행하고 있다. 최근 국제 최고 권위 학술지인 〈네이처Nature〉에 실린 논문은 '맞춤형 신종 코로나바이러스 수용체customizable novel coronavirus receptor'라는 개념을 처음으로 제시했다. 이 연구에는 미국 워싱턴대학교의 데이비드 비슬러David Veesler 박사 팀과 함께 중국의 대표적인 코로나바이러스 전문가인 스정리石正麗가 참여했다. 스정리는 지난 팬데믹 당시 우한바이러스연구소에 소속되어 있었던 인물로, 그 경력 탓에 일각에서는 그녀가 생물학 무기를 개발하던 중 관리 소홀로 바이러스가 유출된 것 아니냐는 소문도 퍼졌던 바 있다.

이 연구는 기존의 자연 수용체에 의존하지 않고, 감수성 세포 모델을 기반으로 한 새로운 방식의 '맞춤형 네오 코로나바이러스 수용체' 개념을 처음으로 도입했다. 이를 통해 연구진은 다양한 기능을 가진 코로나바이러스 수용체를 설계하고 맞춤화하는 데 성공했다.

황우석 박사 사태 이후 한국에서는 '줄기세포'라는 단어조차 신중하게 다뤄진다. 중국도 현재는 줄기세포 치료에 대해 조심스러운 입장이지만, 2023년 12월 기준 141개의 줄기세포 기관이 중국 국가 의료 연구 등록 플랫폼에 등록되어 있으며, 총 127개의 줄기세포 연구 프로젝트가 승인되었다. 2024년 1분기에는 중국 국가약품감독관리국이 13종의 줄기세포 의약품을 승인했는데, 이들은 제2형 당뇨병, 중등도~중증의 염증성 장 질환, 전신 홍반성 루푸스 등 다양한 질환을 대상으로 한다.

〈네이처〉 2024년 올해의 10대 인물로 선정된 류머티즘 전문의 쉬후지徐沪济는 유전자 가위로 변형한 CAR-T 세포(키메라 항원 수용체 T세포)를 이용해 자가면역 질환 치료에 도전하고 있다. 〈사이언스Science〉도 CAR-T 세포 치료법을 2024년 10대 혁신 기술 중 하나로 꼽았다. 중국은 이런 진전을 위해 서방에서 윤리적으로 제한하고 있는 실험 조건들을 비교적 자유롭게 허용하고 있으며, 이는 무신론적 국가 체제에 기반한 것으로 보인다.

중국은 유전자 기술에 전략적으로 투자하고 있다. 화중농업대학교 한원원韩文元 교수 팀은 염기 변형 뉴클레오타이드nucleotide(DNA를 이루는 기본 단위)를 두 번째 메신저로 사용하는 박테리아 파지 저항 시스템*을 발견하고 이를 '공명 시스템孔明系统'으로 명명했다. 이 시스템은 파지가 가지고 있는 효소를 교묘하게 역이용해 박테리아의 면역 반응을 유도하고, 특정 단백질이 세포 내 생존 물질을 분해함으로써 파지를 에너지 고갈 상태로 만들어 복제를 억제한다. 제갈량이 짚단 배로 적의 화살을 유도해 방어한 고사처럼, 침입자의 자원을 활용해 방어에 성공한다는 점에서 공명 시스템이라는 명칭이 붙었다.

공명 시스템은 다양한 박테리아에서 존재가 확인되었으며, 그 모듈

---

* 박테리아가 자신을 감염시키려는 파지에 대해 흡착 단계부터 유전자 복제, 조립, 방출까지 모든 단계에서 방어하는 생존 전략이다. 종류로는 흡착 저해, 제한-수정 시스템, CRISPR-Cas, 자폭형 방어 등이 있으며, 생명공학과 감염 치료 분야에서 중요한 연구 주제다.

식 구조는 자연계에 아직 밝혀지지 않은 뉴클레오타이드 신호 체계의 존재 가능성을 시사한다. 이는 박테리아 면역 연구의 지평을 넓힐 뿐 아니라, 향후 휴대용 뉴클레오타이드 검출 도구*를 개발해 유전 및 대사 질환의 진단과 항암제의 효능 모니터링을 지원하게 된다. 이는 대규모 기기에 의존하는 기존 검출 기술의 한계를 극복할 수 있는 의료 응용 가능성도 가지고 있다.

바이오 분야에서의 AI 도입도 활발하다. 중국농업과학원의 작물과학연구소는 AI 기반 자동화 기계 학습 프레임워크를 개발해 생명공학 육종에 적용하고 있다. 작물의 표현형(예: 높이, 줄기 두께, 마디 길이, 수확량 등)은 유전자형, 환경, 그리고 이들의 상호작용에 의해 결정된다. 연구팀은 옥수수 잡종의 대규모 환경 데이터를 기반으로 유전 분석과 게놈 예측을 심층적으로 수행하고 있으며, 이 기술은 맞춤형 품종 개발의 정밀도를 크게 높이고 있다. 허난에 있는 종자산업발전센터의 장젠张震 부주임은 2025년에는 AI 기반 생명공학 육종 기술이 중점이 될 것이라고 밝혔다.

중국의 유전자 기술은 이제 인삼에도 손을 뻗치고 있다. 중국 연구진이 합성 생물학 기술을 통해, 희귀한 인삼 성분을 효율적으로 생산할 수 있는 새로운 기반을 마련한 것이다. 톈진대학교 약학대학의 부교수

---

* DNA나 RNA의 특정 정보를 빠르고 간편하게 감지할 수 있도록 설계된 소형 진단 장치로, 유전자 질환 진단이나 항암 치료 모니터링 등에 활용된다.

메이쿤룽梅坤荣 연구 팀과 국립 전통 중국 의학 산업 기술 시스템의 박사후 연구원이자 톈진대학교 약학대학 교수인 가오원위안高文远 연구 팀이 함께 수행한 공동 연구 결과다.

이 연구에서는 미생물이나 식물 세포를 일종의 '세포 공장'처럼 구성해, 희귀한 진세노사이드ginsenoside(인삼에 포함된 사포닌계 생리활성 물질)를 생산할 수 있도록 했다. 특히, 연구진이 변형한 효소는 기존보다 희귀 진세노사이드 합성에 더 적합해 생산 효율을 크게 끌어올릴 수 있었다. 이를 통해 향후 대규모 생산의 가능성도 열렸다. 이제 머지않아 인삼조차도 우리가 중국산을 수입해다 먹게 되는 날이 올지도 모른다.

2025년 3월, 중국과학원의 베이징유전체연구소 천페이陈非 연구 팀과 전산기술연구소의 탕광밍谭光明·부동보卜东波 연구 팀, 두안보段勃 연구 팀은 중국 4대 고대 발명품 중 하나인 활자 인쇄의 원리를 응용해 DNA 저장 기술의 새로운 디자인을 제시했다. DNA는 고밀도, 긴 수명, 낮은 에너지 소비 등 장점을 갖춘 정보 저장 매체로, 빅데이터 저장 문제를 해결할 수 있는 잠재적 대안으로 떠오르고 있다.

이 기술의 핵심은 20개의 뉴클레오타이드로 이루어진 짧은 이중 나선 DNA 조각이다. 이 조각은 1바이트 크기의 콘텐츠, 주소 정보, 또는 체크 데이터를 저장할 수 있으며, 각각 'DNA 서체'로 사용된다. 서체 조각의 양 끝에는 4개의 뉴클레오타이드로 이루어진 끈적한 말단이 있어, 다단계 효소 결합을 통해 연결된다.

이 서체 블록은 체외 저장을 위해 양 끝에 특정 제한 효소 인식 부위를 넣어, 플라스미드(세균 내에서 독립적으로 존재하는 고리 모양 DNA) 형태로 복제할 수 있다. 이렇게 만들어진 플라스미드는 대장균에 삽입해 생체 내에 저장하는 방식도 가능하다.

또한 연구 팀은 'DNA 활자 프린터'인 즉 '비성毕昇 1호'를 개발해 이 저장 과정을 자동화했다. 이 장치를 이용하면 텍스트, 이미지, 오디오, 비디오 등 다양한 컴퓨터 데이터를 DNA 형태로 인쇄하고 저장할 수 있으며, 저장된 정보는 100% 정확도로 해독할 수 있다고 한다.

바이오 의료 기술의 현주소

AI와 로봇 분야에 이어, 중국이 지금 가장 집중하고 있는 건 바로 '바이오 제조'다. 현재 30개 지역이 이 기술을 중심 산업으로 도입하고 있다.

제약 분야를 중심으로 살펴보면, 2024년 대형 제약사의 라이선스 거래가 빠르게 증가하는 이유 중 하나는, 중국 시장이 신약 개발을 위한 수많은 임상시험에 대한 초기 데이터를 제공하고 있기 때문이다. 자본시장은 중국이 생명공학 분야에서도 딥시크 모멘트가 도래했다고 평가하고 있다.

지난 2년 동안 아스트라제네카 AstraZeneca, 글락소스미스클라인 GlaxoSmithKline, MSD Merck Sharp & Dohme 등 대형 제약 그룹은 중국 바이오

테크 기업들과 10억 달러 이상의 라이선스 계약을 체결했다. 투자은행 스티펠Stifel에 따르면, 2024년 글로벌 대형 제약사의 라이선스 거래 중 3분의 1이 중국에서 이루어졌다고 추측한다.

특히 이러한 계약은 중국 바이오 제약사들이 보유한 초기 단계 의약품을 중심으로 이루어지고 있으며, 그중 상당수는 '생물학적 변형 혁신 의약품'이다. 이는 새로운 표적을 탐색하는 방식이 아니라, 이미 알려진 생물학적 표적에 기존 약물보다 더 효과적으로 작용하도록 설계된 의약품을 말한다. 이처럼 새로운 설계 방식을 적용하면 수백억 달러에 이르는 신약 개발 비용을 지급하지 않아도 된다.

네덜란드 벤처캐피털 펀드 포비온Forbion의 파트너인 우터유스트라Wouter Joustra는, 중국 바이오테크 기업들이 시간과 비용 면에서 경쟁력을 갖췄을 뿐만 아니라, 연구개발 생산 효율성 측면에서도 투자자들의 새로운 관심을 끌고 있다고 평가했다.

화징증권华菁证券은 이제 막 1상을 시작한 많은 중국 임상 프로젝트가 이미 IIT Investigator-Initiated Trial(연구자 주도 임상시험) 데이터를 확보하고 있어 서구 제약사들의 주목을 받는다고 밝혔다.

최근 몇 년 사이 국제적인 대형 제약사들은 중국 의약품의 개발 및 해외 판매 권리를 사들이고 있다. 아스트라제네카, 글락소스미스클라인, MSD는 각각 10억 달러 이상 규모의 계약을 체결해, 중국 의약품을 해외에서 개발 및 판매할 수 있는 권리를 확보한 바 있다.

한편 포비온, 베인캐피털 라이프사이언스Bain Life Sciences, 제너럴애틀

랜틱General Atlantic 등의 투자 회사들은 서구 시장을 겨냥한 중국 자산 개발에 수억 달러를 투자하고 있다. 바이오텍티브이BiotechTV의 설립자인 브래드 론카Brad Loncar는, 임상시험의 빠른 진행 속도 덕분에 초기 단계에서 데이터를 평가하고 자산의 가치를 판단할 수 있어, 서구 제약사들이 중국 의약품에 대한 라이선스를 적극적으로 확보하고 있다고 분석했다.

중국에서는 병에 걸린 뒤에도 약을 사용하지 않은 이들이 많고, 많은 환자가 약을 무료로 제공받기 위해 임상시험에 기꺼이 참여하기 때문에 서구보다 더 빠르게 환자를 모집할 수 있다. 최근 의료비 개혁으로 의료 서비스 수익이 급감한 병원들 역시 새로운 수익 모델로서 임상시험을 적극적으로 도입하려는 분위기다.

중국 정부도 나섰다. 의료보험의 재정 부담이 커지자, 정부는 의료보험 대상 약품을 중국산으로 한정하는 정책을 발표했다. 이는 모든 약품의 중국 내 생산을 촉진하는 효과를 낳으며, 안보 차원에서는 전시에 의약품을 자급자족할 수 있는 체제를 마련한다는 의미도 담고 있다.

그 결과, 더 많은 병원과 환자들이 신약 개발을 위한 임상시험에 협력하게 될 것이고, 신속한 임상 결과와 신약 허가를 기대한 외국 제약사들이 앞다투어 중국 시장에 진출하게 될 것으로 보인다.

이와 함께, 중국은 의료용 이미징 클라우드를 전국 규모로 확대할 계획이다. 의료기관, 임상의의 진단 및 치료, AI 보조 진단 시스템, 클라우드 스토리지, 상업 보험사 등에 데이터 활용을 제공해, 의료 및 건강관리 분야의 새로운 생산성을 창출하겠다는 구상이다.

국가의료보험국은 2025년 말까지 전국 의료기관이 '국가의료보험 영상 데이터 클라우드'를 통해 지역 간 의료 영상 정보를 자유롭게 열람할 수 있도록 하겠다고 밝혔다. 이어 2027년 말까지는 전국을 아우르는 통합 의료 영상 클라우드 데이터 네트워크를 완성하겠다는 목표를 세우고 있다.

이런 대규모 데이터는 AI 적용에 매우 유리하다. 실제로 중국 푸단대학교와 영국 워릭대학교의 과학자들은 AI 기술을 활용해 혈액 단백질만으로 알츠하이머병을 발병 15년 전에 예측할 수 있다는 사실을 밝혀냈다. 전 세계적으로 5,500만 명 이상의 사람들이 알츠하이머병으로 고통받고 있는 현실을 고려할 때, 이 발견은 예방의 실마리를 제공할 수 있다는 점에서 주목받고 있다. 연구진은 특정 단백질이 알츠하이머병과 기타 신경 퇴행성 질환에 대한 감수성을 나타내는 바이오마커biomarker 역할을 한다는 사실을 역대 최대 규모의 분석을 통해 확인했다고 밝혔다. 조기에 위험을 식별할 수 있는 정확한 진단법이 개발되면, 알츠하이머병의 발병을 늦추거나 역전시킬 수 있는 약물을 조기에 투여할 수 있어, 의료 시스템의 전체 비용도 크게 줄일 수 있을 것이다.

2025년 3월, 중국과학원 분자식물과학센터의 판민첸范敏锐 연구원이 시후대학교의 우쉬둥吴旭冬, 푸단대학교의 장진루张金儒, 저장대학교의 수난난苏楠楠 연구원과 함께 공동 연구를 수행했다. 이들은 병원체와 식물 엽록체에서 에너지원으로 쓰이는 ATP(아데노신삼인산)를 운반하는 수송 단백질의 3차원 구조와, ATP가 세포 내에서 이동하는 분자 메커니즘을 세계 최초로 분석했다.

이 연구는 관련 질병 치료용 약물 설계뿐 아니라, 작물 수확량 향상을 위한 단백질 개량에도 중요한 아이디어를 제공한다. 이로써 중국은 식량 증산을 위한 종자 개량과 질병 치료용 신약 개발이라는 두 방향 모두에서 국가 전략에 직접적으로 기여할 수 있는 성과를 얻었다고 볼 수 있다.

뇌-컴퓨터 인터페이스 기술

중국이 2025년에 종료되는 제14차 5개년 계획에서 해결해야 할 7대 과학기술 분야 중 하나는 '뇌 과학 및 유사 뇌 연구'다. 중국 과학자들은 인간의 뇌에서 뉴런(신경세포)의 활동을 모방한 AI 모델을 시뮬레이션함으로써, 대규모 전력 소비 없이도 높은 연산 능력을 구현했다고 밝혔다. 복잡한 대규모 AI 네트워크와 인간의 뇌 사이에 존재하는 간극을 메울 수 있는 새로운 모델을 개발한 것이다.

이런 연구는 이론에만 그치지 않는다. 중국과학원 상하이마이크로시스템연구소SIMIT에 따르면, 침습형 뇌-컴퓨터 인터페이스BCI, Brain-Computer Interface의 장점은 전극이 뇌의 뉴런과 밀착해 높은 처리량과 고품질의 신경 신호를 수집할 수 있다는 데 있다. 다만 이 방식은 조직 손상, 염증 등 생물학적 위험이 수반된다.

반면, 비침습형 BCI는 이러한 위험이 거의 없지만, 상대적으로 낮은 정밀도의 뇌 신호만 추출할 수 있다는 한계가 있다. 그럼에도 불구하고 비침습형 BCI 기기는 안전성과 사용 편의성이 뛰어나 상용화 가능성이 높다. 실제로 수면 개선이나 장애인 보조기기 분야에서도 이미 널리 활용되고 있다.

예를 들어 샤오슈이인텔리전스小水智能가 개발한 지능형 휠체어는 웨어러블 뇌 제어 키트를 통해 사용자가 휠체어의 다방향 동작을 '뇌로 제어'할 수 있게 한다.

침습형 사례로는 2023년 12월, 중국에서 시행된 이식 시술이 있다. 이 시술은 5년 전 사고로 경추가 마비되어 자신을 돌볼 수 없게 된 35세 청년 환자에게 실시되었다. 의료진은 환자의 두개골에 소형 BCI 프로세서를 이식하고, 뇌척수막 바깥의 감각 운동 뇌 영역에서 신경 신호를 수집하는 데 성공했다.

이 시스템은 두피를 통과해 내부 기계에 전력을 공급하며, 신경 생리학적 데이터를 전송하고 뇌파 신호를 외부 장비 제어 신호로 변환하는 구조로 구성되어 있다. 약 두 달간의 재활 훈련 끝에, 환자는 자신의 뇌 활동만으로 공압식 장갑을 움직여 물병을 잡는 데 성공했으며, 컴퓨터 화면의 커서도 제어할 수 있게 되었다.

BCI 기술이 이처럼 첨단이기만 한 것은 아니다. 더욱 실용적인 예로는 눈가리개 형태의 수면 유도 기기가 있다. 이 지능형 수면 기기는 특정 주파수로 뇌파 활동을 조절해 수면을 유도한다. 동시에 모바일 애플리케이션을 통한 지능형 모니터링 기능이 포함되어 있어, 뇌의 상태를 실시간으로 분석하고 인지 행동 개입을 수행함으로써 보다 표적화된 수면 회복이 가능하다. 이 제품은 BCI 분야의 유니콘 기업인 브레인코 强脑科技에서 개발한 것이다.

중국은 BCI 기술의 표준화 작업에도 속도를 내고 있다. 관련 위원회를 구성해 뇌 정보 수집, 전처리, 인코딩 및 디코딩, 데이터 통신, 데이터 시각화 등 단계별 기술 표준을 수립 중이다. 또한 의료, 교육, 가전제품 등 다양한 산업 분야에서의 기술 적용 표준뿐 아니라, 임상 적용을 위한 윤리 기준도 함께 마련하고 있다.

그뿐만 아니라, 중국 국가의료보험국은 '신경의료 서비스 가격 항목 설정 지침'을 발표했다. 이 지침은 침습형 BCI 이식 비용, 제거 비용, 비침습형 BCI 적용 비용 등 새로운 기술에 맞는 별도 가격 항목을 구체적으로 설정하고 있다. 이는 BCI 기술이 실제 의료 현장에 도입되었을 때, 빠른 임상 적용과 보험 청구가 가능하도록 이미 준비가 완료되었음을 의미한다.

중국은 이렇게 이미 상당한 거리를 앞서가고 있다.

CHINA
TECH

8장

반도체와 소재 기술의 전략적 투자

첨단기술의 심장 반도체

앞서 언급한 대부분의 기술은 실제 구현 과정에서 반도체와 고급 소재가 필수적으로 요구된다. 미국의 대중 반도체 기술 제재는 단순히 반도체 산업 하나만을 겨냥한 조치가 아니다. 사실상 중국의 첨단기술 산업 전반을 가로막으려는 전략으로도 해석할 수 있다.

예를 들어 5G용 칩은 상업적 경제성을 확보하려면 최소 7나노미터 수준 이상의 정밀도가 필요하다고 한다. 그런데 현재 중국 반도체 가공 기술의 최고 수준은 7나노미터로, 그것도 SMIC의 일부 생산 라인에 한정되어 있다. 기술 부족으로 인해 경쟁사에 비해 수율도 낮고, 그에 따라 원가 경쟁력도 갖추지 못한 상태다. 그러나 미국의 제재가 계속되는 한 중국은 선택지가 거의 없다.

중국의 6G 위성은 스타링크 위성보다 더 높은 위도에 배치되어 있다.

후발 주자인 중국의 위성이 스타링크 위성의 아래 고도에 위치해 스타링크 위성에서 지표면으로 향하는 통로를 막으면 안 되기 때문일까?

혹은 7나노미터 반도체로 단말기를 제조하려면 고속 연산이 가능한 고성능 칩이 필요하고, 이를 지원하려면 위성 시스템의 출력도 훨씬 강력해야 하므로, 위성의 크기와 비용이 증가했을까? 결국 위성 수를 줄이는 대신 위도를 높이는 전략을 택한 것일지도 모른다.

아직 6G 위성을 충분히 올리지 못한 상태에서 미중 간 무력 충돌이 발생한다면 어떤 결과가 나올까? 미국이 우크라이나 전장에서 러시아군의 좌표 정보를 제공하던 위성 지원을 중단하자, 우크라이나군의 방어선이 급격히 무너졌던 상황이 떠오른다. 6G 위성망이 갖춰지지 않은 상태에서 중국이 유사한 상황에 처한다면, 전장에서 위성 정보 단절로 인한 치명적 공백이 발생할 수도 있다.

이러한 질문들은 결국 손톱 위에 올라갈 만큼 작은 반도체 하나가 국가 간 경쟁력과 지정학적 전략에 얼마나 중대한 영향을 끼치는지를 보여준다. 오늘날의 과학기술은 단순한 기술이 아니라, 우리의 생존과 운명에 직결되는 핵심 요소다. 그리고 이러한 기술이 실생활에 구현되려면 대부분 반도체가 개입되기 때문에, 반도체는 현대 과학기술의 '인프라'라고 해도 과언이 아니다.

이제 미국의 반도체 기술 제재에 맞서 중국이 어떻게 대응하고 있는지 살펴보자.

기술 주권 투쟁의 최전선, 중국의 반도체 기술

우리는 매일 미국의 대중 반도체 제재와 관련한 뉴스를 접한다. 2024년 크리스마스이브에도 바이든 행정부가 미국 무역법 301조에 따라 중국 정부의 반도체 산업 지원이 '반경쟁적 조치'에 해당한다며 이에 대한 조사를 시작했다는 보도가 나왔다.

한편 첨단 반도체 기술 경쟁에 대한 뉴스도 끊이지 않는다. 대만의 TSMC는 미국 현지 공장에서 4나노미터 공정 시험 생산을 실시해 높은 수율을 기록했다고 발표하며 분위기가 고조되었다. 반면 삼성은 2나노미터 공정의 수율이 아직 목표 수준에 도달하지 못해 고심하고 있다. 반도체와 디스플레이는 우리나라의 핵심 수출 품목이자 12대 국가 전략 기술로 지정되어 있지만, 최근 상황은 다소 어두워 보인다.

그러나 이처럼 첨단 반도체는 엔비디아, 애플과 같은 글로벌 최상위 기업들만 사용하는 영역이다. 일반 기업 대부분은 100나노미터에도 못 미치는 레거시Legacy 기술 기반의 반도체를 사용하고 있다. 그리고 이런 레거시 반도체를 세계에서 가장 많이 생산하는 나라는 바로 중국이다.

따라서 반도체 기술을 논할 때는 첨단기술과 범용 산업용 기술을 구분해서 바라볼 필요가 있다. 중국의 반도체 기술력이 미국에 못 미친다는 점은 이제 설명이 필요 없을 만큼 명확하며, 반도체 제조 기술인 파운드리 분야에서도 대만의 TSMC가 압도적이라는 점 역시 부연할 필요가 없다. 그럼에도 내가 전하고 싶은 이야기는, 이런 불리한 상황 속에서도 중국이 어떻게 반도체 기술을 키워나가고 있는가에 대한 것이다.

현재 범용 파운드리 분야에서 중국이 이룬 최고 수준은 SMIC의 7나노미터 공정의 성공이다. 더 정밀한 공정으로 나아가기 위해서는 EUV(극자외선) 노광장비와 같은 첨단기술이 필요하지만, 미국의 제재로 이러한 장비 수입은 사실상 봉쇄되어 있다.

그러나 미국의 압박이 오히려 중국 반도체 장비 기술 발전의 촉진제가 되었다. 중국 정부는 반도체 기술을 핵무기급 전략 자산으로 간주하고, 국가의 명운을 걸고 기술 자립을 추진 중이다. 최근 화웨이는 국산 EUV 장비 개발에 성공했다며, 2025년 3분기 시험 생산을 거쳐 2026년부터 대량 생산에 돌입할 예정이라고 밝혔다. 아직 정밀도는 글로벌 최고 수준에 미치지 못하지만, 중대한 기술적 돌파를 이루어 낸 것은 분명하다.

프랑스 시장 조사 업체 노우메이드KnowMade에 따르면, 2021년부터 2023년까지 중국 내에서 발표된 3세대 반도체인 실리콘 카바이드SiC, Silicon Carbide 관련 발명 특허 건수는 약 60% 증가해, 주요 국가 중 가장 빠른 성장세를 보였다. 특히 2023년에는 전 세계 SiC 반도체 특허의 70% 이상이 중국에서 출원되어, 단일 국가로는 가장 많은 특허를 차지했다.

제3세대 반도체는 다소 오래된 기술로 보일 수 있지만, 전기자동차나 산업 설비 등에 폭넓게 사용되어 새로운 영역에서 주목받고 있다. 우리나라의 보라매 전투기에 탑재된 AESA(능동형 전자주사식 배열) 레이더의 핵심 소자 역시 따지고 보면 이런 제3세대 반도체의 일종이다.

반도체 중에서도 CPU는 중국이 20세기 말부터 전략적으로 국산화하고 싶어 했던 기술이다. 그리고 25년이 지난 지금, 중국의 대표적 CPU 개발 업체인 룽신중커^{龙芯中科}가 차세대 쿼드코어 CPU 프로세서인 '룽신^{龙芯} 3A6000' 개발에 성공했다.

룽신 3A6000은 2.5GHz에서 작동하며, 인텔이 2020년에 출시한 10세대 쿼드코어 수준에 해당하는 성능을 보인다. 자체 개발한 아키텍처인 룽아크^{LoongArch}를 사용해, 명령어부터 애플리케이션 바이너리 인터페이스까지 직접 설계하고 구현했다고 한다.

이 칩은 128비트 벡터 확장 세트와 256비트 어드밴스드 벡터 확장 세트를 모두 지원한다. 그렇다면 이 룽신 칩이 AMD의 CPU보다 고성능일까? 물론 아니다. 하지만 중국은 산업에서 실제 사용할 수 있는 CPU를 자체 개발하고 자체 생산하고 있다. 그것이 중요한 것이다. 우리나라의 삼성전자나 SK하이닉스가 메모리를 잘 만든다고 해서 중국을 미개국으로 여기면 안 된다는 얘기다.

그러나 현재 중국과 서방의 반도체 기술 격차는 여전히 크다. 이런 상황에서 중국은 실리콘밸리의 스타트업 지글루^{zGlue}의 특허를 인수했다. 선전의 스타트업인 칩풀러^{Chipuller}가 지글루의 칩렛^{chiplet} 기술을 확보한 것이다. 이 기술은 하나의 반도체를 여러 개의 복수 모듈, 즉 칩렛으로 나눠 만들어 연결하는 방식이다.

업계 전문가들은 미국의 기술 제재 이후 칩렛 기술이 중국의 반도체 제조 계획을 크게 뒷받침하고 있다고 말한다. 얼마 전에는 중국이 자체 개발했다고 주장한 반도체 안에 미국 반도체가 하나의 칩렛으로 들어 있는 것이 발견되어 세계의 비웃음을 사기도 했다.

미국 반도체 분석 기업 테크인사이트TechInsights가 화웨이의 최신 AI 가속기인 '라이징 910B'를 분해한 결과, TSMC의 7나노미터 칩이 사용된 사실이 밝혀진 것이다. 그렇다. 지금의 중국은 체면이고 뭐고 따질 여유가 없다. 어떤 방법이든 동원해서 반도체 기술을 확보하려 하고 있다.

미국이 대중 제재를 가하는 반도체 기술 중 하나가 바로 EDA^{Electronic Design Automation}, 즉 반도체 설계 도구다. EDA는 반도체를 설계할 때 사용하는 필수적인 도구이지만, 이 '설계'라는 과정이 단순한 논리 설계가 아니라 실제 제조 공정상의 조건들을 반영해야 한다는 점이 중요하다.

그리고 공정이 공장마다 다르기 때문에, 가장 많은 공정 경험을 보유한 EDA 툴은 그렇지 못한 툴에 비해 실제 생산 원가에서 큰 차이를 만들어 낸다. 그뿐만이 아니다. 공정 경험은 제조 과정에서의 문제 발생 가능성도 줄여준다고 한다. 많이 사용되는 툴은 그만큼 많이 생산되며, 많이 생산되기 때문에 공정 경험도 늘어나고, 그 결과가 다시 툴에 반영되는 선순환 구조가 생긴다. 이런 구조는 먼저 시장을 선점한 EDA 툴 업체가 기술 격차를 점점 더 벌리게 만든다. 그리고 그 선점자는 바로 미국 기업들이다.

하지만 미국이 반도체 개발에 사용되는 소프트웨어 수출 규제를 강화한 지 8개월 만에, 화웨이는 자체 EDA 툴을 개발했다. 화웨이가 중국 내 소프트웨어 기업과 공동 개발한 이 툴은 14나노미터 이상 기술 노드에서 칩을 설계할 수 있다. EDA 툴은 제조 공정의 노하우가 접목되는 분야이므로, 중국 내에서 경험할 수 있는 최선인 14나노미터 기술이 반영되어 있는 것이다. (7나노미터 공정의 경우 TSMC 기술진의 도움을 받았다는 이야기도 있다.)

화웨이는 이 툴에 대해 전반적으로 검증할 예정이며, 타사 업체에 이 툴 사용을 허용하겠다고 밝혔다. 화웨이의 EDA 툴은 2019년 5월 화웨이가 미국 정부의 수출 제재 대상 기업 리스트인 '엔티티 리스트 Entity List'에 포함된 이후, 외산 기술에 대한 의존을 줄이기 위해 자력으로 개발한 78개의 사내 도구 중 하나다.

반도체 기술 확보가 절실해진 중국이 최근 주목하고 있는 것은 공개 기술의 활용이다. 그중 대표적인 예가 'RISC-V'이다. RISC-V는 스마트폰, 디스크 드라이브, 와이파이 라우터, 태블릿 컴퓨터 등 다양한 장치에 사용되는 프로세서 설계를 위한 공통 언어 ISA(명령어 집합 구조)를 제공한다. 이 기술이 주목받는 가장 큰 이유는, RISC-V가 오픈소스 형태로 공개되어 있어 누구나 자유롭게 활용할 수 있기 때문이다. 따라서 미국의 기술 제재를 받는 상황에서도, 중국 기업들은 이 공개된 설계 기술을 기반으로 자율적인 반도체 개발이 가능하다.

이에 대해 미국에서도 경계가 커지고 있다. 공화당 소속 마이크 갤

러거Mike Gallagher 하원의원이 이끄는 미중 전략 경쟁 특별위원회는 RISC-V의 잠재적 위험을 검토하기 위해 정부 부처 간 위원회를 구성하라고 권고했다. 당시 바이든 행정부 또한 중국의 RISC-V 명령어 세트 사용에 우려를 표명했다.

그러나 이미 공개된 기술을 통제하는 것은 결코 쉬운 일이 아니다. 에스페란토테크놀로지스Esperanto Technologies의 최고 기술 책임자 데이브 디첼Dave Ditzel은 "중국인이 핵무기에 관한 영어책을 읽을 수 있으니 알파벳을 금지하자고 말하는 것과 같다"라고 비판했다. 기술 전략 분석가 헨델 존스Hendel Jones는 현재 중국에서 100개 이상의 상당히 큰 기업들이 RISC-V를 사용해 칩을 설계하고 있으며, 최소 100여 개의 스타트업도 사용 중이라고 지적했다.

이런 와중에 중국 산시의 주요 국방 연구 기관인 서북과학기술대학교는 RISC-V 기반 프로세서 설계에서 중대한 보안 결함을 발견했다고 발표했다. 중국은 RISC-V 아키텍처에 의존해 자체 CPU를 만들면서도, 기술의 원천이 미국이기 때문에 보안에 대한 경계도 늦추지 않고 있는 것이다.

중국은 더 이상 선택의 폭이 넓지 않다. 그래서 RISC-V 기반 오픈소스 칩 설계에 사실상 '올인'하고 있다. 2025년 1월, 중국과학원은 자사의 샹산 RISC-V 프로세서가 곧 준비될 것이며, AI 생태계의 핵심 동력원인 딥시크를 지원하도록 수정될 것이라고 발표했다. 중국 정부 역시 2025년 중으로 새로운 지침을 발표하고, 오픈소스 RISC-V 설계 표준의 전국적인 사용을 장려할 계획이라고 한다.

중국이 의존하는 두 번째 주요 기술은 영국의 기업 ARM에 있다. ARM은 상업용 반도체 설계 기업이지만, 스스로 반도체를 제조하지 않고 기술만 제3자에게 제공하는 사업 구조로 되어 있기 때문에 중국 입장에서 전략적 의미가 크다. 현재까지 중국에서 개발된 반도체 대부분이 이 ARM의 기술 기반을 채택하고 있다.

소프트뱅크는 경영난에 빠진 ARM을 인수한 뒤, ARM 차이나의 지분 절반 이상을 중국에 매각했다. 당시 두 개의 중국 기업이 ARM 차이나의 지분을 매입했는데, 이로 인해 중장기적으로 ARM 차이나의 경영권 문제가 발생할 가능성이 있다는 리스크가 제기되었다. 하지만 소프트뱅크는 ARM의 핵심 기술은 자신들이 보유하고 있기 때문에 문제없다고 판단한 듯하다.

그러나 ARM이 ARM 차이나 경영진을 교체하려 했을 때, 현지 경영진은 중국 정부와 인민들에게 애국심을 호소하며 ARM 차이나는 중국의 기업이며 중국인이 경영해야 한다고 주장했다. 이 갈등은 시간이 지나며 점차 봉합되는 분위기지만, 완전히 해결된 것은 아니다. 이런 상황은 ARM 차이나가 실질적으로는 중국 기업처럼 운영되고 있음을 보여준다. 만일 서방과 무력 충돌과 같은 상황이 발생한다면, 중국은 ARM의 원천 기술을 사용하는 데 아무런 거리낌이 없을 가능성이 높다.

베이징대학교 펑하이린彭海琳 교수 팀은 미국의 반도체 제재를 우회하기 위한 노력으로 2D 트랜지스터를 개발했다. 이 트랜지스터는 TSMC의 최첨단 3나노미터 실리콘 칩보다 40% 더 빠르게 작동하고, 에너지 소비는 10% 적다고 한다. 펑 교수는 "기존 소재를 활용한 칩 혁신이 '지름길'이라면, 2D 소재 기반 트랜지스터는 '차선 변경'에 가깝다"라고 설명하며, "이 방식은 제재로 인해 불가피하게 선택된 길이지만, 연구자들이 새로운 관점에서 해답을 모색하도록 만든다"라고 덧붙였다. 마치 AI 분야에서 딥시크가 미국 제재를 회피하기 위한 대안으로 개발되었듯, 반도체 기술도 미국의 제재를 피해 가는 새로운 경로를 찾는 과정에서 나온 돌파구인 셈이다.

이들이 개발한 트랜지스터는 은백색 금속인 비스무트 기반으로, 동일한 조건에서 서방의 가장 진보된 유사 장치보다 성능이 뛰어나다고 한다. 연구진은 미국이 주도하는 기술 제재로 인해 중국 내에서 실리콘 기반 최첨단 트랜지스터의 생산이 불가능한 상황에서, 오히려 레거시 기술로 이 성능을 구현했다고 밝혔다.

AI 칩에 대한 제재 역시 우회하려는 시도가 있다. 중국 연구원들은 기존 산업용 칩에 최신 비디오 생성 모델을 학습시켰고, 이 모델은 속도와 효율성에서 고급 GPU를 뛰어넘는 성능을 보여주었다. 이들이 만든 시스템 '플라이트 VGM'은 성능이 30% 향상되었고, 에너지 효율성은 엔비디아의 주력 제품인 'RTX 3090' GPU보다 4.5배 높았다고 한다. 특히 이 모든 연산은 AMD의 'V80 FPGA' 칩에서 실행되었다.

이 혁신은 2025년 FPGA 콘퍼런스에서 최고 영예를 받았고, 중국 팀이 이 대회에서 최우수 논문상을 받은 최초의 사례로 기록되었다. 이 모델은 상하이 교통대학교, 칭화대학교, 그리고 베이징에 있는 스타트업 인피니전스AI^{无限智能AI}의 과학자들이 함께 개발한 것이다. 이 기술은 로봇 제어, 자율주행 차량 등 산업 현장에서 비용과 에너지 면에서 전부 효율적인 AI 시스템 구축 방식을 새롭게 정의할 수 있다고 평가된다.

한편, 삼성전자가 V10(10세대)부터 도입하는 첨단 패키징 기술인 하이브리드 본딩^{hybrid bonding}의 특허를 중국의 낸드 플래시 메모리 제조업체 YMTC로부터 빌려 쓰기로 한 것으로 알려졌다. 이 사건은 중국 반도체 기술이 한국 대표 기업 삼성전자의 기술을 넘어선 사례로 상징성이 크다. 삼성전자로서는 차세대 낸드 개발의 핵심 난제를 해결한 셈이지만, 향후 중국 기술에 종속될 수 있다는 우려도 함께 제기되고 있다. 반면 SK하이닉스는 삼성이 아직 해결하지 못한 HBM^{High Bandwidth Memory} 칩 개발에 성공해, AI 산업 성장세를 타고 매출을 크게 끌어올리고 있다.

트럼프 대통령의 압박으로 대만의 TSMC는 무려 1,000억 달러 규모의 투자를 미국에 약속했다. 이는 반도체 산업이 이제 단순히 한 기업의 문제가 아닌, 국가적이고 국제적인 문제라는 점을 여실히 보여준다. 한국의 기업들은 이제 더 이상 순수한 기업인의 시각에만 머무를 수 없다. 세계정세를 고려한 지정학적 전략 수립이 필수인 시대가 되었다.

떠오르는 전략,
천연자원

현재 중국은 전 세계 희토류의 약 90%, 리튬의 60%를 처리하고 있다. 이뿐만 아니라 전 세계 갈륨 생산량의 95% 이상, 게르마늄은 67%를 차지하는 세계 최대 생산국이기도 하다. 중국은 아프리카 등 주요 광물 수출국들과도 긴밀한 유대 관계를 맺고 있으며, 이로 인해 서방은 공급망 확보 경쟁에서 점점 뒤처지고 있는 상황이다. 또한 중국은 안티몬과 같은 희소 금속 자원의 수출을 통제함으로써 서방에 대한 전략적 영향력을 행사하고 있다.

게다가 중국에서는 모든 천연자원을 국가 소유로 간주한다. 2024년 10월, 중국 공산당은 전국 인민의 천연자원 소유권을 국가가 대리 행사할 수 있도록 국무원에 위임했다. 이에 따라 천연자원부가 중앙 집중된 형태로 소유자의 의무를 수행하며, 성·시·지방 정부에는 일부 권한을 위임해 대리하도록 했다.

이러한 제도적 변화는 2019년 발표한 '천연자원 자산의 재산권 제도 개혁' 지침과, 2021년 시행된 위탁 대리 시범 사업을 바탕으로 정착되어 온 것이다. 이처럼 중국은 법제화된 국가 소유 체계를 통해 필요시 서방을 상대로 자원 수출을 통제할 수 있는 여지를 확보하고 있다. 여기에 더해 러시아의 푸틴 대통령도 원자재 동맹을 통해 서방에 대한 전략적 영향력을 강화하려 하고 있어, 자원과 관련한 지정학적 긴장은 앞으로도 이어질 가능성이 크다.

희토류

원자재 시장 조사 기관 벤치마크미네랄인텔리전스Benchmark Mineral Intelligence의 추산에 따르면, 2030년까지 중국은 다른 모든 국가를 합한 것보다 2배 이상 많은 배터리를 생산할 것이라고 한다. 전기자동차는 배터리로 인해 기존 내연기관차보다 차종과 배터리 용량에 따라 최대 6배 이상 많은 희귀 광물을 사용할 수 있다. 이 희귀 광물을 장악하고 있는 나라는 다름 아닌 중국이다. 그렇기에 중국이 배터리 기술에 집중해 영향력을 확보하게 되면, 사실상 다음 세대 산업 및 과학기술의 상당 부분을 장악할 수 있는 셈이다.

중국은 전 세계 코발트 채굴의 41%, 리튬 채굴의 절반 이상을 차지하고 있으며, 흑연 역시 주로 중국에서 채굴된다. 소재, 특히 희토류는 이제 세계 대부분의 사람이 주목하는 단어가 되었다. 나는 이를 이전 책 『디커플링과 공급망 전쟁』에서 다룬 바 있다. 첨단기술 산업에 주로 사용되는 희토류는 그 대부분을 중국이 생산하고 있어, 미중 간 무역 갈등에도 중국이 사용할 유력한 수단으로 여겨진다.

희토류는 아니지만, 중국이 일부 흑연에 대해서도 허가제를 도입했다는 점에서 첨단기술에 필요한 자원들이 전략적 자산으로 전환되고 있음을 알 수 있다.

2025년에 들어서면서 중국 상무부는 배터리 음극을 만드는 데 사용되는 기술과 리튬을 추출하고 처리하는 방법을 수출 통제 목록에 추가할 것을 제안했다. 또한 이 제안은 반도체 생산에 필수적인 금속인 갈륨의 추출 기술을 수출 제한 목록에 추가하고, 건설 관련 기술 세 가지를 목록에서 삭제하는 것을 목표로 한다. 상무부에 따르면, 목록에 포함된 품목은 수출 허가가 필요하며 무단 수출은 금지된다. 이 제안에 대한 의견 수렴 절차는 사실상 입법 예고이며 이후 법제화될 가능성이 높다.

하지만 희토류와 같은 전략 자원은 대단히 민감한 문제다. 대부분의 희토류를 중국이 장악하고 있다고 해도 다른 지역에서도 일정 부분 확보가 가능하며, 서방 국가들 또한 중국에 제재할 수 있는 소재 및 희귀 자원을 일부 보유하고 있다. 최근 해양 탐사 결과 세계 곳곳에서 희토류가 다수 발견되면서, 중국의 희토류 영향력이 이전보다 약화될 것이라는 전망도 나오고 있다.

반면 중국이 부족한 자원도 있다. 대표적인 예가 헬륨이다. 헬륨은 절대 영도에 가깝게 냉각할 수 있어 양자 컴퓨터, 자기공명영상MRI 스캐너, 핵융합로, 입자 가속기 등 최첨단 장비의 냉각에 필수적이다. 반도체 산업의 급속한 성장에 따라 중국은 세계에서 두 번째로 큰 헬륨 수요국이 되었으며, 2020년에서 2023년 사이 소비량이 7.2% 증가할 것으로 전망되었다. 전문가들은 중국이 헬륨 부족에 직면할 경우 대체가 어려워 기술 분야에 상당한 영향이 있을 것으로 본다.

이러한 배경에서, 최근 몇 년 동안 중국은 미국산 헬륨 의존도를 줄이려 노력해 왔다. 그리고 2023년, 세계 최초의 석탄층 메탄 기반 고순도 헬륨 추출 플랜트가 중국에서 가동되며 중국 내 헬륨 생산량을 늘릴 수 있는 새로운 길이 열렸다.

그렇다고 해도 당분간 희토류는 중요한 전략 자원으로서의 위치를 유지할 수밖에 없다. 중국은 세계 최대의 희토류 채굴 및 가공 능력을 보유하고 있으며, 희토류 가공 기술 관련 특허의 대부분을 보유하고 있다. 예를 들어, 중국과학원의 광저우지구화학연구소GIG는 '풍화 지각형 희토류 광석의 전기 구동 광산 기술'을 개발했다. 이 기술은 전기장을 활용해 풍화 지각 내 이온 흡착형 희토류의 이동 및 농축 메커니즘을 밝혔으며, 자기 배출 방식의 전기 구동 추출 과정을 실험적으로 규명했다. 또한 시뮬레이션, 규모 확대 실험, 현장 시연을 통해 기존 방식 대비 높은 효율로 채광할 수 있다는 것을 입증했다고 한다. 유럽 호라이즌 유럽Horizon Europe에서 희토류 관련 연구를 이끄는 과학자 중 일부는 이 기술을 "판도를 바꿀 수 있는 수준"이라고 평가했다.

이제는 모든 나라가 희토류 확보에 적극적으로 나서고 있으며, 이는 중국도 예외가 아니다. 예컨대 중국은 희토류 정보 수집을 위해 최초의 독립 제어 실시간 지자기장 모델을 탑재한 마카오 과학 1호 위성을 쏘아 올렸다. 이 위성은 고정밀 지자기장 데이터를 수집해 심해, 지구 해양, 지구 우주에 대한 과학 연구뿐만 아니라 항공우주, 항법, 자원 탐사, 지능형 단말기 등의 분야에 활용할 수 있다.

지구의 주요 자기장은 지하 2,890km에서 5,150km 사이에 있는 외핵의 유체 운동으로 생성되는데, 과학자들은 이 철-니켈 혼합 전도성 유체의 시공간적 구조에 대해 거의 알지 못하고 있다. 따라서 지구 자기장의 시공간적 변화는 현재 가장 유망한 과학적 탐구 대상 중 하나다.

이처럼 희토류를 둘러싼 상황은 시시각각으로 변하고 있다. 우리나라처럼 관련 자원이 전무한 국가는 희토류 의존 없이 작동할 수 있는 기술 개발 외에는 길이 없다. 그리고 이러한 소재 기술의 개발은 꾸준하고 장기적인 기초 과학에 대한 투자 없이는 불가능하다.

신소재 개발

중국은 소재 산업을 두고 지역별 전문화를 추진하고 있다. 창쇼우 경제기술개발구는 2010년 국가 첨단 화학 신소재 산업화 기지로 지정되었다. 이곳에 있는 시노켐화루신소재유한공사 中化学华陆新材料有限公司는 3단계에 걸쳐 연간 생산량 30만m^3 규모의 실리콘 기반 나노 에어로젤 복합재료 생산 기지를 건설 중이다. 프로젝트가 완료되면 전체 산업 사슬을 완비하고 에어로젤과 실리콘 기반 신소재를 중심으로 한 현대 신소재 산업 클러스터가 형성될 것으로 보인다.

현재 창쇼우 경제기술개발구에는 포천 500대 기업 29개, 다국적 기업 69개, 상장 기업 66개, 첨단기술 기업 226개가 모여 있으며, 천연가스 화학 신소재, 실리콘 기반 신소재, 신재생에너지 신소재 등 7대 산업 클러스터가 이미 조성되었다. 2024년 이곳의 첨단 소재 산업 생산액은 996억 위안이다. 앞으로 첨단 소재 기업 수는 124개로 늘어날 것으로 예상되며, 특허 허가 수는 1,000건을 돌파할 전망이다.

중국은 최근 다양한 신소재 기술 개발 성과를 발표했다. 대표적인 예가 2차원 물질을 말아서 제어 가능한 카이랄리티chiral property를 가진 '그래핀 롤graphene roll'을 제조한 것이다. 이 기술은 파라핀 보조 침지법을 통해 개발되었다. 카이랄리티는 물체가 그 거울상과 겹치지 않는 성질로, 예를 들어 왼손과 오른손처럼 좌우 대칭이지만 정확히 포개어지지 않는 구조적 특성을 말한다. 이 기술은 양자 컴퓨팅 및 스핀트로닉스spintronics(전자 스핀 특성을 활용하는 차세대 소자) 개발에 응용될 수 있다.

그래핀은 본래 높은 전기 전도도와 기계적 강도, 화학적 안정성을 지닌 2차원 물질이지만, 기본적으로는 카이랄성이 없다. 하지만 톈진대학교 연구 팀이 특정한 카이랄 특성을 갖는 그래핀 롤 제조에 성공한 것이다. 실험 결과, 제조된 레보로타토리(l-) 및 덱스트로로타토리(d-) 그래핀 롤은 상당한 광학 활성도와 우수한 스핀 선택적 효과를 보였고, 연구진은 이를 통해 카이랄 각도를 정밀하게 제어함으로써 스핀 선택성 변조의 가능성도 확인했다.

또한, 강유전체 기술에서도 진전이 있었다. 강유전체란 외부 전기장이 없어도 자발적인 분극을 가지며, 외부 전기장에 따라 분극 방향을 바꿀 수 있는 소재를 의미한다. 이 소재는 AI나 센서용 칩 등 첨단기술에 필수적인 저장 기능 구현에 활용된다. 중국 연구진이 개발한 신형 강유전체 소재는 저장 수명을 크게 연장했으며, 이는 AI 컴퓨팅이나 데이터센터 비용 절감은 물론, 향후 심해 탐사나 항공우주 산업에서도 활용될 가능성을 보여준다.

환경 분야에서도 주목할 만한 성과가 있었다. 인간이 만들어 내는 대량의 플라스틱은 지구 전체 바다를 오염시키고 있으며, 우리가 먹는 해산물에는 상당량의 마이크로플라스틱이 함유되어 있다고 한다. 일부에서는 이 마이크로플라스틱이 인지 기능 저하나 지능 장애의 주요 원인 중 하나일 수 있다고 우려하고 있다. 이런 상황에서 중국 우한대학교 자원환경과학원의 덩훙빙鄧洪兵 교수와 화중과학기술대학교 저우쉐周學 교수 연구 팀이 생분해와 재사용이 가능한 새로운 유형의 올 바이오매스 섬유 스펀지를 개발했다. 이 스펀지는 물속 미세 플라스틱을 99.8%까지 흡착해 제거할 수 있다고 밝혔다. 우한대학교는 이 기술이 미세 플라스틱 제거의 새로운 방향을 제시했다고 발표했으며, 만약 실용화에 성공한다면 환경 보호에 있어 새로운 전환점이 될 가능성도 있다.

중국과학원 물리학연구소는 중국 연구 팀이 유엔UN 외부의 여러 국제 공동 연구 팀의 도움을 받아 니켈 기반 고온 초전도체 연구에서 중요한 진전을 이루었다고 발표했다. 연구진은 희토류 원소의 하나인 프라세오디뮴이 도핑된 이중 니켈-산소층 칼코겐화물 $La_2PrNi_2O_7$의 다결정 샘플을 고압 상태에서 실험한 결과, 초전도체의 핵심 특성인 전기 저항이 완전히 사라지는 '제로 저항' 현상과 외부 자기장을 완전히 밀어내는 '완전한 항자성'을 동시에 확인했다.

또한 이들은 완전한 반자성과 이중 니켈-산소층 칼코겐화물의 고온 초전도 현상 및 벌크 초전도 특성의 기원에 대한 문제를 밝히고 고온 초전도 현상에 영향을 미치는 미세 구조 장애 요인을 규명했다. 이 연구는 니켈 기반 고온 초전도체의 최적 설계 및 합성을 위한 중요한 기준을 마련해 줄 수 있으며, 해당 분야의 연구 발전을 촉진하는 데 기여할 것으로 보인다.

2025년 2월 중국 국가최고과학기술상 수상자인 쉬에치쿤薛其坤 교수를 필두로 한 남방과학기술대학교, 홍콩-마카오만 권역 양자과학센터 및 칭화대학교 공동 연구 팀은 니켈 산화물 고온 초전도체의 작동 메커니즘을 규명했다고 발표했다. 초전도 현상은 1911년 처음 발견된 이후, 대기압에서 -233.15도(절대온도 40K)인 맥밀런 한계McMillan limit를 넘어서는 초전도 물질을 찾는 것이 오랫동안 과학계의 주요 과제로 남아 있었다. 이번 성과는 니켈 기반 초전도체가 대기압 상태에서 고온 초전도 특성을 가질 수 있음을 입증한 것으로, 구리 기반, 철 기반에 이은 세 번째 고온 초전도 물질 계열로 주목받게 되었다.

에너지 소재 분야에서도 의미 있는 진전이 있었다. 난카이대학교의 위안밍젠袁明鉴 교수 연구 팀은 국제 공동 연구를 통해 칼코겐화물 기반 태양전지의 고효율·고안정성 작동 조건을 구현해 냈다. 칼코겐화물 태양전지는 효율이 높고 제조가 쉽지만, 환경 요인에 의한 재료 분해 가능성 등의 한계도 있다. 연구 팀은 현장 결정화 동역학을 정밀하게 조절하는 전략을 개발해, 염화메틸암모늄MACl 없이도 고품질의 $FACsPbI_3$(폼아미디늄-세슘 혼합 기반 납 아이오딘 페로브스카이트 화합물로, 고효율·고안정성 태양전지 소재) 칼코겐화물 박막을 제조할 수 있게 되었다.

한편 중국과학원 물리연구소는 머리카락 굵기의 20만 분의 1 수준 두께를 가진 단일 원자층 금속을 구현하는 데 성공했다. 연구 팀은 고품질 단층 MoS_2 반데르발스 압축기를 활용해 비스무트, 주석, 납과 같은 금속을 녹이고 압출하는 방식으로, 원자 단위 두께의 2차원 금속을 대면적으로 제조하는 데 성공했다. 이는 기존의 2차원 반데르발스 층상 물질 체계를 뛰어넘는 것으로 평가된다.

2차원 금속의 구현은 전자 구조 제어, 계면 반응성 조절, 열전 특성 향상 등 다양한 응용 가능성을 열어줄 수 있으며, 특히 차세대 반도체 및 나노소자 개발에 핵심적인 전환점이 될 것으로 보인다. 연구 팀은 이러한 금속이 초소형 저전력 트랜지스터, 투명 디스플레이, 유연 전자 소자 등 다양한 미래형 전자기기에 활용될 수 있다고 밝혔다. 새로운 반도체 소재로서의 실용성과 확장성이 동시에 입증된 것이다.

결국은 기초 기술이 중요하다

중국 정부는 수차례에 걸쳐 일관되게 기초 기술에 대한 적극적인 투자를 천명해 왔다. 미국의 기술 제재에 맞서기 위해서는 중국이 독자적으로 기술을 개발해야 하며, 이는 기초 기술이 뒷받침되지 않으면 불가능하다. 하지만 기초 기술은 그 특성상 응용 목적을 직접적으로 설정하기 어렵고, 성과가 나오기까지 장기간이 소요되는 등 불확실성이 크다. 그럼에도 중국은 대규모 자본과 과학기술 인력을 투입해 장기적으로 기초 과학에 투자하기로 했다. 10년, 20년에 걸친 전략적 투자이며, 일부 영역에서는 이미 구체적인 성과가 나타나고 있다.

중국과학원은 2024년 5월 국가 주요 과학기술 인프라 건설 프로젝트인 상하이광원의 리니어 스테이션上海光源线站工程이 국가 승인을 통과했다고 밝혔다. 이 시설은 중국 최초의 3세대 싱크로트론 방사광원으로, 고품질 방사광을 활용해 미시 세계를 관찰할 수 있는 슈퍼 현미경 역할을 한다. 이를 통해 물질의 미세 구조 생성과 진화 메커니즘을 규명할 수 있으며, 공간 분해능은 30나노미터 이상, 시간 분해능은 60피코초에 달한다. 또한 극한 조건이나 특수 샘플에 대한 분석 수요를 충족시킬 수 있는 전방위적 초고감도 분석 능력을 갖췄다.

2024년 9월, 중국과학원 허페이재료과학연구소HIMS 강자기장 과학센터는 독자적으로 개발한 수랭식 자석이 42만 200가우스의 정상 상태 자기장을 생성하는 데 성공했다. 이는 2017년 미국 국립 강자기장 연구소NHMFL가 보유하던 41만 4,000가우스의 세계 기록을 경신한 것이다. 정상 상태에서의 초강력 자기장은 극한 조건이 필요한 재료 과학 연구에 필수적인 실험 환경을 제공하며, 기초 과학 분야의 핵심적 발견을 가능케 하는 전략적 기술로 주목받는다.

중이온 가속기는 알파 입자보다 무거운 이온을 가속해 빛에 가까운 속도로 흐르게 함으로써, 과학자들이 '소우주'라 불리는 미시 세계를 탐구하고 물질의 근본 구조에 대한 이해를 넓힐 수 있도록 돕는다. 이 장비는 신소재 연구나 암 치료와 같은 다양한 분야에서도 널리 활용되고 있다.

내가 중이온 가속기에 관심을 가지게 된 계기는 중국이 세계 최초로 저에너지·강유량·고충전 상태의 중이온 연구 장치를 개발했다고 발표했기 때문이다. '저에너지'는 전력 소모가 적다는 의미이고, '강유량'은 많은 이온 흐름을, '고충전 상태'는 더 강한 이온 충돌과 정밀한 분석이 가능하다는 것을 뜻한다. 실제로 이 장비는 신소재 개발과 질병 치료 등 실용적인 분야에 이미 활용되고 있다고 한다. 유럽이나 미국의 초대형 가속기만큼의 규모는 아니지만, 특정 연구 목적에는 충분히 효과적인 대안이 될 수 있다고 추측해 본다.

2024년, 광둥성 장먼시 지하 700m에는 10년에 걸친 공사 끝에 중국의 차세대 중성미자 검출기 '주노JUNO'의 본체가 완공되었다. 이 검출기는 지름 35m, 무게 600톤, 건물 12층 높이에 해당하는 거대한 크기를 자랑하며, 4만 5,000개의 광전자 증배관이 설치되어 있다. 중성미자는 다른 물질과 거의 상호작용을 하지 않아 '유령 입자'로도 불리는데, 이 장비는 중성미자 탐지와 함께 첨단 교차 과학 연구도 가능하게 한다. 지금까지 알려진 중성미자는 세 가지 유형이 있으며, 이에 대한 탐색은 물질세계의 이론 체계와 우주의 기원에 대한 이해를 넓히는 데 결정적 역할을 할 것으로 기대된다.

주노의 본격 가동은 2025년 8월로 예정되어 있으며, 향후 6년 동안 광둥성의 두 원자로에서 방출되는 중성미자를 관측할 계획이다. 중국은 이 관측이 미국보다 6년, 일본보다 2~3년 앞설 것이라고 보고 있으다. 이러한 선제적 실험 장비 구축과 조기 가동 계획은 순수 과학에서도 중국이 미국을 앞서가기 시작한다는 것을 보여준다.

CHINA TECH

9장

우리는 왜
중국 과학기술에
주목해야 하는가

우리가 중국에
주목해야 하는 이유

어처구니없는 말일지 모르지만, 나는 독자 여러분께 지금 이렇게 묻고 싶다. "왜 우리는 중국의 과학기술에 관심을 가져야 하는가?" 이 질문을 던지는 이유는 내가 이 책을 쓴 노력이 과연 독자들에게 제대로 전달되었는지 알고 싶기 때문이다. 아마도 우리가 중국의 과학기술에 새삼 관심을 갖게 된 건, 우리도 모르는 사이에 중국의 기술 수준이 비약적으로 향상되었음을 뒤늦게 인지하게 되었기 때문일 것이다.

중국의 과학기술 수준이 어떠하든 간에, 그것이 우리에게 큰 영향을 미칠 것이라는 점은 분명하다. 지금 우리가 이 시점에서 중국의 과학기술에 주목해야 하는 까닭은, 미국이 장악해 온 핵심 기술 주도권을 중국이 넘어서고 있기 때문이다. 그 결과 중국이 국가 전략을 본격적으로 감행할 수 있으며, 그렇게 되면 대한민국이 큰 어려움에 직면할 수 있다는 분석이 가능하다.

그래서 우리는 중국의 과학기술 현황을 단순히 '그렇구나' 하고 넘어갈 것이 아니라 우리가 어떻게 대응해야 할지를 진지하게 고민하고, 그에 따른 방안을 마련하는 것이 중요하다. 그리고 그 방안은 이상적인 원론이 아닌, 철저하게 현실에 기반한 것이어야 한다. 왜냐하면 이 상황은 이미 우리 눈앞에 닥쳐와 있기 때문이다.

"2025년을 내다보며 과학기술 혁신으로 신질생산력을 이끌기 위해서는 고품질 과학기술 공급 확대, 과학기술 혁신의 주체로서 기업의 위상 강화, 과학기술 성과의 전환 및 응용 촉진이라는 세 가지 측면에 집중해야 한다."

이 말은 중국전자정보산업발전연구원CCID의 원장 장리张立가 2024년 말 발표한 내용이다. 이 발언은 중국이 구상하는 미래 전략, 특히 신질생산력으로 대변되는 산업 구조와 경제 시스템 전환에서 과학기술이 핵심 동력으로 작동하고 있음을 보여준다. 2025년 양회에서 드러났듯, 중국은 이제 과학기술 혁신을 통해 경제, 산업, 외교, 안보 전반에 걸쳐 돌파구를 마련하려 하고 있다.

유물론을 기반으로 한 사회주의 국가이며, 광대한 자원과 막대한 인력을 갖춘 중국이 거국적 체제로 과학기술에 전념할 경우, 어떤 성과를 낼지 우리는 경각심을 가지고 주시해야 한다.

중국은 이미 세계적으로 영향력 있는 학술지에 발표되고 인용되는 논문 수에서 미국을 앞질렀다. 농업과학, 화학, 컴퓨터과학, 공학, 재료

과학, 수학 등 6개 주요 분야에서 국제 논문 인용 차트 1위를 차지했다. 2024년 기준 중국의 '국제 논문 평균 피인용 횟수'는 16.2회로 세계 평균(15.76회)을 처음으로 넘어섰으며, 재료과학, 공학 기술, 화학, 환경 생태학, 컴퓨터과학, 농업과학, 수학 등 7개 분야에서는 피인용 건수 세계 1위를 기록했다.

또한 중국은 2024년 과학기술 관련 출판물 수에서도 세계 1위를 차지했다. 일본의 경제지 〈닛케이Nikkei〉는 이런 논문의 수와 질이 미중 간 양강 구도를 강화하고 있다고 분석했다. 보고서에 따르면 미국과 중국은 전 세계 연구 논문의 40% 이상을 점유하고 있으며, 일본은 연구개발 자금 측면에서 해외 국가들과의 격차가 커지고 있어 만회 대책이 시급한 상황이라고 지적했다.

미중 양강 구도가 심화하면서 3, 4위 이하 국가들과의 간극도 더욱 벌어지고 있다. 중국과 미국이 전 세계 논문 총수에서 차지하는 점유율은 2020년 40.7%였고, 2024년에는 1.2%포인트 상승했다. 1위는 중국, 2위는 미국이며, 이어 인도가 3위를 유지했다. 인용 횟수 상위 10% 이내의 '관심 논문'에서도 중국이 1위, 미국이 2위를 차지했다.

한국은 9위로 일본(13위)보다 높은 순위지만, 과학기술의 세계에서 9위와 10위는 실질적인 의미가 크지 않다. 이란조차 12위에 올랐지만, 우리는 그 존재에 주목하지 않는다. 과학기술 분야는 결국 1등만이 선도 국가로서 생존하고 주도권을 행사할 수 있는 냉정한 세계이기 때문이다. 지금과 같은 추세가 지속된다면, 우리는 중국의 등을 겨우 쳐다보

인용 회수 10% 내 들어가는 논문 수						
순위	국가	논문 수	순위	국가	논문 수
1	중국	64,138	8	캐나다	4,654
2	미국	34,995	9	한국	4,314
3	영국	8,850	10	프랑스	4,083
4	인도	7,192	11	스페인	3,991
5	독일	7,137	12	이란	3,882
6	이탈리아	6,943	13	일본	3719
7	호주	5,151			

출처: 일본 과학기술·학술정책연구소

고 있는 현실에서, 머지않아 그 등마저 볼 수 없게 될지도 모른다.

기술 수준 평가에서 드러난 한국의 위기

한국 과학기술정보통신부가 수행한 '2024년 기술 수준 평가'에 따르면, 11개 국가 핵심 과학기술 분야에서 한국의 기술 수준이 처음으로 중국에 추월당한 것으로 나타났다.

이 평가는 2년마다 진행되며, 이번 조사에서는 5대 주요 분야에 속한

11개 과학기술 분야, 총 136개 핵심 기술을 대상으로 관련 논문과 특허를 분석하고 전문가 1,306명을 대상으로 설문조사를 실시했다.

조사 대상이 된 1대 핵심 과학기술 분야는 다음과 같다.

- 건설/교통
- 재난/안전
- 우주/항공/해양
- 국방
- 기계/제조
- 소재/나노
- 농림수산/식품
- 생명/보건의료
- 에너지/자원
- 환경/기상
- 정보통신 기술 및 소프트웨어

산업 기술을 살펴보면 중국은 1996년부터 2020년까지 연구개발 투자 규모를 무려 3,299% 늘렸다. 오타가 아니다. 다시 말해, 24년 동안 3,299% 증가한 것이다. 그 결과 중국의 특허협력조약PCT 국제 지식재산권 출원은 5년 연속 세계 1위를 기록했다.

네덜란드의 라테나우연구소Rathenau Instituut에 따르면, 중국의 연구개

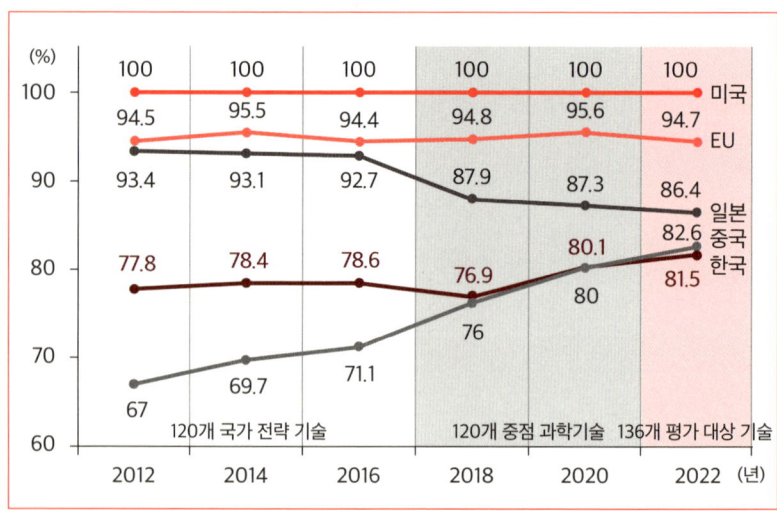

출처: KBS가 한국 과학기술부 자료에서 인용

발 자금 총액은 EU 27개국의 총합을 웃도는 수준이다. 이로 인해 미국 및 기타 주요 국가와의 기술 격차는 좁혀지고 있다. 예를 들어, 2019년에는 세계 최고 수준의 인공지능 연구자 중 11%가 중국에서 근무했으나, 2022년에는 이 비율이 28%까지 증가했다. 이는 중국 AI 산업의 내적 성장세를 보여주는 지표다.

세계지식재산권기구WIPO에 따르면, 2024년 기준 특허발명 출원 국가 순위는 1위가 중국이며, 이어 일본, 미국, 한국, 독일이 각각 2~5위를 차지했다. 이 다섯 국가가 전 세계 특허발명 건수의 90% 이상을 점유하고 있다.

블룸버그 이코노믹스와 블룸버그 인텔리전스는 중국의 중국제조 2025 전략이 대체로 성공을 거두었다고 평가했다. 이 전략에서 제시한 13개 주요 기술 중 중국은 5개 분야에서 이미 세계 선두권에 올라섰고, 나머지 7개 분야에서도 빠르게 순위를 추격하고 있다.

중국은 이제 타국 기술을 단순히 도입하려는 수준을 넘어, 자국 기술을 보호하기 위한 제도 정비와 전략 수립에도 주력하고 있다. 그러나 더 주목할 점은 앞으로 등장할 중국 젊은 과학기술인의 성과다. 이와 관련해 중국 AI 스타트업 딥시크의 공동 창업자인 량원펑의 발언은 매우 상징적이다.

"중국 AI는 미국보다 1~2년 뒤져 있다고들 하지만, 사실 그 간극은 '창조와 모방'의 차이입니다. 이걸 바꾸지 않으면 우리는 영원히 추격자에 머물겠죠. 기술의 진짜 가치는 결국 '사람들'과 '노하우 축적'에 있어요. 중국에서는 투자자부터 대기업까지 모두가 '우리는 너무 뒤처졌으니, 일단 응용부터 하자'고 말해왔죠. 전략적 자신감이 없었던 거예요. 하지만 진짜 혁신은 자신감에서 시작됩니다. 그리고 그 자신감은 대개 젊은 세대에게서 나옵니다. 결국 사회 효율을 높이는 방향이 맞다면, 그것만으로도 충분합니다. 중간에 경쟁과 충돌이 있어도 큰 그림은 흔들 수 없죠."

중국 내 AI 산업은 여전히 데이터센터나 트랜스포머transformer 기반 모델과 같은 저층 low-level 기술 아키텍처에 집중하는 기업이 드물다. 대부분은 당장 상용화가 가능한 애플리케이션 위주로 달려간다. 그런 점에서 량원펑의 발언은 더욱 이례적이다. 그는 어느 미디어와의 인터뷰에서 "가장 하고 싶은 일이 무엇이냐"라는 질문을 받고 잠시 고민한 뒤 "일반 투자자도 활용할 수 있는 오픈소스 전략 플랫폼을 만들고 싶다"라고 답했다.

또한 그는 이렇게 말했다.

"API이든 AI이든, 모든 사람이 저렴하게 사용할 수 있는 보편적 기술이어야 합니다. 딥시크는 유일하게 소비자 대상 애플리케이션을 내놓지 않고, 오픈소스를 지향하며 자금 조달(투자 유치)도 받지 않았습니다. 그동안 중국 기업들은 '따라 하기'에만 익숙해 있었으니까요. 우리에게 부족한 건 자금이 아니라, 자신감과 고밀도의 인재를 모아 효율적으로 혁신을 끌어내는 조직 문화라고 생각합니다. 앞으로 하드코어 혁신이 점점 더 중요해지고, 사회도 그것을 인정하게 될 겁니다."

이처럼 중국의 젊은 과학기술 세대는 미국 등 선진국의 기술을 뒤쫓기보다는, 처음부터 추월하겠다는 목표로 과학기술 개발에 뛰어들고 있다. 우리는 이러한 새로운 흐름을 직시해야 하며, 지금까지 중국이 이루어 낸 과학기술 성과 역시 객관적으로 인정해야 한다. 그래야 앞으로 우리가 그들을 뛰어넘을 수 있을 것이다.

중국 과학기술의
잠재력

　중국의 과학기술 성과는 놀라운 수준이다. 하지만 그보다 더 중요한 것은 그 엄청난 잠재력을 우리가 인정해야 한다는 데 있다. 중국은 합법적인 방법으로 서방의 기술을 확보하려는 다양한 노력을 전개하고 있다. 예를 들어, 중국의 사모펀드가 조용히 미국에 투자를 확대하면서 미국 정부의 우려를 불러일으키고 있다. 중국은 한 해 동안 미국 스타트업에 40억 달러를 쏟아부었는데, 이는 2015년부터 2017년까지 미국 벤처캐피털이 지원하는 스타트업이 받은 전체 해외 자금의 13%를 차지한다.

　대표적인 사례로 산샹쌍单祥双이라는 인물은 수년 전 100억 달러 규모의 사모펀드 CSC 그룹을 설립했는데, 이 펀드는 해외 첨단기술을 확보하려는 중국의 실리콘밸리 투자 수단이었다. 억만장자 투자자이자 공산당원인 그는 2015년 설립한 훙캐피탈弘毅资本을 통해 AI부터 사이버 보안, 초음속 제트기 등 미국 기술 스타트업 약 400곳의 지분을 인수했다. 2016년 훙캐피탈은 미국 스타트업과 시드 자금을 연결하는 최대 규모 플랫폼인 엔젤리스트AngelList와 파트너십을 맺었으며, 훙캐피탈은 이 계약을 통해 해당 플랫폼에서 수천 건의 거래에 우선적으로 접근할 수 있었다.

　기술의 지분을 인수하는 방식 외에도, 과학기술 인력을 흡수하는 것은 중국이 지속적으로 추진하는 전략이다. 뛰어난 인재에게는 그에 상응하는 대우를 제공하는 것이 중국의 상식이다. 예전에 내가 중국의 대기업에서 근무할 때, 바로 맞은편에서 나와 같은 일을 하던 중국인은 나보다 10배가 넘는 연봉을 받고 있었다. 단기간에 고속 성장이 가능한 중국 시장 환경에서는 인재의 성장 또한 빠르다. 따라서 대우 또한 그에 맞춰야 한다.

중국 정부는 이처럼 우수한 대우를 앞세워 해외의 저명한 과학자들을 유치하는 소위 '천인계획千人计划'을 추진해 왔다. 세계 정상급 과학자 1,000명을 유치한다는 이 계획은, 미국과 서방 국가들의 강한 반발에 부딪혔고, 지금은 중국의 각 부처로 분산되어 운영되고 있다. 현재는 대부분 산업정보기술부가 감독하는 '계명계획启明计划'으로 대체되었다고 알려져 있다. 그 결과, 세계 정상급 과학자에게는 중국의 천인계획과 미국의 소프트 파워가 경쟁하는 구도가 형성되었다.

내 지인 한 명도 대학에서 정년을 맞자마자 중국으로부터 오퍼를 받았다. 이는 한국의 전문가들도 중국에 의해 모니터링되고 있다는 증거다.

미국 하원은 2024년 9월, 중국으로부터 미국의 혁신과 경제 안보를 보호하기 위한 법안을 통과시켰는데, 이는 중단된 미국의 대중국 수사 프로그램인 '중국 이니셔티브China Initiative'의 부활을 촉구하는 법안이다. 〈차이나데일리中国日报〉는 같은 해 8월, 중국 이니셔티브의 압박 요인과 중국의 유인 요인 때문에 미국 내 중국계 과학자들이 미국을 떠나고 있다고 보도했다. 실제로 2010년부터 2021년까지 미국에서 경력을 시작한 중국계 과학자 1만 9,955명이 중국을 포함한 다른 국가로 떠났다고 한다.* 뒤이어 트럼프 2기 행정부의 과격한 정책이 시행되자, 중국계가 아니더라도 미국을 떠나려는 과학자들이 크게 늘었다고 한다. 이는 정말로 주의 깊게 지켜보아야 할 사안이다. EU가 아니더라도 우리나라 또한 이런 인재들을 유치하기 위한 전략이 필요하다고 생각한다.

중국 공산당은 전 국민이 과학기술 투자에 참여하기를 바라는 정책 방향을 갖고 있으며, 이에 맞춰 중국의 민간기업들도 성의를 보이고 있다. 중국 국가자연과학기금은 텐센트로부터 5억 위안의 기부금을 받아 젊은 박사 과정 학생을 위한 기초연구 프로젝트에 자금을 지원했다. 이 프로젝트는 주로 여성, 서부 지역 출신자, 광둥-홍콩-마카오 그레이터 베이 지역 출신자를 대상으로 했다.

나 역시 텐센트의 최고 과학 책임자를 만난 적이 있는데, 과거 중국 과학기술부의 핵심 요직에 있었던 인물이었다. 그녀는 "텐센트는 정부가 지출하기 어려운 방식이나 영역에 집중해 자본을 투입하고 있으며, 그 방식이야말로 정부가 원하고 기업도 원하는 방향이다"라고 말했다. 정말 공감되는 말이었다.

---

* 그럼에도 불구하고 미국이 가진 매력은 여전히 강력하다. 조지타운대학교 월시 외교대학원 산하의 정책 연구 기관인 안보및신흥기술센터(CSET)에 따르면, 2017년 2월 기준으로 2000년부터 2015년 사이 미국 대학에서 과학·기술·공학·수학(STEM) 분야 박사학위를 취득한 외국인 약 17만 8,000명 가운데 77%가 여전히 미국에 거주하고 있다고 한다.

중국은 이처럼 광범위하고 공격적인 형태의 중상주의적 기술 민족주의로 전환하면서 서방 국가에 위협을 주고 있다. 분명히 이에 대한 조처를 해야겠지만, 미국의 일방적인 기술 제재는 오히려 다른 나라들의 우려를 자아내고 있다. 미국의 이 같은 경직된 경쟁 방식을 피하고, 다자간 협력을 통해 세계 경제 활동에 대한 새로운 규칙을 설정해야 한다는 목소리가 점점 커지고 있다. 그러다 보니 시진핑의 기술 패권 전략을 견제하려는 서방의 노력은 균열을 보이기 시작했다.

미국 입장에서 보면 중국을 봉쇄하려는 정책이 결국 미국 자신을 고립시키고, 자국의 기업과 소비자에게도 피해를 줄 수 있다는 위험이 있다. 전 세계가 중국의 과학기술 도약에 전전긍긍하는 가운데 우리나라에서는 그에 대한 경각심조차 부족해 보이니, 어찌 이것이 문제가 아니겠는가!

자본 투입의 구조화로 이룬 중국의 과학기술

중국의 과학기술 성과는 당연히 그냥 나온 것이 아니다. 여기에는 막대한 자금이 투입되고 있다. 량원평의 말처럼 중국은 이제 과학기술에 투입할 돈이 부족하지 않다. 2024년 중국의 사회 연구 및 실험 개발 자금 총 투입은 전년 대비 8.3% 증가한 3조 6,130억 위안에 이르렀고, 총

투자 규모는 세계 2위를 기록했다. GDP 대비 이 지출 비율은 2.68%로, 전년 대비 0.1%포인트 증가했으며, 13차 5개년 계획 이후 꾸준히 상승세를 보인다. 2024년 중국의 기초연구 지출은 2,497억 위안으로, 전년 대비 10.5% 늘었다.

과학기술 분야의 자본시장화는 중국이 과학기술 개발을 얼마나 중시하는지를 보여주는 정책 방향이다. 중국 정부는 개발자들의 창업을 장려하면서 창업 자본을 적극 지원하고 있다. 이를 위해 창업자가 보유한 지식재산권을 국가 기관이 평가해, 이를 담보로 금융기관에서 대출을 받을 수 있도록 법규를 정비했다. 현실적으로 금융기관은 신생 지식재산권을 담보로 삼는 데 소극적이기 때문에, 중국 정부는 국가 기관이 평가한 가치를 바탕으로 한 담보 대출을 금융기관이 거부할 수 없도록 법적으로 강제하고 있다.

또한, 지식재산권의 유동화를 촉진하기 위해 관련 거래 시장을 신설하고 확대해 나가고 있다. 아직 활성화되었다고 보기는 어렵지만, 중국 공산당이 과학기술 발전을 얼마나 밀어붙이고 있는지를 단적으로 보여준다.

2024년 1월부터 9월까지 과학기술 혁신과 제조업 발전을 지원하는 정책에 따른 감세, 수수료 인하, 세금 환급액은 총 2조 868억 위안에 달했다. 같은 해 중국의 '규모 이상 공업 기업(연간 주요 영업 수익이 2,000만 위안 이상인 공업 기업)' 수는 50만 4,000개로, 2023년 대비 4.4% 증가했다. 세계 최고의 경쟁력을 보유한 '단일 챔피언 제조 기업'은 누적 1,557개가 육성되었고, '전문 및 특화(전문·정신·특신) 중소기업'은 14만 개 이상, 유망 중소기업인 '작은 거인 기업'은 1만 4,600개에 이른다. 이 중 운영 중인 유효 기업은 46만 3,000개에 달했다. 모두 규모는 작지만 고유의 기술력으로 독보적인 위치를 차지한 기업들이며, 중국 정부는 이러한 기업을 적극적으로 발굴하고 지원하고 있다.

중국 정부의 기술 기업에 대한 지원은 그야말로 절실하다. 2024년 1월부터 9월까지 첨단기술 기업에 대한 법인세율을 15%로 낮추고, 신에너지 자동차는 차량 구매세를 면제하는 등 신흥 산업 육성을 위한 정책들이 시행되었다. 이로 인해 총 3,025억 위안의 세금이 감면되었다. 특히 지방 정부가 누적된 채무에 시달리고 세수 또한 줄어든 상황에서 이러한 조치가 이루어졌다는 점은 의미가 크다.

기업 융자도 강화되고 있다. 중국 인민은행은 과학기술 혁신을 지원하기 위해 5,000억 위안 규모의 재대여 프로그램을 구상하고 있다. 이는 인민은행이 특정 금융기관에 자금을 공급하고 그 기관이 과학기술 프로젝트에 대출을 실행하도록 유도하는 구조다.

이와 별도로 중국의 과학기술 혁신 채권은 2022년 5월 공식 출범 이후 과학기술 개발을 위한 재원으로 중요하게 기능해 왔다. 지금까지 총 318개 기업이 899개의 과학기술 혁신 채권을 발행해 1조 2,200억 위안을 조달했고, 2024년에는 총 491개의 채권이 상장되어 5,600억 위안 이상을 모금했다. 2024년 4월, 중국 증권선물위원회는 '과학기술 기업을 위한 자본시장 서비스의 고도화를 위한 16개 조치'를 발표했으며, 이에 따라 첨단기술 및 전략적 신흥산업 기업의 자금 조달을 중점적으로 지원하고, 정책 기관 및 시장 참여자들이 민간 기반 과학기술 기업의 채권 발행에 대해 신용 보강을 제공할 것을 권장했다.

물론 이런 정부 중심의 정책은 기술 투자 시장의 왜곡을 초래할 위험이 있다. 예컨대 정부 지도 기금의 폭발적 증가로 인해, 2024년 말 기준 벤처캐피털 투자 자본 파트너인 LP^{Limited Partner}(유한 책임 출자자)의 90%가 정부 기금이라는 보도도 있다. 이러한 기금들은 정책 방향에 충실한 투자만을 허용하며 손실을 인정하지 않는 조건을 제시함으로써, 민간 벤처캐피털들의 운용을 어렵게 만들고 있다는 지적이 있다. 그럼에도 불구하고 이 모든 정책의 핵심은 시장 자본이 과학기술 개발이라는 '실체 경제'로 유입되도록 유도하려는 것이다.

상업은행은 내부 평가나 은행과 기업 간 협의를 통해 건당 1,000만 위안 미만의 지식재산권 담보 대출 가치를 결정하도록 권장했다. 정부 부처는 이러한 평가를 위한 데이터, 모델, 시스템을 제공하고 있으며, 조건이 허용될 경우 전반적 평가를 대체 방법으로 사용할 수 있도록 했다. 또한 금융기관은 지식재산권 금융에 특화된 관리 체계를 수립하고, 대출 기간 연장과 중장기 대출 비중 확대를 장려받고 있다.

이 모든 내용을 한 문장으로 요약하면 다음과 같다. "정부가 지식재산권의 가치를 정해주면, 은행은 담보로 받아들여라." 물론 이 정책에는 지식재산권 거래 메커니즘 개선, 리스크 분담 및 보상 체계 등 다양한 부대 조치가 포함되어 있다. 하지만 결국 목표는 단 하나다. 기업의 연구개발에 돈이 실제로 들어가게 하려는 것이다. 즉, 중국은 전 사회 자본의 상당 부분을 과학기술 기업의 연구개발에 투입하려는 것이다. 그렇기 때문에 이제는 성과가 크든 작든 결과로 나올 수밖에 없는 구조가 만들어졌다고 볼 수 있다.

중국은 심지어 과학기술 개발을 위한 자본 투자에 있어 '선투자 후지분先投后股'이라는 구호까지 내세우고 있다. 이는 투자를 위한 복잡한 과정을 생략하고 먼저 자본을 투입한 뒤, 권리관계는 나중에 정한다는 매우 전향적인 방식이다. 여기서 '선투자'란 정부가 일단 성과가 나오면 지분으로 전환할 수 있다는 조건 아래 예산을 먼저 투입하는 것이며, '후지분'은 해당 조건이 충족되었을 때 투자금이 계약에 따라 기업의 지분으로 전환되고, 정부는 합당한 수익 원칙에 따라 이를 매각하는 구조다. 이는 자본주의 국가인 한국보다도 더 과감하게 자본시장의 수단을 과학기술 개발에 적용하는 접근이다.

이 제도를 선도적으로 도입한 산시성의 시셴신구에서는 2024년 한 해에만 203개의 과학기술 성과 기업이 신규 설립되었고, 과학기술 기반 중소기업 수는 전년 대비 38.4% 증가했다. 기술 계약에 따른 연간 매출은 353억 위안으로, 전년 대비 56.4% 늘었다고 한다.

우리는 단순히 중국이 과학기술에 대규모 자본을 투입하고 있다고만 생각해서는 안 된다. 중국은 자본의 투자와 회수, 재투자 구조 자체를 설계하고 있으며, 이를 통해 선순환 투자 사이클을 체계화하려 하고 있다. 우리 역시 정부와 기업의 과학기술 투자 구조를 다시 점검하고, 전면적인 개편을 고민해야 할 시점이다. 단순히 예산이 적다거나 많다거나 하는 식의 반복적인 논의로 되돌아가서는 안 될 것이다.

과학기술 인재가 중국에 몰리는 이유

딥시크 입사 면접을 본 한 사람의 후기가 중국 인터넷에 올라왔다. 그는 3시간 동안 끊임없이 면접관과 질의응답을 해야 했다고 하며, 면접관의 질문 수준이 너무 높아서 갓 박사학위를 받은 사람으로는 딥시크에 입사하기 어렵다고 말했다. 공학 박사학위만으로는 입사 가능성을 장담할 수 없다는 것이었다. 그는 입사 조건으로 명문대 졸업은 기본이고, 천재여야 한다고 표현했다.

그가 받은 전반적인 인상은 딥시크는 비전으로 가득하고 이상주의 정신이 넘치며, 연구 분위기는 대학 실험실보다도 좋아 AI에 열정을 가진 연구원에게 매우 적합하다는 것이었다. 인터뷰에 참여한 이들은 이 회사가 KPI(핵심성과지표) 같은 관리 지표를 강제하지 않고 수평적 관리 구조를 지녔다고 했으며, 각 구성원이 량원펑과 직접 문제를 논의할 수 있을 정도로 열린 연구 환경이라고 전했다. 게다가 신입사원 연봉이 최대 126만 위안(약 2억 원)에 달해 절대 금액으로도 한국과 비교해 결코 낮은 수준이 아니다.

2023년 4월 샤오미는 1,200명 이상의 AI 연구개발 인력으로 구성된 대규모 언어 모델 팀을 포함한 AI 연구소 설립을 발표했다. 당시 샤오미의 레이쥔 회장은 1995년생 AI 천재 뤄푸리罗福莉를 연봉 1,000만 위안(약 20억 원)에 스카우트하려 해 화제가 되었다. 뤄푸리는 2019년 AI 분야 최고 국제학회인 ACL에서 논문 8편을 발표한 인물이다. 석사 졸업 후 첫 직장은 알리바바의 달마연구소였으며, 다국어 사전 학습 모델인 VECO 개발을 주도했다. 당시 그는 딥시크에서 근무 중이었고, 샤오미의 연봉 20억과 팀장 자리를 거절했다. 딥시크에서의 일과 조직 문화를 더 가치 있다고 느꼈기 때문이다.

과연 우리나라의 과학기술 조직들이 이런 수준의 경쟁에 참여할 수 있을까? 중국은 우수한 과학자들을 유치하기 위해 연구소 설립, 연구과제 지원, 재정 지원까지 아낌없이 투자하고 있다. AI 분야를 예로 보자. 중국 정부는 젊은 인재를 조기에 육성하기 위해 초중등 교육 과정에 AI를 포함하라고 권장하고 있다. 중국은 AI 세계 리더가 되겠다는 국가 전략을 발표한 지 1년 만인 2018년부터 500개 이상의 대학에 AI 전공을 개설했다. 2024년 2월에는 전국 184개 학교를 선정해 AI 교육 시범 프로그램을 운영하고 있으며, 이제는 초등학교에서도 AI 교육을 시작했다.

2024년 말 중국 교육부는 학교에 "혁신 인재에 대한 국가적 수요를 충족하고 학생들의 디지털 기술 및 문제 해결 능력을 강화하라"라며 AI 교육 개선을 요구했다. 2025년 정부 업무 보고서는 고품질 학부 교육 확대를 본격 추진하며, 2024년 1만 6,000명의 정원 증원에 이어 2025년에는 2만 명을 추가 확대한다고 밝혔다. 칭화대학교, 베이징대학교, 상하이교통대학교는 2025년 각 150명씩 학부 정원을 확대하고, 우한대학교와 화중과학기술대학교는 각각 85명과 80명, 난징대학교는 100명 이상, 시안교통대학교는 200명, 쓰촨대학교는 101명, 전자과학기술대학교는 100명, 신장대학교는 355명을 증원한다. 이미 '985 공정(중국 정부의 명문대 집중 육성 프로젝트)' 대상 대학의 절반 이상이 AI 단과대학을 설립한 것으로 나타났다.

이처럼 14억 인구가 초등교육 단계부터 첨단 과학기술 교육을 받기 시작해 매년 약 600만 명의 이공계 졸업생을 배출한다. 이 추세는 30년 이상 지속되어 중국의 이과 인력은 약 4배로 증가했다. BYD와 화웨이는 각각 600만 명의 대졸 인력을 보유하고 있다는 언급도 있다. 단지 인력 수만 늘어난 것이 아니라, 산업 수요에 맞춘 정밀한 인력 수급 조정이 이루어지고 있다는 점에 주목해야 한다.

이러한 인재 유치 전략은 외국인에게도 확장되고 있다. 중국 정부는 외국인 전문가 유입을 위해 비자 요건을 완화했다. 2023년 외국인 직접투자가 역대 최저로 감소하자, 이에 대한 대응으로 풀이된다. 중국 국가외환관리국에 따르면, 2023년 외국인 직접투자 순유입은 330억 달러로, 2022년 대비 약 80% 감소했다. 이에 따라 중국 이민국은 유명 기업 재직자 또는 과학 연구 종사자가 2년 연속 중국에 거주한 경우, 1년 비자가 아닌 5년 비자를 신청할 수 있도록 규정을 개정했다. 외국인 전문가가 회사를 떠나더라도 중국을 떠나지 않게 하려는 조치다.

실제로 중국 대학과 연구 기관에서 근무하는 일본 연구자의 수가 증가하고 있다. 일본 도호쿠대학교 조교였던 카메오카 케이는 2022년 9월 상하이에 있는 중국과학원 산하 연구소에서 영국 존 이네스 센터John Innes Centre와 함께 공동 연구 팀을 꾸렸다. 그는 연구 책임자가 되었고, 초기 연구실 설립비와 5년간 연구비로 총 9,000만 엔을 지원받았다. 질량 분석기, 공초점 현미경 등 고가 실험 장비와 유지보수 인력도 갖춰져 있었다. 일본에서는 조교가 이런 대우를 받기 어렵다. 결국 국내에서 기회를 얻지 못한 연구자는 중국으로 향하게 되는 것이다.

상하이 푸단대학교의 핫토리 모토유키 교수는 중국 진출을 고민하는 일본 연구자들로부터 자주 문의를 받는다고 한다. 그들의 주요 전공은 생물학, 생명과학, 천문학, 기초 물리학 등이다. 또 다른 인물 미즈노 요스케는 교토대 대학원을 졸업하고 나사NASA와 미국 대학에서 연구원으로 활동하다가 상하이의 연구소에 취직했다. 그는 수치 시뮬레이션을 전공했으며, 슈퍼컴퓨터 계산과 EHT 관측 영상을 결합해 블랙홀에 물체가 떨어지는 메커니즘을 시뮬레이션하는 연구를 진행 중이다. 일본이나 미국에서는 국가 연구 과제로 채택되어야만 슈퍼컴퓨터를 쓸 수 있었던 반면, 중국에서는 1,500만 엔의 초기 자금 지원만으로 즉시 연구를 시작할 수 있었다. 연구 환경이 마련되지 않은 나라의 과학자라면, 중국이라도 가지 않겠는가? 답은 자명하다.

이상 무명의 과학기술 인력에 대한 이야기였다. 이제 저명한 과학자들의 사례를 보자.

'나노 발전기의 아버지'로 불리는 세계적 나노 과학자 왕중린王中林은 수십 년간의 미국 경력을 뒤로하고 중국으로 돌아와 연구 중이다. 그는 중국과학원 산하 베이징나노에너지및나노시스템연구소BINN의 이사 겸 초대 수석 과학자로 공식 취임했다. 사실상 그를 위한 연구소가 설립된 셈이다.

초고속 유체 분야의 세계적 석학 장용하오张永豪 교수도 베이징에 있는 신설 국립 극초음속 연구소에 합류했다. 중국과학원 역학연구소가 극초음속 공기열역학 국가핵심기술연구소 혁신 팀을 위해 장용하오 교수를 해외 전문가로 초청한 것이다. 그는 극초음속 비행체의 효율성을 높이기 위해 고속 및 고온 환경에서의 가스 거동을 시뮬레이션할 수 있는 고급 계산 모델을 개발 중이다. 이 글을 읽는 독자들도 이제 '극초음속'이라는 단어의 무게를 다르게 느낄 것이다.

국제적으로 저명한 생물학자 왕쿤위王侃瑜는 UCLA를 떠나 베이징대학교의 첨단임상의학연구소를 이끌게 되었다. 그는 암세포 사멸 조절 연구로 유명하며, 1996년에는 이 성과가 〈사이언스〉 선정 10대 과학 발견에 포함되기도 했다. 또한 핵융합 에너지 실현에 필요한 연구 분야를 수행하는 핵물리학자 류창刘畅은 2025년 프린스턴대학교를 떠나 베이징대학교에서 활동하게 되었다. 그는 자기 구속 핵융합 장치에서 발생하는 에너지 누출의 일종인 폭주 전자runaway electron 현상과 고에너지 입자의 운동 특성을 연구하는 전문가다.

이제 중국은 전 인민의 과학기술 수준 자체를 끌어올리려 한다. 2024년 11월, 전국인민대표대회 상무위원회는 「과학기술 대중화법」 개정 초안을 처음 상정했다. 이는 2002년 법 제정 이후 첫 개정으로, 과학기술 대중화의 일반 요건, 목표, 방향 명확화 및 사회적 책임 강화를 주요 내용으로 담고 있다. 과학기술 대중화의 달을 매년 9월로 지정하겠다는 조항도 포함되었다.

중국 기준으로 '과학적 소양을 갖춘 국민'의 비율은 2003년 1.98%에서 2023년 14.14%로 상승했고, 글로벌 혁신지수 순위는 2012년 34위에서 2024년 11위로 상승했다.

2025년 양회에서 중국 공산당은 과학기술 혁신을 가장 중요한 키워드로 거듭 강조하며 양적, 질적 인력 확충을 목표로 국가적 노력을 기울이고 있다. 반면, 한국에서는 이공계가 '기피 학과'가 된 지 오래다. 이공계 인력에 대한 대우도 기대할 수준이 아니다. 지금처럼 간다면 대한민국의 과학기술은 머지않아 중국의 발아래에 놓이게 될 것이다.

우리는 젊은이들이 과학기술인의 길을 자발적으로 택하도록 통로를 만들어야 한다. 그것이 "옳은 길이니 희생하며 가라"라고 강요할 것이 아니라, 과학기술이 돈과 명예를 좇는 합리적 경로로 받아들여지도록 해야 한다. 그것이야말로 정부와 사회가 함께 공감하고 추진해야 할 일이다.

에필로그

우리 과학기술의 현주소와
위기의 본질

　미국과 서방은 더 이상 과학기술 분야에서 중국과 협력하지 않겠다고 했지만, 중국에 문제가 되지 않는다. 이제 중국은 러시아와 과학기술 협력을 더욱 긴밀하게 진행하기 때문이다. 이는 중러 양국의 이해관계가 맞아떨어져서다. 미국 또한 트럼프 대통령이 AI 중심의 새로운 과학기술 및 산업 변혁을 선도해, 차세대 네트워크, 생성형 AI, 신소재, 신에너지, 바이오 등에서 글로벌 기술 주도권 및 표준 설정에서 우위를 점하려 할 것이라는 관측이 있다.

　이처럼 미중이 거의 모든 기술 분야에서 전방위 경쟁을 벌이는 가운데, 이제 1, 2위는 미국과 중국이 확고히 차지하고 있다. 그리고 3위, 4위와의 격차는 점점 벌어지고 있어, 그다음 순위에 들기 위한 '2군 경쟁'

이 치열해지는 형국이다.

우리나라는 이 2군 안, 즉 3위나 4위 안에라도 들어갈 수 있을까? 그조차도 현실적으로 어려워 보인다. 다시 말해, 이공계가 제대로 대우받지 못하고 과학기술에 대한 국가적 노력이 부족한 한, 우리는 정말로 개발도상국의 위치로 후퇴할지도 모른다.

중국에는 '베이다이허北戴河* 회의'라는 것이 있다. 매년 여름 휴가철이면 중국의 최고위층이 베이다이허에 모인다. 표면상은 휴가지만, 이 기간에는 외부에 공개되지 않는 다양한 정치적 이슈를 수일간 토론하고 조율하는 자리다. 2024년의 베이다이허 회의는 예외적으로 정책 논의를 하지 않았다고 전해진다. 대신, 당 중앙위원회와 국무원이 자연과학, 공학 기술, 철학 및 사회과학, 문화예술 분야의 대표 전문가 58명을 초청해 이들의 견해를 청취했다고 한다. 중국의 핵심 권력자들이 전문가들의 의견을 직접 경청한 것이다.

그렇다. 무슨 일이든 전문가들의 견해를 듣고 진지하게 토론해야 비

---

* 발해만에 있는 중국 공산당 지도자들의 휴양지 이름이다.

로소 추진할 수 있다. 한국에도 과학기술위원회가 존재하지만, 과연 이처럼 심도 있는 논의가 가능한가? 이것이 우리가 앞으로도 중국을 뛰어넘기 어려운 이유 중 하나일 것이다.

중국 정부는 2025년 기술 전략의 방향으로 다음 여섯 가지를 제시했다.

1. 기초연구와 핵심 기술 연구개발 강화, 주요 과학기술 프로젝트의 선제적 기획과 배치
2. 'AI 플러스$^{AI+}$' 추진
3. 미래 산업 육성
4. 혁신형 기업 성장을 촉진하기 위한 다양한 금융 지원 체계 구축
5. 내부 과당 경쟁을 조율해 건강한 혁신 생태계 조성
6. 디지털 및 친환경 기술을 활용한 전통 산업의 업그레이드 지원

이 중 대부분은 앞서 다룬 내용이기도 하다. 독자들도 이제 중국이 어느 방향으로 가고 있는지 대략 이해할 수 있을 것이다.

미래 산업 육성 부분을 더욱 구체적으로 보면 다음과 같다.

- **제조 분야:** 스마트 제조, 바이오 제조, 나노 제조, 레이저 제조, 스마트 제어·센싱, 산업 인터넷, 메타버스 등
- **정보통신:** 차세대 이동통신, 위성 인터넷, 양자 정보 기술의 사업화, 양자·광자 기반 컴퓨팅 기술, 대규모 언어 모델 발전
- **소재:** 비철금속, 화학공업, 비금속 무기 재료 등 기초 소재 개발과 고성능 탄소섬유, 첨단 반도체 등 전략 소재 및 신소재 개발
- **에너지:** 원자력, 해양 풍력, 수소에너지, 차세대 태양전지(결정질 실리콘, 박막형 등), 차세대 에너지저장 장치 등
- **공간:** 유인 우주 탐사, 달 탐사, 익성 항법(익룡 구조를 모방한 내비게이션), 도심 항공교통 응용 발전, 심해 자원 설비, 극지 탐사, 동서 지하공간 개발
- **바이오:** 세포·유전자 기술, 합성 생물학 DNA/RNA, 5G·6G, 메타버스, AI를 활용한 의료 서비스, 디지털 트윈 기반 정밀 의료, 뇌-컴퓨터 인터페이스 기반 첨단 의료 장비 및 헬스케어 제품 개발

중국은 이 미래 산업 전략을 각 부처에서 분담해 추진했고 과학기술부는 이에 맞춰 직속 사업 기관에 대한 조직 개편을 단행했다. 전 부처가 과학기술 전략에 나서는 가운데, 과학기술부는 신품질 생산력 촉진센터, 신기술센터, 국제과기협력센터 등 3개 기관을 신설해 컨트롤 타워 역할을 강화하고 있다.

중국은 이렇게 거국 체제를 구축해 과학기술 분야에서 미국을 능가

과기부 직속 사업 기관 리스트	
중국과학기술교류센터	중국과학기술발전전략연구원
과학기술부 정보연구소	과학기술부 신기술센터
과학기술부 과기평가센터	국가과기인프라플랫폼센터
과학기술부 과기정비모니터링센터	중국국제해양프로젝트 실행센터
과학기술부 고품질생산촉진센터	과학기술부 과기인재교류개발센터
중국국제인재교류센터	국가기술장려사업사무실
과학기술부 정보센터	과학기술부 국제과기협력센터
과학기술부 기관서비스센터	

출처: 한중과학기술협력센터

하고, 세계 속에서 우뚝 서고자 한다. 나 역시 미중 간의 과학기술 선두 경쟁이 본격화된 지금, 우리가 나아가야 할 길은 경쟁 전략이자 대응 전략이라고 생각한다.

이를 위해서는 미국과 중국의 과학기술 전략, 현황, 동향을 면밀히 관찰하고 분석해야 한다. 특히 중국처럼 폐쇄적이고 정보 공개가 제한적인 국가의 동태를 파악하는 것은 더욱 중요하다.

사실 이 책은 이 단순한 결론 몇 줄을 말하기 위해 이토록 많은 이야기를 해왔다. 하지만 독자들이 중국의 과학기술을 이해하는 데 조금이나마 도움이라도 되는 데 목적이 있으니, 더 구체적인 설명은 생략하고자 한다. 이 책이 우리가 미중 경쟁 구도 속에서 과학기술 생존 전략을 세우는 데 조금이나마 도움이 되기를 간절히 바란다.

차이나테크의 역습

초판 1쇄 발행 2025년 9월 10일

지은이 이철
브랜드 경이로움
출판 총괄 안대현
기획 이제호
책임편집 정은솔
편집 김효주, 심보경, 이수빈, 전다온
마케팅 김윤성
표지디자인 유어텍스트
본문디자인 강수진

발행인 김의현
발행처 (주)사이다경제
출판등록 제2021-000224호(2021년 7월 8일)
주소 서울특별시 강남구 테헤란로33길 13-3, 7층(역삼동)
홈페이지 cidermics.com
이메일 gyeongiloumbooks@gmail.com(출간 문의)
전화 02-2088-1804 **팩스** 02-2088-5813
종이 다올페이퍼 **인쇄** 재영피앤비

ISBN 979-11-94508-40-3 (03320)

- 책값은 뒤표지에 있습니다.
- 잘못된 책이나 파손된 책은 구입하신 서점에서 교환해드립니다.
- 이 책은 저작권법에 의하여 보호를 받는 저작물이므로 무단 전재와 복제를 금합니다.